CONNAITRE ET LE DIRE

PSYCHOLOGIE ET SCIENCES HUMAINES

Publié sous la direction de
Gilberte Piéraut-Le Bonniec
Directeur de Recherche au C.N.R.S.

connaître et le dire

PIERRE MARDAGA, EDITEUR
2, GALERIE DES PRINCES, BRUXELLES

© Pierre Mardaga, éditeur
37, rue de la Province, 4020 Liège
2, Galerie des Princes, 1000 Bruxelles
D. 1987-0024-3

Contributeurs

BASSANO D.
Laboratoire de Psychologie Expérimentale, Université René Descartes - C.N.R.S., 54, bd Raspail, 75270 Paris.

BUSNEL M.C.
UER Biomédicale - Groupe Génétique et Comportements, Université René Descartes, 45, rue des Saints-Pères, 75006 Paris.

CARON J.
Laboratoire de Psychologie, Université de Rouen, rue Lavoisier, 76130 Mont-Saint-Aignan.

DENHIERE G.
Laboratoire de Psychologie, Université Paris VIII, 2, rue de la Liberté, 93526 Saint-Denis.
Centre d'Etude de Psychologie Cognitive, Université Paris-Sud, Bâtiment 335, 91405 Orsay.

DOLITSKY M.
DERELEVANS, Université Paris VII, Paris.

FAYOL M.
Laboratoire de Psychologie, Université de Dijon, 36, rue Chabot-Charny, 21000 Dijon.

GRANIER-DEFERRE C.
UER Biomédicale - Groupe Génétique et Comportements, Université René Descartes, 45, rue des Saints-Pères, 75006 Paris.

HICKMANN M.
Max-Planck-Institut für Psycholinguistik, Berg en Dalseweg 79, NL 6522 BC Nijmegen, Hollande.

LECANUET J.P.
Laboratoire de Psycho-biologie de l'enfant, EPHE-C.N.R.S., 41, rue Gay-Lussac, 75005 Paris.

LE ROUZO M.L.
Laboratoire de Psycho-biologie de l'enfant, EPHE-C.N.R.S., 41, rue Gay-Lussac, 75005 Paris.

OLERON P.
Laboratoire de Psychologie Génétique, Université René Descartes, 46, rue St-Jacques, 75005 Paris.

PIERAUT-LE BONNIEC G.
Laboratoire de Psycho-biologie de l'enfant, EPHE-C.N.R.S., 41, rue Gay-Lussac, 75005 Paris.

PILLE J.P.
Inspection Départementale de l'Education Nationale, 17, Promenade des Prés, 91150 Etampes.

SINCLAIR H.
Université de Genève, UNI II, 24, rue du Général Dufour, CH 1211, Genève, Suisse.

VALETTE M.
Collège de Pontchartrain, rue de la Cimballe, 78760 Jouars-Pontchartrain.

VAN DER STRATEN A.
Laboratoire «Acquisition et Pathologie du Langage», Université René Descartes-C.N.R.S., 12, rue Cujas, 75005 Paris.

Introduction
G. PIERAUT-LE BONNIEC

Le DIRE du locuteur est un DIT pour l'auditeur ou le lecteur; entre les deux se trouve le TEXTE, texte qui, grâce aux progrès de la technique, n'est plus nécessairement un écrit: nous pouvons maintenant conserver la trace de textes oraux avec non seulement les mots et les phrases qui les composent mais aussi l'organisation mélodique et le timbre de la voix. Quelles relations existent entre ces trois entités, le DIRE, le DIT et le TEXTE? Le DIT n'est assurément pas un double du DIRE. Peut-on considérer le TEXTE comme une sorte de dénominateur commun entre les deux? Le TEXTE est en réalité un objet pour le grammairien, le linguiste ou le critique littéraire mais il n'est ni le DIRE ni le DIT, même s'il est un document irremplaçable pour étudier l'un et l'autre. Ce qui constitue le dénominateur commun de ces deux entités ce serait plutôt la part qui a été effectivement reçue par l'interlocuteur dans les informations que le locuteur souhaitait faire passer. Ce qui nous intéresse ici c'est d'étudier d'une part comment le locuteur organise ses connaissances dans le DIRE en raison des informations qu'il veut transmettre, et qu'il croit transmettre; d'autre part, comment l'interlocuteur organise dans le DIT les informations qu'il reçoit ou croit recevoir. Les informations reçues ne sont pas nécessairement celles que le locuteur avait voulu transmettre, car l'interlocuteur fait subir à celles-ci un traitement qui dépend de ses capacités d'organisation de l'information et de son potentiel de connaissances. Une part de l'information que le locuteur souhaitait transmettre peut n'avoir pas été transmise et une part de l'information reçue n'entrait peut-être pas dans le projet du locuteur.

L'inconvénient d'une telle perspective c'est qu'elle suppose de traiter beaucoup d'aspects du langage simultanément, et cela explique que, pendant longtemps, beaucoup de travaux se soient situés, de façon stricte, dans une perspective formelle et structurale : on négligeait de considérer le locuteur comme ayant quelque chose à dire et l'auditeur comme quelqu'un pour qui les sons de parole correspondent à un message. Mais grâce à ces travaux et à la moisson de résultats qu'ils ont apportée, on peut plus aisément resituer le langage dans ses aspects fonctionnels et considérer le DIT comme la manière la plus élaborée de prendre connaissance du monde et le DIRE comme la manière la plus élaborée de donner une représentation de celui-ci. Le but de ce livre est de rassembler des contributions dans lesquelles les auteurs mettent l'accent sur les aspects fonctionnels du langage, en tant que mode d'organisation de la connaissance.

Vouloir considérer les processus langagiers comme non dissociables des processus de connaissance n'est pas sans risque. La méthode génétique, cependant, permet d'ouvrir une voie dans cette direction : d'une part, parce que le meilleur moyen de comprendre le fonctionnement d'un système complexe c'est d'essayer de retrouver les éléments qui ont contribué à son édification et de reconstituer les étapes de sa construction; d'autre part, parce que, précisément, l'enfant apprend sa langue dans des situations signifiantes. Notre but a été de présenter ici des auteurs dont les travaux nous ont paru importants pour éclairer cette perspective : étudier le développement du langage en interaction avec le contenu signifiant des situations et rechercher les implications réciproques entre le développement de la compétence linguistique et l'organisation des connaissances.

Aux toutes premières origines du DIT se situe, à coup sûr, le problème de l'audition prénatale sur lequel J.P. Lecanuet, C. Granier-Deferre et M.C. Busnel font le point. Les auteurs soulignent l'importance de ce « bain de langage » dans lequel se trouverait plongé le bébé bien avant sa naissance. S'il en est ainsi, il est clair qu'on ne saurait négliger le rôle joué par la voix de la mère dans la suite du développement, linguistique en particulier. Le problème étudié par M.L. Le Rouzo se situe, lui, aux toutes premières origines du DIRE. Le très jeune bébé (18-24 semaines) est-il capable d'associer des articulations phonétiques et intonatives? Les choses semblent bien dépendre de la situation, qui peut favoriser, selon les cas, le modèle auditif ou le modèle visuel du visage adulte en train d'articuler une voyelle. En analysant l'évolution du «comportement de demande», A. Van Der Straten montre comment la relation entre le DIRE et le DIT prend ses origines bien avant que le langage verbal soit constitué et elle montre les difficultés de cette mise en relation. H. Sinclair, pour sa part, nous montre comment le langage du jeune enfant s'organise en interaction avec trois types de connaissance : la connaissance qu'il a des objets et de leurs propriétés, la connaissance des autres et des relations qu'on peut avoir avec eux, certaines connaissances opératives enfin, qui s'expriment très tôt, ne serait-ce que dans la capacité à présenter les informations de façon ordonnée. Mais il reste un type de connaissance qui joue un rôle particulier dans le développement du langage, c'est la connaissance de la langue elle-même et la réflexion métalinguistique. Les expériences menées par J.P. Pille sur le développement de la notion de verbe entre 5 et 12 ans montrent l'existence précoce d'une attitude épilinguistique qui correspond dès 5-6 ans à une intuition du fonctionnement correct de la langue. L'attitude métalinguistique est évidemment plus tardive et il est intéressant de la mettre en relation avec les capacités opératoires.

La deuxième partie du livre est consacrée à des études portant sur la compréhension et la production d'énoncés. P. Oléron est particulièrement sensible au fait que la plupart des travaux en psycholinguistique se sont intéressés à la manière dont l'enfant acquiert les formes grammaticales de sa langue et fort peu à ce qui fait l'objet de ses propos. C'est pourquoi, les expériences qu'il rapporte visent à faire apparaître les connaissances des sujets à travers la manière dont ils interprètent les énoncés qu'on leur propose. Deux chapitres portent ensuite sur les stratégies mises en œuvre par les enfants pour interpréter les énoncés. L'expérience originale menée par M. Dolitsky, qui utilise un texte de «non-sens» met en lumière l'existence de deux types de mécanisme dans l'élaboration du sens. L'un se situe dans une interaction entre le macrocontexte et le microcontexte, l'autre se situe dans une interaction entre la valeur phonétique des mots et le microcontexte. Le travail plus classique de D. Bassano consiste à analyser les difficultés rencontrées par les enfants dans la saisie des informations et dans la coordination de celles-ci, quand on leur fournit des phrases complexes. Enfin J. Caron voit dans l'étude des énoncés à valeur argumentative produits par les enfants une manière d'étudier ensemble le langage en tant que système de codage de l'information (traitement cognitif) et le langage en tant qu'instrument de communication (aspect fonctionnel), ceci dans la mesure où argumenter c'est construire une représentation commune.

La dernière partie du livre présente des recherches qui sortent du cadre étroit de l'énoncé pour aborder le problème difficile de la capacité à comprendre et produire du discours. La psycholinguistique est longtemps restée au niveau de l'étude de la phrase. Depuis une dizaine d'années cependant, une linguistique textuelle s'est développée, portant, soit sur la compréhension, soit sur la production de textes. Le travail de G. Denhière porte sur le traitement cognitif de textes par des enfants âgés de 7 à 11 ans. Ses résultats permettent de penser que, parmi les activités développées, lors de la lecture ou de l'audition d'un récit, intervient une activité de hiérarchisation de l'information qui, dès 11 ans, est comparable à celle de l'adulte. Les trois chapitres suivants étudient le développement des capacités de production textuelle. M. Fayol et M. Hickman ont étudié l'organisation des récits chez des enfants du cycle de l'enseignement primaire; le premier auteur s'intéresse à la manière dont sont présentés et organisés les événements tandis que le second étudie comment se développe la capacité à relier entre eux les énoncés du discours, grâce à l'utilisation des expressions référentielles; ces recherches montrent l'importance, sur le plan cognitif, de cette capacité à donner au discours sa cohésion. Le dernier chapitre est consacré à l'étude du développement du raisonnement argumentatif chez l'adolescent. M. Valette a utilisé l'intérêt que suscitent les romans policiers pour demander à des élèves de 5e, 3e et 1re d'expliquer pourquoi, dans une énigme policière, tel ou tel personnage, leur paraissait plus vraisemblablement le coupable. Les résultats montrent que le passage du récit à l'argumentation constitue une véritable rupture dans l'utilisation qui est faite de la langue; il apparaît aussi que la langue tend au locuteur des embûches qui rendent le raisonnement peut-être plus difficile à mener dans des situations argumentatives que dans des situations de démonstration logico-mathématiques.

Le développement de recherches de plus en plus spécifiques et sophistiquées met le public qui souhaite s'informer dans une situation embarrassante: les revues scientifiques sont difficiles d'accès, au sens propre, mais aussi dans la mesure où elles font appel à des modes de traitement complexe des données; beaucoup de revues de vulgarisation scientifique ne fournissent que des informations caricaturales parce qu'elles sacrifient à la mode et qu'elles recherchent l'information sensationnelle. Ce qu'on a cherché à faire ici c'est à mettre à la disposition du public les derniers résultats de recherches, qui, bien souvent, sont encore en cours. Mais ces résultats sont toujours réinsérés dans une problématique assez large pour que le lecteur puisse en mesurer à la fois l'importance et les limites. Nous souhaitons que notre DIRE soit à la fois suffisamment documenté et suffisamment dégagé d'un appareil scientifique trop rébarbatif pour qu'il apparaisse comme un DIT dans lequel le lecteur trouve l'information qu'il cherchait, à travers une lecture aisée. Il n'est pas sûr que nous y soyons parvenus ! Nous espérons néanmoins que ce livre pourra être utile à tous ceux (enseignants, psychologues, psycho-pédiatres, orthophonistes ... parents) qui sont amenés à s'intéresser au développement du langage et à l'utilisation de la langue.

PREMIERE PARTIE
AUX ORIGINES DU DIRE

Familiarisation prénatale aux signaux de la parole

J.-P. LECANUET, C. GRANIER-DEFERRE, M.-C. BUSNEL

L'intense développement des recherches sur les capacités des nouveau-nés — notamment dans le domaine perceptif (Mehler & Fox, 1985) — a changé leur image. On leur reconnaît à présent des compétences variées et étendues. Dans le domaine auditif, la confrontation de données anatomo-physiologiques et comportementales incite dorénavant à considérer de façon sérieuse la possibilité que certaines de leurs compétences, en particulier celles concernant la perception de la parole, seraient le fruit d'une «expérience auditive» prénatale.

Nous allons passer en revue les éléments, qui viennent en confirmation de cette hypothèse d'apprentissage prénatal, en décrivant d'abord le milieu sonore intra-utérin, bruits «endogènes» et externes; en analysant ensuite les réactions fœtales aux stimulations acoustiques qui témoignent d'activités perceptives et d'apprentissages; en présentant enfin les effets postnataux témoins des acquis auditifs prénataux.

Nous rappellerons seulement brièvement auparavant que, sur le plan anatomique, toutes les structures nécessaires à l'audition sont présentes au 4ᵉ mois de gestation; que l'on enregistre les premiers potentiels évoqués auditifs (PEA), chez le prématuré, à 26 semaines, au niveau du tronc cérébral et à 35 semaines au niveau du thalamus. Il faut également indiquer que la présence du mésenchyme embryonnaire dans l'oreille moyenne n'entrave pas son fonctionnement et donc ne perturbe pas une audition fœtale qui s'effectue d'ailleurs probablement grâce surtout à un système de transmission osseuse.

I. LE MILIEU SONORE INTRA-UTERIN

Les analyses du milieu sonore intra-utérin ont montré que celui-ci est constitué, d'une part, de bruits endogènes (d'origine maternelle, placentaire et fœtale), d'autre part, de certaines composantes des bruits externes : celles qui ne sont pas masquées par les bruits endogènes et qui ne sont pas trop atténuées par le franchissement des tissus abdominaux maternels.

1. Bruits endogènes

Ces bruits, enregistrés au cours de l'accouchement, après rupture des membranes, ont fait l'objet d'estimations très variables. Leur niveau moyen est de 72 dB SPL selon Bench (1968), 94 dB selon Walker et col. (1971), 57 dB (après correction) selon Henschall (1972), 40-47 dB selon Murdoka et col. (1976). Il s'agit de bruits de fréquence basse d'origine maternelle, essentiellement le bruit cardiaque et vasculaire, et le péristaltisme.

Les mesures acoustiques fines réalisées par Querleu et col. (1981) montrent que l'intensité va de 80 dB dans les fréquences inférieures à 70 Hz, (des fréquences auxquelles notre système auditif est peu sensible) à 20 dB à 650 Hz pour devenir négligeable au-dessus de 1.000 Hz, le niveau global étant de 61 dB. Des mesures plus récentes (Versyp, 1985), réalisées par la même équipe de recherche indiquent que le spectre des bruits intra-utérins ne va pas au-delà de 700 Hz et conduisent à des évaluations d'intensité sensiblement plus faibles. Le niveau global n'est plus de 27-28 dBA, passant de 62 dB dans les fréquences inférieures à 70 Hz à 10 dB aux environs de 700 Hz. L'énergie la plus forte s'étend de quelques hertz à 500 Hz. Selon les auteurs, l'éloignement du micro du placenta — ce micro étant situé au niveau de la tête fœtale — et l'utilisation d'un système de préamplification amélioré diminuant de 15 dB le bruit de fond du système d'enregistrement rendraient compte de cette réduction du niveau de bruit estimé.

En ce qui concerne l'impact fœtal du bruit de fond, on peut imaginer que le bruit utérin, permanent et affecté de caractéristiques rythmiques fortes, en général régulières, n'est pas « perçu » de façon continue mais seulement dans ses fluctuations particulières, accélérations et décélérations cardiaques maternelles par exemple, ou ses modulations par l'émergence des bruits d'origine externe.

2. Bruits extérieurs

La simple écoute des enregistrements intra-abdominaux, comme leur analyse fine, démontre clairement que les bruits extérieurs d'intensité suffisante, bien que subissant un certain degré d'atténuation et de masquage et donc de déformation en fonction de leurs composantes spectrales, émergent bien du bruit de fond intra-utérin. C'est, entre autres bruits, le cas de la musique et de la voix humaine, tant masculine que féminine et ce, aussi bien pour la voix maternelle — que l'on peut également considérer comme bruit «endogène» — que pour des voix externes.

a) Atténuation

Johansson et col. (1964) ont effectué *in utero*, à membranes rompues, les premières mesures de l'atténuation des bruits externes liée au franchissement des tissus maternels. Celle-ci serait constante entre 1.000 et 3.000 Hz et augmenterait rapidement en fonction de l'élévation en fréquence. Selon Bench (1968), cette atténuation passe de 19 dB pour 200 Hz à 24 dB pour 500 Hz, 38 dB pour 1.000 Hz et culmine à 48 dB pour 2.000 et 4.000 Hz. Walker et col. (1971) estiment un effet d'atténuation plus important encore: 30 dB pour 200 Hz, 39 dB pour 500 Hz, 40 dB pour 1.000 Hz, 51 dB pour 2.000 Hz, 60 dB pour 3.000 Hz.

Les mesures intra-vaginales réalisées par Busnel (1979) montrent une atténuation très faible des fréquences basses qui atteint seulement 20 dB au-delà de 200 Hz.

Querleu et col. (1981) déterminent un effet d'atténuation *in utero* beaucoup plus faible que celui mesuré par leurs prédécesseurs puisqu'il n'est que de 2 dB pour 250 Hz, de 14 dB à 500 Hz et ne dépasse pas 20 dB jusqu'à 1.000 Hz, 26 dB minimum à 2.000 Hz. Il est théoriquement peu probable que cette atténuation s'élève à plus de 40 dB pour les fréquences audibles. Certains résultats de Versyp (1985) concernant l'émergence des sons extérieurs, présentés plus loin, incitent à ne pas majorer les valeurs de cette atténuation.

b) Emergence

Sur des enregistrements intra-vaginaux de paroles et de musique (Busnel, 1979), émises à différentes intensités, à 50 cm de la paroi abdominale, la voie maternelle émerge bien du bruit de fond, moins bien cependant que de la musique diffusée à intensité égale (80 dBA) ou la voix maternelle diffusée par haut-parleur.

L'analyse des enregistrements intra-utérins de Querleu et Renard (1981) montre que les fréquences conversationnelles émergent du bruit de fond maternel, du son le plus grave du fondamental laryngé (100 Hz) jusqu'à 1.000 Hz. Versyp (1985) confirme cette émergence. Ainsi, le niveau moyen de la voix maternelle (parlée à 60 dBA) est supérieur de 24 dB à celui du bruit de fond, ce niveau moyen est supérieur de 12 à 16 dB à celui des voix extérieures tant masculines que féminines diffusées au même niveau (60 dB) à 1 m de l'abdomen maternel. Ceci est dû pour une part, à la proximité de la source, sur le plan aérien, et pour une autre part peut-être, à la transmission directe à l'utérus des vibrations qui se produisent au niveau thoracique et abdominal. Par ailleurs, l'analyse du spectre de transmission d'une voyelle synthétique (à 60 dB) montre que ses composantes émergent jusqu'à 5.000 Hz, et l'étude de la fonction de transfert du bruit de percussion d'un triangle musical (70-80 dB) révèle que l'atténuation n'est que de 20 à 40 dB jusqu'à plus de 18.000 Hz, ce qui incite à reconsidérer le modèle de croissance linéaire de l'atténuation avec la fréquence.

c) Intelligibilité de la parole

L'analyse perceptive de l'écoute par des adultes des enregistrements intra-abdominaux peut apporter des éléments d'information intéressants. On observe une modification du timbre de la voix par rétrécissement de la bande de fréquences (atténuation des fréquences supérieurs à 1.000 Hz), et une disparition partielle des transitoires; ce qui ne supprime pas cependant toute intelligibilité de la parole.

Les mots intelligibles (émis à 90 dB) sur les enregistrements intra-vaginaux de Busnel (1979) sont en particulier ceux contenant des explosives. En dessous de cette intensité, seuls le rythme et les caractéristiques intonatives du locuteur sont clairement perceptibles.

Sur les enregistrements intra-utérins de Querleu & col. (1982), Lefèbvre (1983), 46 % des phonèmes sont discriminables par des auditeurs (adultes) quand le micro est placé loin du placenta. D'après les analyses de nouveaux enregistrements, réalisés au niveau de la tête fœtale (Versyp, 1985), les taux de reconnaissance de listes de mots utilisées en audiométrie — liste de Lafon avec signification, et celle de Dupret, sans signification — ne sont pas meilleurs quand il s'agit de paroles émises directement par la mère ou de voix extérieures en ce qui concerne la perception des phonèmes (31 % en moyenne) ni celle de voyelles. En effet, cette voix est plus intense mais plus déformée que celle des autres locuteurs. Selon Versyp, le fait que des voyelles dont le second formant est situé au-delà de 1.000 Hz soient correctement reconnues suggère que les fréquences élevées sont moins atténuées que les anciennes mesures présentées plus haut ne l'avaient indiqué. Enfin, et surtout, si l'on compare les variations de hauteur d'une même phrase enregistrée *in* et *ex utero* on remarque que la courbe mélodique est totalement conservée, ce qui est confirmé par la reconnaissance du contour intonatif par un auditeur adulte.

Il faut noter que l'ensemble des niveaux sonores mesurés *in utero* ne correspondent peut-être pas exactement à ceux auxquels le fœtus est exposé habituellement puisque les mesures sont effectuées à membranes rompues lorsqu'une partie, difficilement quantifiable, du liquide amniotique s'est écoulée.

En conclusion, il semble donc que les bruits extérieurs et en particulier les voix parviennent *in utero* masquées dans les graves par le bruit de fond intra-utérin et atténuées par le franchissement des tissus abdominaux maternels. Cependant leur émergence, et plus spécialement celle de la voix maternelle est importante et certaines caractéristiques de la parole, essentiellement prosodiques, sont conservées.

II. REACTIONS FŒTALES AUX STIMULATIONS ACOUSTIQUES

Pendant le dernier trimestre de leur grossesse, un grand nombre de femmes enceintes perçoivent une agitation de l'enfant qu'elles portent, lorsqu'elles se trouvent dans un environnement sonore particulièrement intense tel qu'un concert. Malgré, ou sans doute à cause de l'aspect trivial et massif de cette observation, l'intérêt scientifique ne s'est porté que fort tard sur la réactivité fœtale aux stimulations acoustiques, Preyer affirmant même, en 1885, l'inexistence de réactions fœtales au son. Cependant, une quarantaine d'années plus tard, paraissaient les premières démonstrations de l'existence de telles réponses: Peiper (1925), Forbes & Forbes (1927), Ray (1932), Sontag & Wallace (1935), Spelt (1938-1948). A l'exception du travail de Sontag et Wallace, qui décrivait l'ontogenèse des réponses à partir du 5e mois de gestation, toutes ces études concernaient les réponses de fœtus de 8 mois ou plus. Le développement des techniques d'enregistrement des réactions fœtales et celui des techniques de stimulation acoustique a permis la multiplication des travaux sur ce point, un certain nombre de ceux-ci visant à utiliser la réaction à la stimulation acoustique comme un élément de diagnostic du bien-être fœtal.

On peut recueillir actuellement trois types de réactions fœtales: des changements de rythme cardiaque (accélération, décélération ou réponses biphasiques), des mouvements réflexes et des réponses électrophysiologiques.

La réponse cardiaque peut être obtenue par auscultation au stéthoscope; il en fut ainsi dans les premières études de réactivité fœtale. On l'enregistre maintenant par phonocardiographie, électrocardiographie, et surtout, pour des raisons de commodité, ultrasonographie Doppler.

Les mouvements fœtaux peuvent être, de façon rudimentaire, repérés par la mère, ou également, de façon partielle, par différents systèmes d'accéléromètres, mais seule l'échographie en temps réel permet de les visualiser et de mesurer de façon fine le moment de leur déclenchement et de leur arrêt.

Les enregistrements de potentiels évoqués humains — indices électrophysiologiques — ont été pour l'essentiel réalisés pendant l'accouchement, après rupture des membranes (Barden et col., 1978). Selon Sakabe et Arayama (1969), quoique cette méthode ait eu ses détracteurs, les moyennes de signaux électriques enregistrés sur l'abdomen maternel représentent bien des PEA fœtaux, réponses à des stimulations spécifiques, comme semble le confirmer une étude récente (Schwartzman et col., 1985).

Les réponses cardiaques (d'accélération) et les réponses motrices fœtales sont les composantes du réflexe de sursaut dont l'évocation nécessite, chez le nouveau-né, une intensité de stimulation acoustique assez élevée (environ 85 dB) dans les conditions de stimulation les plus favorables. Il est nécessaire d'ajouter en moyenne 15 dB à cette intensité (soit 100 dB au total) pour compenser l'atténuation par les tissus maternels. Il est probable qu'une réponse motrice «élémentaire», comme la réponse cochléo-palpébrale serait évoquée par un niveau de stimulation plus faible ainsi qu'on l'observe chez l'adulte (Landis & Hunt, 1939). On obtiendrait sans doute aussi des réponses décélératives (d'orientation) à ce même niveau bas.

On peut dégager les conclusions suivantes de la trentaine d'études réalisées avec les différentes techniques d'observation:
- Les réponses cardiaques fœtales peuvent être déclenchées indépendamment d'une réaction cardiaque maternelle.
- Les réponses cardiaques sont souvent accompagnées de réponses motrices (mouvements globaux, changements de position du fœtus, mouvements isolés des membres et de la tête), elles sont dans ce cas plus amples que lorsqu'elles surviennent seules.

- En ce qui concerne l'ontogenèse de ces réactions, Sontag et Wallace, examinant dès 1936 l'évolution de l'amplitude moyenne des réponses cardiaques, enregistrent une «accélération» de 0,3 bpm en réponse à un son fort à 24 semaines. A 28 semaines, elle atteint 7,8 bpm. Un travail de Jensen (1984) confirme cette augmentation de l'amplitude des réponses cardiaques avec l'âge fœtal entre 32 et 39 semaines. L'auteur montre un effet modulateur (+ de 10 bpm) de l'intensité de stimulation utilisée.

Des travaux récents montrent que divers types de réponses motrices peuvent être enregistrées chez certains fœtus à partir de 22 semaines et que tous les sujets testés réagissent à 28-29 semaines (Birnholz & Benacerraf, 1983, enregistrent le réflexe cochléo-palpébral, Leader et col., 1982, repèrent les mouvements globaux du tronc et des membres). Il faut noter que les stimuli utilisés dans les deux études récentes sont de nature vibro-acoustique, comportant des fréquences relativement basses susceptibles d'activer également le système somesthésique dont la maturation est beaucoup plus précoce que celle du système auditif, mais on ignore tout du fonctionnement de ce système dans les conditions intra-utérines. La plupart des autres résultats ont été obtenus en réponse à des tons purs supérieurs à 500 Hz, à des bruits blancs centrés sur certaines fréquences, voire filtrés afin d'éviter l'activation de ce système.

La majorité des réponses cardiaques sont des accélérations du rythme de 7 à 40 bpm, de latence brève (inférieure à 5 sec). Divers facteurs interviennent pour en moduler l'expression: d'une part, âge, état physiologique et état de vigilance du fœtus, d'autre part en ce qui concerne la stimulation: plage du spectre de fréquences, durée, pente de l'attaque.

L'état de vigilance dans lequel se trouve le fœtus intervient de façon importante sur la réactivité cardiaque et sans doute également sur la forme de la réponse, comme cela a été observé chez le nouveau-né (Hutt et col., 1968, 1970; Graham & Jackson, 1970; Hatton et col., 1970; Berg. et col., 1971) et le prématuré (Schulman, 1970; Neal, 1979): majorité d'accélération du rythme dans les états de sommeil (agité ou profond), majorité de décélération du rythme dans les états de veille. Il est difficile de mettre directement à l'épreuve une telle hypothèse dans la mesure où la détermination des états de vigilance fœtale s'effectue de façon indirecte. Cependant, des publications récentes ont présenté des évaluations précises de l'ontogenèse des stades de vigilance établies à partir de l'examen échographique fin des mouvements fœtaux, de leurs cycles et de leur coïncidence avec les cyles de variabilité du tracé cardiaque (Nijhuis et col., 1983; Awoust et Levi, 1984). En ce qui concerne la réactivité fœtale cardiaque et motrice, nos propres données (Lecanuet et col., 1984, 1986) montrent que le tri des réponses cardiaques sur la base des types de tracés cardiaques qui les précèdent conduit à des conclusions similaires à celles des recherches sur le nouveau-né.

La relation entre décélération et veille (attentive) est loin d'être exclusive puisqu'on a pu observer des réponses cardiaques de ce type à des stimuli rythmiques ou de parole dans des périodes de sommeil. Par ailleurs, on peut déclencher des réponses d'accélération dans n'importe quel état de vigilance. En fait, les caractéristiques de la stimulation (intensité, spectre, pente, durée) interviennent également sans doute chez le fœtus, en concomitance avec l'état de vigilance, dans le déclenchement de réponses accélératives ou décélératives, comme on le voit chez le nouveau-né (Berg et col., 1971). Graham et col. (1978) ont montré qu'un prématuré anencéphale présentait les mêmes types de réactions à des stimulations acoustiques que les enfants de deux mois; des accélérations du rythme en réponse à un bruit blanc continu, des décélérations à un stimulus rythmé et ce à la même intensité. Ces différences sont probablement liées à une intégration différente des stimuli rythmés. On sait que les réponses de décélération sont considérées comme des indices de la réponse d'orientation qui traduit une mobilisation de l'attention, par opposition à la réponse de défense — déclenchée par des augmentations rapides de l'intensité sonore — à laquelle correspond une accélération cardiaque. Il resterait à définir chez le fœtus le statut des décélérations plutôt que de leur accorder celui d'artefact, interprétation communément admise au vu de leur très faible proportion (2 à 4 %) dans les travaux classiques. En effet, si l'on présente, comme notre équipe l'a fait récemment (en prép.) une stimulation appropriée (ici un bruit rose centré sur 500 Hz, à 110 dB), on enregistre un taux élevé (24,8 %) de décélérations systématiques qui font de cette réponse un mode particulier de réaction neurovégétative fœtale à la stimulation acoustique.

Les données électriques, neurovégétatives et comportementales convergent pour indiquer que le fœtus réagit aux stimulations sonores externes. Les corrélations entre intensité de stimulation et intensité de réponse, la relative sélectivité des réponses cardiaques, permettent de considérer que des processus perceptifs sont à l'œuvre.

III. CAPACITE D'ACQUISITION DES STIMULATIONS AUDITIVES

Deux groupes de preuves expérimentales conduisent à envisager l'existence d'une capacité fœtale d'acquisition auditive: d'une part, celles concernant la mise en place, pendant la période fœtale, de deux types d'apprentissages: habituation et conditionnement classique; d'autre part, celles relatives aux effets postnataux de l'exposition naturelle aux stimulations acoustiques du milieu sonore intra-utérin, ou de la diffusion répétée d'une stimulation extérieure.

1. Apprentissages fœtaux

a) Habituation

Les expérimentations sur l'habituation — forme élémentaire d'apprentissage — indiquent que la composante motrice et la composante cardiaque de la réponse fœtale ne s'habituent pas selon un même schéma, de même que chez le prématuré et le nouveau-né. En outre, les caractéristiques acoustiques de la stimulation et la durée de l'intervalle interstimulus modulent la vitesse d'établissement de cette habituation.

Certains auteurs notent une disparition rapide, en 2 à 4 essais, des réponses motrices globales, qu'elles soient évaluées de façon externe grossière (Peiper, 1924, 1963; Fleischer, 1955) ou plus précise (Goupil et al., 1975), ou même examinées *in utero* à l'aide de l'échographie en temps réel (Birnholz & Benacerraf, 1983 a, b). D'autres études, utilisant les procédures classiques d'habituation/déshabituation décrivent une baisse plus lente du taux de réponses. Les travaux de Leader et al. (1982 a) montrent que la disparition des réponses motrices survient après 10 à 20 présentations d'un stimulus vibro-acoustique émis toutes les 20 secondes pour 50 % des fœtus, après 40 essais pour 85 % des sujets. L'habituation à des stimuli de caractère plus vibro-tactile s'effectue en 16,5 à 18 essais (Madison et al., 1986). Selon Leader et al., la rapidité d'habituation est un signe de bonne maturité nerveuse fœtale.

Il est plus difficile de décrire l'habituation de la composante cardiaque. Goodlin et Lowe (1974) présentent des données rudimentaires à partir desquelles on peut conclure que les réponses cardiaques ont disparu pour 30 % des sujets stimulés (ton pur 2.000 Hz, 120 dB) après 2 à 4 présentations, et pour 70 %, après 5 à 7 présentations.

Une diminution de l'amplitude des réponses cardiaques avec la répétition de la stimulation a été décrite par Bench et Mittler (1967). Bench & Mentz (1975) observent seulement une tendance à la réduction de la composante décélérative de la réponse globale.

La réponse cardiaque, plus facilement évoquée que la réponse motrice, serait donc plus lente à s'habituer. Par ailleurs, on a observé, dans les études néo-natales, que les changements d'état de vigilance rendaient l'habituation des réponses d'accélération quasi impossible. Lorsque le bébé passe en sommeil profond, on voit disparaître les réponses, s'il entre dans un stade plus réactif, sa capacité perceptive est modifiée et les réponses peuvent réapparaître. On a évoqué plus haut les travaux récents (Nijhuis et al., 1983; Awoust et Levi, 1984) montrant que des changements rapides analogues surviennent pendant les dernières semaines de la vie fœtale.

Sur ces divers points, notre équipe (Lecanuet et col., 1986) a montré que le taux de réponse cardiaque et motrice (extension du membre inférieur), à un bruit rose de 110 dB (5 s) — filtré en dessous de 800 Hz — baissent de façon parallèle et relativement lente (de 10 à 15 % entre chaque essai sur trois présentations), cette lenteur étant due à la longueur de l'intervalle entre les stimulations (3 à 4 mn). Si l'on classe les réponses selon l'état de vigilance fœtal, on voit alors que la baisse des taux de réponses est beaucoup plus rapide pendant les épisodes de forte variabilité (épisodes de sommeil agité et peut-être de veille calme).

b) Conditionnement

Dans les deux premières tentatives d'établissement d'un conditionnement fœtal (Ray, 1932; Spelt, 1948), le stimulus conditionnel — vibration de basse fréquence — était présenté immédiatement avant la stimulation acoustique inconditionnelle qui provoquait une réponse motrice fœtale. Les auteurs auraient, car ces résultats sont sujets à controverse, obtenu la mise en place puis l'extinction de ce conditionnement qu'ils pensent avoir réactivé 3 semaines plus tard.

Dans une étude plus récente, Feijoo (1975, 1981) a étudié l'effet de l'association de la présentation d'une phrase musicale de 12 s (le basson de « Pierre et le Loup » de Prokofiev) avec un état de relaxation profonde de la mère. Cette phrase était émise trois fois de suite au-dessus du ventre de la mère, deux fois par semaine au cours du 6e, 7e ou 8e mois de grossesse. Lors d'un test réalisé entre 30 et 37 semaines, 13/16 des fœtus stimulés se mettaient à bouger quelques secondes après le début de la présentation de la séquence sonore, alors que les mouvements spontanés qui apparaissent habituellement en début de position allongée ne se manifestent, en situation silencieuse, qu'après 6 à 10 minutes. Cette rapidité de réponse à la stimulation serait due, selon Feijoo, à l'anticipation chez le fœtus d'un état fœtal de confort spatial induit par la relaxation maternelle pendant les présentations précédentes. On peut cependant envisager que les mouvements fœtaux aient été induits par le stimulus lui-même indépendamment de toute association avec un état particulier.

2. Effets posnataux

Un premier type de travaux s'attache à montrer que la diffusion postnatale de stimulations acoustiques ayant fait durablement partie de l'environnement sonore prénatal a un effet d'apaisement voire d'endormissement sur l'enfant agité. Cet effet est lié au caractère familier de ces stimulations, ou même à leur association antérieure à un état de relatif bien-être. Le second type de travaux envisage la possibilité que le nouveau-né modifie certains aspects de son comportement si cela lui permet d'entendre des stimulations familières prénatales. Les effets des bruits intra-utérins d'origine maternelle, en l'occurrence le bruit cardiaque et celui de stimulations externes répétées ont été ainsi étudiés.

a) Bruit cardiaque

Dans la première perspective d'étude, Salk (1960, 1962) montre que des bébés auxquels elle diffuse quotidiennement un bruit cardiaque à 72 bpm (rythme moyen d'un cœur adulte) dorment mieux, sont plus calmes et prennent plus de poids que des bébés d'un groupe non stimulé. Cette stimulation endort les enfants en 15 minutes, avec une efficacité que ne possède ni un bruit cardiaque rapide (à 128 bpm), ni le battement d'un métronome, ni une berceuse.

Cette première publication a suscité un grand nombre d'études dont les résultats sont passablement contradictoires. Ainsi, un tel effet apaisant n'est pas retrouvé par Takemoto (1964) qui diffuse un rythme cardiaque différent, ni par Tulloch et col. (1964, 1966) qui émettent leur stimulation à 45 dB, au lieu des 75 dB utilisés auparavant. Cependant, Roberts et Campbell (1967), Beverly & Campbell (1967) confirment la réalité de « l'effet Salk ».

Par contre, selon Brackbill (1970a, 1973), Brackbill et al. (1966), le bruit cardiaque n'est pas plus efficace pour apaiser les pleurs et ralentir la fréquence cardiaque qu'une berceuse ou le bruit d'un métronome.

Smith & Steinschneider (1975) comparent la valeur d'apaisement d'un bruit cardiaque, dont le rythme est proche de celui de la mère de l'enfant testé, à celle d'un bruit cardiaque différent (plus lent ou plus rapide). Ainsi, deux groupes de bébés sont constitués sur la base du rythme cardiaque maternel, lent: 70-80 bpm; ou rapide: 100-110 bpm. Puis, chacun des sujets entend pendant 30 mn, avant l'un de ses repas, soit un «cœur» à 75 bpm, soit un cœur à 105 bpm, diffusé à 75 dB. A titre de contrôle, un des repas est précédé de silence. Les deux types de rythme produisent un effet d'apaisement mais seulement chez les bébés dont la mère a un rythme cardiaque lent. Ceux-ci s'endorment plus vite, dorment plus longtemps et pleurent moins que les bébés de mères dont le cœur bat rapidement. Les auteurs attribuent cet effet à la différence de nature des milieux prénataux. La plus grande irritabilité des enfants de mère à rythme cardiaque rapide proviendrait d'un besoin important de stimulation, besoin en rapport avec la quantité de stimulation pendant la période prénatale.

D'après Murooka et col. (1976), tout bruit présentant une structure acoustique proche du bruit intra-utérin, dont le cœur maternel est une composante importante, peut exercer un effet apaisant. L'émission, à 60 ou 80 dB, de ces bruits intra-utérins, calme en 20 à 28 s seulement 86 % des bébés qui pleurent avant la tétée et 30 % de ceux-ci s'endorment (après 46 s en moyenne, les enfants se trouvent en sommeil léger et au bout de 16 mn en sommeil paradoxal). Le son du signal Doppler de l'artère fémorale maternelle et le «slumber-tone», dont le spectre s'étend de 320 à 350 Hz, sont d'une efficacité équivalente. Dans une même perspective d'analyse, il est possible que la plus grande valeur d'apaisement d'un ton pur à 150 Hz sur un ton à 500 Hz (Birns et col., 1966) soit due à une sensibilité préférentielle pour les fréquences basses situées dans la bande passante du bruit cardiaque. Bench (1969) et Hazelwood (1977) ont également défini une relation inverse, systématique, entre l'effet apaisant d'un son et sa fréquence.

A l'encontre de ces conclusions, Detterman (1979) montre que la diffusion continue à long terme (entre 17 et 34 h) du bruit cardiaque, à 85 dB, est globalement inefficace pour apaiser les bébés. Il fait une sévère critique méthodologique des travaux de Salk et de toutes les études qui analysent l'effet apaisant uniquement à court terme (3 ou 4 h) et qui méconnaissent le fait que les nouveau-nés fonctionnent selon la loi de la valeur initiale. En effet, sur des durées brèves, pendant lesquelles le taux de cris (évalués auprès de groupes témoins) sont élevés, et donc le niveau de vigilance également élevé, n'importe quel changement de stimulation produit un effet apaisant. L'analyse des effets du changement de stimulation sur de longues durées montre que celui-ci a un effet tantôt éveillant, tantôt apaisant, dont l'impact global est nul. Detterman conclut que la question de l'apaisement à long terme demeure ouverte, et rappelle à ce propos l'échec de Palmquist (1975) à retrouver la prise de poids enregistrée par Salk chez les enfants stimulés par le bruit cardiaque.

Manzke & Dammig (1982) poursuivent les études de l'effet apaisant à court terme et notent que la diffusion du bruit cardiaque intra-utérin à 80-85 dB (à 20 cm de la tête du bébé) entraîne, outre une diminution des cris et un apaisement général, un ralentissement du rythme cardiaque et une réduction importante de l'amplitude des mouvements respiratoires, effets qui se manifestent dès le début de la stimulation et cessent dès son arrêt. Cet effet sédatif, qui n'est pas efficace le jour de la naissance, le devient ensuite, mais seulement pendant les deux premières semaines, chez les bébés nés à terme. Son efficacité est plus spécialement marquée chez les enfants qui pleurent ou qui ont un sommeil agité.

Millot (1985), qui compare les effets de différents bruits rythmiques, constate qu'ils ne produisent pas ou peu d'effet sur le rythme cardiaque du nouveau-né au cours des 4 mn qui suivent leur émission. Quand cet effet est présent, il enregistre des décélérations moyennes après l'émission d'un bruit cardiaque à 75 bpm, alors qu'un métronome qui bat à 45 ou à 120 bpm entraîne plutôt une accélération. Par contre, le métronome à 72 bpm et une berceuse déclenchent autant d'effets d'accélération que de décélération. L'auteur interprète la décélération spécifique au bruit cardiaque à 75 bpm comme une réponse d'orientation à un stimulus familier qui facilitera, lorsqu'elle est entendue par le bébé tenu contre la poitrine maternelle, l'attention et la localisation des autres stimulations issues de la mère. Les réponses accélératives déclenchées par des émissions à rythmes lents ou très rapides correspondraient à des réactions de défense/adaptation à des stimulations dont les caractéristiques sont éloignées de celles des stimuli intra-utérins familiers.

En l'état actuel de la polémique, le bruit cardiaque adulte, émis à son rythme moyen, semble posséder une valeur positive immédiate pour la plupart des nouveau-nés. Il exerce un effet direct d'apaisement lorsqu'il a été enregistré *in utero*. Les effets positifs évalués sur une longue durée font l'objet d'une controverse.

Dans la seconde orientation de recherche, DeCasper & Sigafoos (1983) montrent que le bruit cardiaque possède une valeur renforçante certaine. Dès l'âge de deux jours, des nouveau-nés peuvent modifier la structure de leur rythme de succion d'une tétine non nutritive, si cela leur permet d'entendre un bruit cardiaque déclenché par cette succion (le bruit enregistré *in utero* lors des travaux de Murooka).

b) Voix maternelle

La technique de succion non nutritive sera abondamment utilisée dans les études de reconnaissance de la voix maternelle, mais les premières recherches portaient sur l'observation du comportement réactionnel (analyse de réponses d'orientation, de l'apaisement). Ainsi, André-Thomas (1966) a montré que des bébés âgés seulement de 10 jours et Hammond (1970) de 5 jours, tournaient la tête en direction d'une personne «familière» qui les appelait par leur prénom en une réponse baptisée «caresse auditive au nourrisson».

Selon Wolff (1969), la voix maternelle serait la plus apaisante à partir de l'âge de deux semaines. Toutefois, pour Hazelwood (1977), cette valeur d'apaisement n'interviendrait que pour des pleurs «moyens», aucune voix n'étant efficace pour calmer les pleurs violents.

La première démonstration de la préférence pour la voix maternelle fut apportée par une étude de Mills et Melhuis (1974) chez des enfants de 3 semaines. Leur taux de succion d'une tétine non nutritive était significativement plus important lorsqu'il pouvait déclencher l'émission de la voix maternelle plutôt que celle d'une autre femme.

Par la suite, Mehler et col. (1978) montrent, à l'aide de cette même technique, que les bébés d'un mois ne distinguent la voix maternelle d'une autre voix féminine que si les caractéristiques intonatives de la parole sont conservées.

DeCasper et Fifer (1980) considèrent que les travaux précédents montrent seulement l'existence d'une sensibilité différentielle à la voix maternelle intonée mais pas celle d'une préférence pour cette voix. Ils mettent au point une procédure qui leur paraît permettre une évaluation directe de cette préférence chez des enfants de un à trois jours, enfants qui ont de plus une très faible expérience postnatale de la voix maternelle et donc peu d'occasions d'en apprendre les caractéristiques. Le déclenchement de la voix maternelle ou d'une autre voix par la succion (tétine «non nutritive») est fonction de la durée de la pause (ou arrêt de succion supérieur à 2 s) qui a précédé cette succion. Pour un groupe de sujets, la voix de la mère est déclenchée par les succions qui suivent des pauses d'une durée supérieure à la médiane des pauses «spontanées» du bébé, pour un autre groupe, elle est déclenchée après les pauses plus courtes que cette médiane.

L'analyse de l'évolution des durées de pause au cours de la session de test fait apparaître une modification de celles-ci, allongement ou raccourcissement, de façon à obtenir l'émission de la voix maternelle plus souvent que celle d'une autre femme. Cette préférence précoce, mise en évidence chez des enfants n'ayant pas eu plus de 12 heures de contact avec la mère, ne dépendrait pas de la quantité de soins maternels reçus par l'enfant, ni du type d'allaitement (sein/biberon).

Dans cette situation, le bébé doit «apprendre» deux choses: d'une part, que l'audition des voix est en relation directe avec son comportement de succion, et d'autre part, que le type de voix entendue (mère ou autre femme) dépend de la durée de ses pauses. Fifer (1981) tente de simplifier la procédure. Il introduit, pendant les pauses de succion, un signal sonore de 4 s qui est présenté toutes les 8 s. Pour un groupe de sujets, la reprise de la succion pendant la diffusion du signal va déclencher la voix maternelle, elle déclenche l'autre voix si elle survient pendant le silence. Un second groupe de sujets doit apprendre les associations inverses. Il semble que les sujets maîtrisent un peu plus rapidement cette procédure de préférence.

L'équipe dirigée par DeCasper a conduit une série d'études récentes en utilisant l'une ou l'autre de ces deux procédures ou la procédure classique d'habituation/déshabituation (DeCasper & Prescott, 1984; Panneton & DeCasper, 1985). On peut dégager de ces travaux les conclusions suivantes: les enfants, de un à trois jours,
- sont disposés à «travailler» pour entendre une voix féminine, en d'autres termes: la voix féminine est un agent renforcateur efficace dans les apprentissages;
- préfèrent la voix maternelle à celle d'une autre femme;
- ne sont pas spécialement «renforcés» par la voix paternelle;
- ne préfèrent pas la voix de leur père à celle d'un autre homme, même après une familiarisation post-natale de 10 heures à cette voix entre la naissance et le test; ceci bien qu'ils soient en mesure de discriminer entre deux voix masculines;
- préfèrent le bruit cardiaque enregistré *in utero* à la voix masculine, y compris celle du père.

Rapprochant ces résultats de ceux de Wolff (1963) et de Brazelton (1978), qui montrent que les nouveau-nés discriminent entre les voix féminines et masculines, et qu'ils préfèrent les premières, DeCasper & Prescott (1984) proposent une hiérarchie des préférences organisée comme suit: voix maternelle > autres voix féminines > voix paternelle = autres voix mâles. La structure de cette hiérarchie et la valeur renforçante du bruit cardiaque confirment le fait qu'il y ait acquisition des stimuli acoustiques principaux de l'environnement acoustique fœtal.

DeCasper interprète l'absence de valeur renforçante de la voix paternelle/masculine, en s'appuyant sur les mesures acoustiques de Querleu et al. (1981), décrites plus haut, comme une conséquence de son masquage partiel par le bruit de fond intra-utérin. Les voix féminines émergeraient plus nettement que la voix masculine, l'énergie principale, celle du fondamental laryngé, étant située dans une bande de fréquences où les harmoniques de cette voix sont plus aiguës que celles des voix masculines. Les mesures récentes de Versyp (1985) indiquent que les voix masculines et les voix féminines présentent la même émergence, plus faible cependant que celle de la voix maternelle; il est probable que c'est l'insuffisance d'expérience avec la voix masculine qui est à l'origine de cette absence d'effet et les voix féminines ont probablement une valeur renforçante par généralisation de l'effet de la voix maternelle.

Une autre étude récente (Querleu et col., 1984) est venue apporter des informations positives quant à l'acquisition prénatale des caractéristiques de la voix maternelle. Elle concerne des bébés de moins de 2 heures de vie qui réagissent, d'un point de vue moteur global, significativement plus à l'appel de leur prénom par leur mère (36 % de réponses) que par n'importe laquelle parmi quatre autres femmes (12 % de réponses), ceci quelle que soit la position dans laquelle l'appel maternel ait été lancé et le nombre de syllabes du prénom. L'intonation (subjectivement évaluée en voix froide, tiède ou chaude) ne semble pas avoir influencé la réponse du nouveau-né, alors qu'elle paraît — la faiblesse des effectifs limite la portée de cette conclusion — faciliter la reconnaissance de la voix maternelle, les voix « tièdes » et « chaudes » suscitant un taux de reconnaissance plus élevé. L'analyse comparative des effets de voix d'intonation analogue confirme le caractère spécifique de la préférence vocale. Le choix des critères comportementaux et leur mode d'analyse limite toutefois quelque peu la force des conclusions de cette étude.

L'acquisition auditive prénatale peut concerner certains aspects spécifiques des stimuli de parole comme le montrent deux études récentes réalisées à l'aide de la procédure d'évaluation de la préférence de DeCasper. Dans la recherche de DeCasper et Spence (1982), des futures mères lisent à haute voix, pendant les 6 dernières semaines de la grossesse, une histoire particulièrement riche en voyelles de deux types, par exemple *a* et *i*. Dans le test postnatal, les enfants déclenchent significativement plus l'émission de cette histoire que celle d'une histoire nouvelle (riche en deux autres types de voyelles) disponible dans le même temps. La préférence n'est pas liée à la structure phonologique de l'histoire lue pendant la grossesse puisque des sujets témoins ne montrent pas de préférence spontanée pour l'une ou l'autre des histoires.

Le dépouillement du journal tenu par les mères pendant cette période révèle que le nombre de mouvements fœtaux survenant durant les deux lectures quotidiennes de l'histoire augmentait progressivement pendant les trois premières semaines de cette lecture pour décroître ensuite jusqu'à un niveau bas et y demeurer jusqu'à la naissance. Cette évolution systématique se produit indépendamment de l'âge fœtal lors du début de la lecture et du taux d'activité spontanée. Les mères avaient également remarqué une augmentation brutale de l'activité fœtale à la fin de chaque lecture.

Satt (1984) obtient des résultats similaires à ceux de DeCasper et Spence, en demandant aux futures mères de diffuser quotidiennement pendant les dernières semaines de leur grossesse une berceuse — originale — qu'elles ont enregistrée au préalable. Au cours du test de choix postnatal, les nouveau-nés préfèrent la berceuse familière à une berceuse témoin également enregistrée par la mère.

c) Stimuli externes

On connaît nombre d'anecdotes concernant des souvenirs spécifiques de stimulations prénatales, mais on possède peu de données expérimentales sur le sujet. Ando & Hattori (1970) rapportent que des nouveau-nés soumis pendant toute leur vie intra-utérine à des bruits d'avion ne sont pas perturbés dans leur sommeil par le passage des avions, alors que des enfants dont les mères ont emménagé près de l'aéroport après le 5e mois de la grossesse se réveillent à ces bruits. Lorsque ces mêmes groupes d'enfants sont exposés au cours de leur sommeil, en laboratoire, à des bruits d'avion, le premier groupe ne se réveille que lorsque ces bruits sont émis à 90 dB, le second se réveille à des niveaux plus faibles. Lorsqu'une séquence de musique (Beethoven), dont le spectre acoustique est semblable en énergie et en fréquence, est émise à 70 dB, ces mêmes enfants s'éveillent (Ando et Hattori, 1977).

L'étude de Feijoo (1975, 1981), dont nous avons décrit la première partie précédemment, comporte un test quelques minutes après la naissance. Au cours de celui-ci, l'émission de la phrase musicale de Prokofiev, diffusée pendant la période fœtale, exerce un effet d'apaisement général, elle déclenche l'ouverture des yeux et de la main. L'émission d'autres phrases mélodiques ou la présentation de la même phrase à l'envers ne produisant pas d'effet net, l'auteur conclut qu'il y a reconnaissance spécifique de la phrase musicale. Il est difficile d'exclure la possibilité que certaines séquences sonores n'exercent pas en elle-même un effet apaisant important également. Ce résultat encourageant appelle des investigations complémentaires.

IV. ROLE DES STIMULATIONS PRENATALES

Si l'on admet, à la suite des auteurs dont nous venons de présenter les travaux, que les nouveau-nés, dont certains à un jour n'ont eu qu'une brève expérience postnatale de la voix maternelle, «reconnaissent» cette voix pour l'avoir entendue pendant la fin de la vie fœtale, on peut, avec Fifer (1981), envisager la nécessité de réviser une des théories classiques de l'attachement filial, celle proposée par Bowlby (1958) et développée par Ainsworth (1979).

En effet, selon ce modèle, l'enfant ne distinguerait pas sa mère des autres femmes pendant une première phase qui durerait de la naissance à la 8e ou à la 12e semaine. L'absence de discrimination entre les figures féminines qui entrent en contact avec lui serait d'ailleurs le trait spécifique de cette phase. Si l'enfant de quelques jours reconnaît la voix maternelle, il convient de modifier le modèle selon l'une des deux options suivantes; soit, comme le propose Fifer, supprimer la phase 1 et considérer que l'enfant se trouve dès la naissance dans une phase 2 définie comme celle de l'attachement dans l'action, soit adopter le point de vue interactionniste de Cairns (1979) et considérer que la reconnaissance précoce de la voix de la mère organise la discrimination des autres caractéristiques maternelles qui seront progressivement attachées à cette voix. Dans cette perspective, la voix maternelle joue un rôle d'ancrage, d'amorçage de la relation filiale. Elle permet la transition entre la vie fœtale et le monde extérieur.

D'un point de vue langagier, on peut considérer que le «bain de langage», voix maternelle et autres voix, dans lequel le fœtus se trouve dans les quatre derniers mois de la vie fœtale, contribue, malgré les distorsions importantes du signal acoustique et l'immaturité cérébrale relative, au développement des capacités perceptives du nouveau-né, en particulier son aptitude à réaliser des discriminations acoustiques extrêmement fines, une des performances qui a le plus étonné les psychologues étudiant le développement.

Il est hautement probable que les stimulations auditives prénatales participent au développement des processus de traitement du signal de l'appareil auditif d'une part et, d'autre part, à l'élaboration du système perceptif. L'expérience prénatale peut constituer une période d'ajustement fin des processus de discriminations acoustiques (Gottlieb, 1971) et des préférences perceptives. Il sera nécessaire de conduire un grand nombre d'expérimentations ingénieuses pour déterminer la part de l'expérience langagière prénatale dans le développement du système de perception du langage par le nouveau-né. Dans l'impossibilité d'intervenir avant tout contact postnatal avec des voix, ces expériences devront analyser la reconnaissance d'une structure spécifique correspondant à une familiarisation prénatale.

Bibliographie

AINSWORTH, M.D.S. (1979), *Attachment as related to mother-infant interaction*, in J.S. Rosenblatt, R.A. Hinde, C. Beer & M.-C. Busnel (Eds), Advances in study of behavior (vol. 9). N.Y. Acad. Press.
ANDO, Y. & HATTORI,H. (1970), *Effects of intense noise during fetal life upon postnatal adaptibility* (Statisval study of the reactions of babies to aircraft noise), J. Acoust. Soc. Amer., 47, 1128-1130.
ANDO, Y. & HATTORI, H. (1977), *Effects of noise on sleep of babies*, J. Acoust. Soc. Am., 62, 1.
ANDRE-THOMAS, A.S. (1966), *Locomotion from prenatal life*, London: Spactic Society, Heineman.
AWOUST, J. & LEVI, S. (1984), *New aspects of fetal dynamics with a special emphasis on eye movements*, Ultrasound in Med. & Biol., 10, 107-116.
BARDEN, T.P., PELTZMAN, P. & GRAHAM, J.T. (1968), *Human fetal electroencephalographic response to intrauterine acoustic signals*, Am. J. Obstet. Gynecol., 100, 1128-1134.
BENCH, J.R. (1968), *Sound transmission to the human foetus through the maternal abdominal wall*, J. Gen. Psychol., 113, 1172-1174.
BENCH, R.J. & MENTZ, D.L. (1975), *On the measurement of human fetal auditory responses*, in: Sound reception in Mammals. R.J. Bench, A. Pye, J.D. Pye (eds). Acad. Press, 23-40.
BENCH, J. & MENTZ, L. (1978), *Neonatal habituation and state change*, Quart. J. Exp. Psychol., 30, 355-362.
BENCH, R.J., MITTLER, P.J. & SMYTH, C.N. (1967), *Changes of heart rate in response to auditory stimulation in the human fetus* (abstr.), Bull. Brit. Psychol. Soc., 20, 14a.

BERG, K.M., BERG, W.K. & GRAHAM, F.K. (1971), *Infant heart rate response as a function of stimuli and state*, Psychology, 8, 30-44.
BIRNHOLZ, J.C. & BENACERRAF, B.B. (1983), *The development of human fetal hearing*, Science, 222, 516-518.
BOWLBY, T.G.R. (1969), *Attachment and Loos* (Vol. 1): Attachment. London, Hogarth.
BRACKBILL, Y. (1970), *Acoustic variation and arousal level in infants*, Psychophysiol. 6, 517-526.
BRACKBILL, Y., ADAMS, G., CROWELL, D. & GRAY, L. (1966), *Arousal level in neonates and preschool children under continuous auditory stimulation*, J. Exp. Chil. Psychol., 4, 178-188.
BRACKBILL, Y. (1973), *Continuous stimulation reduces arousal level: stability of the effect over time*, Child. Dev., 4, 43-38.
BRAZELTON, T.B. (1978), *The remarquable talents of the newborn*. Birth and the family journal, 5, 4-10.
BUSNEL, M.-C. (1979), *Mesures intravaginales du niveau et des distorsions acoustiques de bruits maternels*, Electrodiagnostic Therapie, 16, 142.
CAIRNS, R.B. (1979), *Social development: The origins and plasticity of interchanges*. San Francisco, Freeman.
DECASPER, A.J. & SIGAFOOS, A.D. (1984), *The intra uterine heartbeat: a potent reinforcer for newborns*, Inf. Behav. Dev. (in press).
DECASPER, A.J. & FIFER, W.P. (1980), *Of human bonding: Newborns prefer their mother's voice*, Science, 208, 1174-1176.
DETTERMAN, D.K. (1978), *The effect of heart on neonatal crying*, Infant. Behav. Dev., 1, 36-48.
FEIJOO, J. (1975), *Ut consciencia noscatur*, Cahiers de Sophrologie, 13, 14-20.
FEIJOO, J. (19871), *Le fœtus. Pierre et le Loup*, in: L'Aube des Sens, Cahiers du Nouveau-né, n° 5, Stock, Paris, pp. 192-209.
FIFER, W.P. (1981), *Early attachment: maternal voice preference in one- and three-day-old infants*, Ph D Diss. Univ. Greensboro.
FLEISCHER, K. (1955), *Untersuchungen zur Entwicklungf der Innenohrfunktion* (Intrauterine Kinderbewegungen nach Schallreizen), Z. Laryngol. Rhinol., 34, 733-740.
FORBES, H.S. & FORBES, H.B. (1927), *Fetal sense reaction: hearing*, J. Comp. Physiol. Psychol., 7, 353-355.
GOODLIN, R.C. & LOWE, E.W. (1974), *Multiphasic fetal monitoring: a preliminary evaluation*. Am. J. Obstet. Gynecol., 119, 341-357.
GOTTLIEB, G. (1971), *Development of species identification: Prenatal determination of perception*. Chicago. University of Chicago Press.
GOUPIL, F., LEGRAND, H., BREARD, G., LE HOUEZEC, R. & SUREAU, C. (1975), *Sismographie et réactivité fœtale*, 5ᵉ Journée Nationale de Médecine Périnatale, Le Touquet, 262-266.
GRAHAM, F.K., JACKSON, J.C. (1970), *Arousal system and infant heart rate responses*. In L.P. Lipsitt, W.H. Reese (eds), Advances in Child Development and Behavior. V.5 N.Y. Acad. Press, pp. 59-117.
GRAHAM, F.K., LEAVITT, L.A., STROCK, B.D., BROWN, J.W. (1978), *Precocious cardiac orienting in a human anencéphalic infant*, Science, 199, 322-324.
HAMMOND, J. (1970), *Hearing and response in the newborn*, Devel. Med. Child. Neurol., 12, 3.
HATTON, H.M., BERG, W.K. & GRAHAM, F.K. (1970), *Effects of acoustic rise time on heart rate response*, Psychon. Sci., 19, 101-103.
HAZELWOOD, V. (1977), *The role of auditory stimuli in crying inhibition in the neonate*, J. Aud. Res., 17, 225-240.

HENSCHALL, W.R. (1972), *Intrauterine sound levels*, J. Obsts. Gynecol., 112, 577.
HUTT, S.J. & HUTT, C. (1970), *Direct observation and measurement of behavior*. Springfield, Ill. C.C. Thomas.
HUTT, S.J., HUTT, C., LENARD, H.G., BERNUTH, H.V. & MUNTJEWERFF, W.J. (1968), *Auditory responsivity in the human neonate*, Nature, 218, 888-890.
JENSEN, O.H. (1984c), *Fetal heart rate response to controlled sound stimuli during the third trimester of normal pregnancy*, Acta Obstet. Gynecol. Scand., 63, 193-197.
JOHANSSON, B., WEDENBERG, E. & WESTIN, B. (1964), *Measurement of tone response by the human fetus. A preliminary report*, Acta Oto-Laryngol., 57, 188-192.
LANDIS, C. & HUNT, W.A. (1939), *The startle pattern*. Farrar & Rinehart. N.Y. 1939. Reprinted by Johnson reprint Corp. 168 p.
LEADER, L.R., BAILLIE, P., MARTIN, B. & VERMEULEN, E. (1982a), *The assessment and significance of habituation to a repeated stimulus by the human fetus*, Early Hum. Dev. 7, 211-219.
LECANUET, J.-P., GRANIER-DEFERRE, C., COHEN, H., BUSNEL, M.-C. & SUREAU, C. (1984), *Fetal alterness and reactivity to sound stimulation*, Paper presented at the ICIS Meeting, N.Y.
LECANUET, J.-P., GRANIER-DEFERRE, C., COHEN, H., LE HOUEZEC, R. & BUSNEL, M.-C. (1986), *Fetal responses to acoustic stimulation depend on heart rate variability patterns stimulus intensity and repetition*, Early Hum. Dev. 13, 269-283.
LEFEBVRE, C. (1983), *Réactivité du nouveau-né de moins de deux heures de vie à la voix maternelle*, Thèse de Médecine, Lille.
MADISON, L.S., ADUBATO, S.A., MADISON, J.K., NELSON, R.W., ANDERSON, J.C., ERICKSON, J. & KUSS, L., GOODLIN, R.C. (1986), *Fetal response decrement: True habituation?*
MANZKE, H. & DAMMIG, H. (1982), *Der saugling schlaft bei achtzig Dezibel*. Muziktherapie, 13, 33-50.
MEHLER, J. & FOX, R. (1985), *Neonate cognition. Beyond the blooming buzzing confusion*. Lawrence Erlbaum Ass.
MEHLER, J., BERTONCINI, J., BARRIERE, M., JASSIK-GERSCHENFELD, D. (1978), *Infant recognition of mother's voice*, Perception, 7, 491-497.
MILLOT, J.-L. (1985), *Contribution à l'étude des interactions entre le nouveau-né et son environnement social. Aspects somesthésiques et acoustiques*. Thèse de Doctorat en Neurosciences, Besançon.
MILLS, M., MELHUISH, E. (1974), *Recognition of mother's voice in early infancy*, Nature, 252, 123-124.
MUROOKA, H., KOIE, Y. & SUDA, D. (1976), *Analyse des sons intra-utérins et de leurs effets tranquillisants sur le nouveau-né*, J. Gynecol. Obstet. Biolo. Repr., 5, 367-376.
NEAL, M.V. (1979), *Organizational behavior of the premature infant*, Birth Defects, 15, 43-60.
NIJHUIS, J.G., PRECHTL, H.F.R., MARTIN, C.B. & BOTS, R.S.G.M. (1982), *Are there behavioral states in the human fetus?* Early Human Dev., 6, 177-195.
PALMQUIST, H. (1975), *The effect of heartbeat sound stimulation on the weight development of newborn infant*, Child. Dev., 46, 292.
PANNETON, R.K., DECASPER, A.J. (1983), *Newborns are sensitive to temporal and behavioral Contingencies*, Paper presented at Austin.
PEIPER, A. (1963), *Cerebral function infancy and childhood*, Consultant bureau New York, 83-92.
PEIPER, A. (1925), *Sinnesempfindungen des Kindes vor seiner Geburt*, Msr. Kinderheik, 29, 236'
PEREIRA-LUZ, N., PEREIRA-LIMA, C., HECKER LUZ, S. & FELDENS, V.L.

(1980), *Auditory evoked responses of the human fetus*, Acta Obstet. Gynecol. Scand., 59, 395-404.
PREYER, W., *Spezielle Physiologie der Embryo*, Leipzig, 1885.
QUERLEU, D. & RENARD, X., *Les perceptions auditives du fœtus humain*, Med. et Hyg., 1981, 39, 2101-2110.
QUERLEU, D., RENARD, X. & CREPIN, G. (1981), *Perceptions auditives et réactivité fœtale aux stimulations sonores*, J. Gynecol. Obstet. Biol. Reprod., 10, 307-314.
QUERLEU, D., LEFEBVRE, C., TITRAN, M., RENARD, X., MORILLON, M. & CREPIN, G. (1984), *Réactivité du nouveau-né de moins de deux heures de vie à la voix maternelle*, J. Gynecol. Obstet. Biol. Reprod., 13, 125-134.
RAY, W.S. (1932), *A preliminary study of fetal conditioning*, Child Dev. 3, 173-177.
ROBERTS, B., CAMPBELL, D. (1967), *Activity in newborns and the sound of a human heart*, Psychon. Sci. 9, 339-340.
SAKABE, N., ARAYAMA, T., SUZUKI, T. (1969), *Human fetal response to acoustic stimulation*, Acta Oto Laryngol., 252, 29-36 (suppl.).
SALK, L. (1962), *Mother's heartbeat in the relations between mother and infant*, Meeting of Div. of Instrum., 16, 753-763.
SALK, L. (1960), *The effect of the normal heartbeat sound on the behavior of the newborn infant: implications for mental health*, World Mental Health, 12, 1-8.
SATT, B.J. (1984), *On investigation into the acoustical induction in intra-uterine learning*, Ph. D. Diss. Cal. School of Prof. Psychol.
SCHULMAN-GALAMBOS, G. & GALAMBOS, R, R. (1979), *Brainstem evoked response audiometry in newborn hearing screening*, Arch. Otolar., 105, 86-90.
SCHWARTZMAN, J., WILKINSON, V. & BERTOLA, P. (1985), *Prenatal testing of hearing through E.R.A.* Preliminary communication, Santa Barbara Meeting.
SMITH, C.R., STEINSCHNEIDER, A. (1975), *Differential effects of prenatal rythmic stimulation on neonatal arousal states*, Child Dev., 46, 574-578.
SONTAG, L.W. & WALLACE, R.F. (1936), *Changes in the rate of the human fetal heart in response to vibratory stimuli*, Am. J. Dis. Child., 51, 583-589.
SPELT, D.K. (1948), *The conditionning of the human fetus in utero*, J. Exp. Psychol., 38, 338-346.
STEINSCHNEIDER, A., LIPTON, E.L. & RICHMOND, J.B. (1966), *Auditory sensitivity in the infant: effect of intensity on cardiac and motor responsivity*, Child Dev., 37, 232-252.
TAKEMOTO, Y. (1964), *Sleep induction by heartbeat rythm*, Folia Psychiatr. Jpn. suppl. 7, 347-351.
TULLOCH, J.P., BROWN, B.S., JACOBS, H.L., PRUGH, D.G. & GREENE, W.A. (1964), *Normal heartbeat sound and behavior of newborn infants, replication study*. Psychon. Med., 26, 661-670.
VERSYP, F. (1985), *Transmission intra-amniotique des sons et des voix humaines*, Thèse de Doctorat de Médecine, Lille.
WALKER, D.W., GRIMWADE, J.C. & WOOD, C. (1971), *Intrauterine noise: a component of the fetal environment*, Am. J. Obstet. Gynecol., 109, 91-95.
WEDENBERG, E. (1965), *Prenatal test of hearing*, Acta Oto-Laryngol., suppl. 206.
WOLFF, P.H. (1969), *The natural history of crying and other vocalizations in early infancy*, in B.M. Foss (ed.), Determinants of infant behavior. (vol. 4), London, Methuen.

La reproduction de voyelles et de mélodies chez des bébés de 4 et 5 mois

M.L. LE ROUZO

I. LE PROBLEME DES DEUX FORMES D'ARTICULATION

La conception selon laquelle les deux aspects articulatoires, phonétique et intonatif, ne seraient pas d'emblée associés dans la parole est partagée, sous des formes différentes, par de nombreux auteurs, linguistes ou phycholinguistes (Crystal, 1973 et 1979; Ferguson, 1964; Jakobson, 1941; Menyuk, 1977; Snow, 1972). Les paramètres intonatifs, en particulier mélodiques, qui reposent sur des variations continues de la fréquence fondamentale de la voix, sont fonctionnels au début de la seconde année. Avec l'apparition des premiers mots, interviendrait un nouveau mode de signification — à caractère segmental — et l'enfant se centrerait sur cette nouvelle forme d'articulation abandonnant l'ancienne. Cette hypothèse permet d'expliquer les phénomènes de parler «robot» remarqués vers 15-16 mois par de nombreux auteurs et, en français, la régulation des durées syllabiques et de la fréquence fondamentale constatée par Bacri et Boysson-Bardies (1981) et Boysson-Bardies et al. (1981) dans les premiers énoncés produits par l'enfant.

Toutefois, les expressions référentielles apparaissent à une période qui ne peut être qualifiée de présegmentale dans la mesure où une série d'acquisitions phonologiques a déjà pris place. Au contraire, dans la première moitié de la première année, aucun segment de la langue cible n'est encore apparu. Dans les productions spontanées du bébé, les voyelles ne sont pas différenciées. Lieberman (1980) fixe le début de cette différenciation aux environs de 24-26 semaines. Les bruits intervenant dans les lallations ne présentent pas les caractéristiques des consonnes de la langue parlée par l'entourage. Le noyau syllabique n'est pas encore en place. Il le sera, selon Stark (1979 et 1980) ou Oller (1980) entre 6 et 7 mois, à la période du babillage. On ne reconnaît pas non plus le rythme de la langue cible dans les vocalises du bébé avant 8-10 mois (Boysson-Bardies, 1982). Toutes ces considérations valent pour la production, ce qui n'empêche nullement que des caractéristiques consonantiques, vocaliques ou syllabiques puissent être discriminées perceptivement avant 6 mois (Bertoncini, 1984; Bertoncini et Mehler, 1981; Eilers, 1980; Eimas, 1974; Kuhl, 1980).

L'objet de la recherche[1] présentée ici est d'étudier la possibilité d'association des articulations phonétiques et intonatives chez des enfants de 18 à 24 semaines. Les éléments considérés sont d'un côté la production de segments vocaliques et de l'autre, l'émission de mouvements mélodiques. Une méthode de reproduction vocale est utilisée. Des modèles présentés par une voix de femme font intervenir les voyelles a, i et u, chacune produite sur des mélodies différentes — monotone, montante et descendante. Nous faisons l'hypothèse que si la voyelle est reproduite par le bébé, alors elle le sera sur une mélodie, par exemple monotone, non nécessairement conforme à celle du modèle précédant la reproduction. Et si les mélodies présentant une grande variation de hauteur — montante ou descendante — sont restituées, alors l'articulation ne s'ajustera pas nécessairement au modèle vocalique présenté.

Le choix des stimuli s'explique par le fait que les trois segments retenus sont situés aux sommets du triangle vocalique, le /i/ et le /u/ constituant des maxima de différenciation. La période de 18 à 24 semaines a été retenue pour deux raisons. D'une part, on devrait y trouver des /a/ correctement produits dans la mesure où ils diffèrent peu de la voyelle neutre /ə/, mais peu ou pas de /i/ ou de /u/. D'autre part, certains auteurs (Kaplan et Kaplan, 1971; Morse, 1974) ont remarqué qu'aux environs de 4-5 mois, l'enfant adopte spontanément un comportement de reproduction vocale en ce qui concerne les paramètres intonatifs de fréquence, d'intensité et de durée, augmentant, par exemple, la fréquence fondamentale de ses vocalises quand le modèle est plus aigu et, inversement, l'abaissant quand le modèle est plus grave. La possibilité d'obtenir des reproductions vocales à cette période est confirmée par des données secondaires d'études expérimentales comme celle de Kuhl et Meltzoff (1982) qui, utilisant dans une tâche d'appariement vision-audition un paradigme préférentiel mesuré par le temps de fixation visuelle sur une cible visage, notent qu'à 18 semaines, certains sujets reproduisent spontanément la voyelle — en l'occurrence /a/ — et le mouvement mélodique — ici circonflexe — du modèle auditif présenté. De même, Kessen, Levine et Wendrich (1979) dans une expérience d'appariement de hauteur de sons musicaux, montrent que, de 3 à 6 mois, les sujets reproduisent le ton présenté, chanté ou joué sur un pipeau.

En ce qui concerne les caractéristiques de l'intonation émise spontanément par le bébé entre 18 et 24 semaines, Delack et Fowlow (1978) admettent que les mélodies de parole se regroupent autour de sept patterns fondamentaux de façon stable selon les situations, le pattern le plus fréquent étant le mouvement mélodique circonflexe. Oller (1980) note que l'enfant oppose alors des niveaux de cris: cris aigus, piaillements et cris graves, grognements, et Stark (1980) remarque la fréquence des glissandos extrêmes dans les vocalises spontanées de cette période. Une interrogation demeure toutefois quant à la constitution de catégories intonatives — ou de types intonatifs — avant 6 mois. Lecanuet, Granier-Deferre et Busnel (ce même volume) estiment que la reconnaissance et la mémorisation des patterns usuels peuvent se faire dès la période fœtale au moins pour la voix maternelle. Morse (1972) a montré que le bébé discrimine les mouvements mélodiques, montant et descendant, produits sur une même syllabe /ba/ dès 6-7 semaines. Sullivan et Horowitz (1983) établissent que le bébé de 2 mois marque une préférence pour le mouvement montant produit par une voix de femme, le discriminant ainsi d'autres patterns produits par cette même voix. Stern et al. (1982 et 1983) montrent que les mères utilisent des mélodies spécifiques pour faire varier le comportement de leur bébé âgé de 2 à 6 mois[2], notamment que le regard du bébé se porte sur le visage de la mère lorsque celle-ci produit un pattern montant utilisé préférentiellement dans ce but. Cependant, Kuhl et Miller (1982) mettent en évidence qu'entre 5 et 16 semaines, la discrimination de mouvements, monotone et descendant, ne se fait que si la voyelle support ne varie pas. Sur des variations constantes de voyelles (/a/-/i/), la différence d'intonation n'est plus discriminée.

II. ETUDE EXPERIMENTALE DU DEVELOPPEMENT DES DEUX FORMES D'ARTICULATION CHEZ LE BEBE

1. Les conditions expérimentales

Trois séries vocaliques — /a/, /i/ et /u/ — ont été constituées avec, pour chacune, une variation interne selon trois types mélodiques — monotone, montant ou descendant. Six stimuli apparaissent dans chaque série vocalique (cf. Fig. I). Ils ont été construits sur le croisement des trois patterns mélodiques et d'une durée, brève (de 150 à 200 msec - millisecondes) ou longue (de 500 à 600 msec). Le pattern, que nous appellerons monotone, comporte une variation stationnaire de la fréquence fondamentale (F_o) sur presque toute la durée des deux stimuli, bref ou long, cette variation stationnaire étant précédée, dans chaque cas, d'une légère montée initiale. Le pattern «montant» est formé d'une variation ascendante de l'ordre de 30 à 40 % sur environ 150 msec (stimulus bref) ou sur environ 500 msec (stimulus long) précédée d'une légère chute de F_o dans les deux cas. Le pattern «descendant» est, à l'inverse, composé d'une légère montée initiale suivie d'une variation descendante de F_o de l'ordre de 30 à 40 % sur 150 msec environ (stimulus bref) ou sur 500 msec environ (stimulus long).

La série vocalique /a/ est présentée d'abord et, pour la moitié des sujets, une série de stimuli /i/ lui succède. Pour l'autre moitié des sujets, une série modèle /u/ est introduite en second. Les séries /a/-/i/ et /a/-/u/ sont assignées au hasard. Dans chaque série vocalique, l'ordre d'apparition des six stimuli est aléatoire et chacun est proposé deux ou trois fois de suite selon le comportement vocal du bébé. On essaye de maintenir une intensité stable pendant toute la durée des stimuli présentés. Les paramètres mélodiques, de durée et d'intensité des stimuli ont été préalablement contrôlés sur un analyseur de mélodie[3]. Ceux qui répondaient aux critères exposés ci-dessus ont été retenus et l'expérimentatrice qui les propose aux sujets s'est entraînée pour les produire de façon stable.

Un temps pour la réponse est réservé entre les stimuli présentés et, le cas échéant, on attend la fin de la vocalise du bébé avant d'introduire un nouveau stimulus. Dans chaque série vocalique, le nombre de stimuli proposés dépend du comportement de l'enfant, notamment, dans la série /a/, de la durée de la latence avant l'apparition des vocalises. Lorsque celles-ci débutent, la série /a/ comporte de 12 à 18 stimuli, selon que le bébé vocalise beaucoup ou peu. Les séries /i/ ou /u/ intervenant à la suite, sont également constituées de 12 à 18 stimuli.

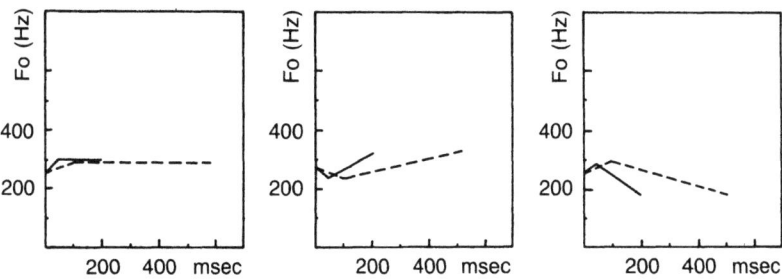

Fig. I. Stimuli mélodiques monotones, montants et descendants
(Les deux durées, brève et longue, sont indiquées sur le même schéma pour chaque pattern).

Trente bébés de 18 à 24 semaines (17 garçons et 13 filles) fréquentant des crèches ont passé l'épreuve. Les productions de 20 d'entre eux (12 garçons et 8 filles) font l'objet de l'analyse. Dix de ces enfants ont été testés dans les séries vocaliques /a/-/i/, et dix dans les séries /a/-/u/. Les autres enfants ou bien n'ont pas produit de vocalises ou bien en ont produit trop peu pour qu'on puisse les intégrer dans l'étude.

Les 20 enfants retenus ont un âge moyen de 20 semaines et 18 jours. Ils se répartissent de la manière suivante : 12 ont entre 18 et 20 semaines, 3 ont entre 20 et 22 semaines et 5 entre 22 et 24 semaines.

La passation se fait dans une pièce calme de la crèche, à l'écart de la section dont relève l'enfant. Le bébé est placé en position semi-assise dans un siège. L'expérimentatrice se tient face à lui, son visage très près de celui de l'enfant. L'enregistrement sonore est réalisé à l'aide d'un magnétoscope UHER 4200 équipé de deux microphones BEYER M88, l'un dirigé vers l'expérimentatrice, l'autre vers l'enfant. Un enregistrement vidéo du visage du bébé est effectué par l'intermédiaire d'une caméra JVC fixée sur un pied et reliée à un magnétoscope. La caméra est dissimulée, partiellement ou totalement à la vue du bébé. Elle est située derrière l'expérimentatrice et filme le bébé de trois quarts face. Un opérateur est chargé du maniement de la caméra et peut contrôler la bonne qualité de l'image du visage de l'enfant grâce à un moniteur. Cet opérateur contrôle également la bonne marche de l'enregistrement sonore de sorte que l'expérimentatrice peut se concentrer exclusivement sur le maintien de l'attention du bébé et sur la production des stimuli modèles.

Avant l'épreuve, le bébé est détendu et l'expérimentatrice capte son attention en jouant et en dialoguant avec lui. Dans la semaine qui précède l'enregistrement, elle s'est rendue plusieurs fois à la crèche, dans la section de l'enfant, afin qu'il s'habitue à sa présence et au type de stimuli qui lui seront présentés.

2. La méthode d'analyse des données

L'analyse des productions nécessite un grand nombre de contrôles afin de déterminer, à défaut de reproductions en écho, peu fréquentes, ce qui peut être considéré comme des tentatives d'ajustement aux paramètres des stimuli modèles. Elle est en cours et, dans la présentation des résultats, nous indiquerons les tendances générales qui apparaissent dans les productions et nous présenterons le cas d'un sujet particulier pour illustrer ces tendances.

Les productions font l'objet d'une description selon les deux aspects, phonétique et mélodique. Un analyseur de mélodie est utilisé pour déterminer la durée et l'évolution de la fréquence fondamentale des vocalises. Toute production vocale séparée d'une autre par une pause au moins égale à 250 msec est considérée comme *une* unité vocale. Ces normes sont utilisées notamment par Konopczynski (1978 et 1983) après Grosjean et Deschamps (1972). Plusieurs vocalises peuvent par conséquent apparaître dans le laps de temps réservé pour la réponse du bébé entre les stimuli présentés. Dans chaque unité vocale, plusieurs mouvements de base peuvent apparaître. Les normes qui ont présidé à la description de ces mouvements concernent leurs durées et leurs déclinaisons. Pour être considéré comme une variation continue, ascendante ou descendante, le mouvement de base doit avoir une durée au moins égale à 50 msec, et pour être considéré comme une variation continue stationnaire, il doit être d'une durée au moins égale à 40 msec. Ces normes sont proposées par Rossi et al. (1981) dans le cadre d'une interprétation perceptive de l'intonation. On peut estimer qu'en production, les mouvements d'une durée inférieure ne sont pas «tenus». Dans les mouvements de base pris en compte, seuls ceux qui présentent une variation continue au moins égale à 6 % entre la F_o mesurée à l'initiale et au terme du mouvement, ont été considérés comme des réalisations montantes ou descendantes. Cet écart correspond à un intervalle de l'ordre d'un demi-ton majeur dans les 2e et 3e octaves. Les mouvements présentant un écart moindre ont été assimilés à des variations continues monotones s'ils possèdent les caractéristiques de durée mentionnées ci-dessus. Cette norme est inférieure à celle fixée par Bacri et Boysson-Bardies (1981) qui, dans leur étude du babillage spontané d'un enfant de 18 mois, traitent comme plats les mouvements présentant une variation inférieure à un intervalle de ton.

En ce qui concerne la mélodie, la production de chaque sujet est répartie en unités vocales, dont on mesure la durée. A l'intérieur de chaque unité vocale, les séquences de mouvements sont également décrites en terme de durée. Pour les mouvements monotones, la F_o moyenne est calculée et, pour les mouvements montants et descendants, la pente — positive ou négative — est établie en pourcentage par le calcul de l'écart entre F_o à l'initiale et au terme du mouvement rapporté à la F_o initiale.

Les articulations phonétiques du bébé au cours des vocalises sont repérées par l'image de son visage et par le son produit. On distingue des productions vocales bouche ouverte, à demi-fermée, fermée, à l'origine de sons à caractère oral ou nasal. On note la position des lèvres, relâchées, étirées, arrondies. Les constrictions ou les occlusions avant ou arrière, à l'origine des bruits de friction ou d'explosion, sont également repérées. Les différences d'articulation phonétique dans les productions apparaissant de l'une à l'autre des séries vocaliques présentées ainsi que leur caractère systématique sont recherchés.

A l'issue de cette double description mélodique et phonétique, chaque unité vocale est référée à la série modèle dans laquelle elle apparaît. Ou bien la voyelle modèle est reconnaissable dans la vocalise, ou bien elle ne l'est pas. On peut ainsi déterminer la fréquence de reproduction des trois voyelles présentées. A l'heure actuelle, cette analyse est menée à l'oreille. Pour un contrôle plus rigoureux de cette variable, on aura recours à des juges de préférence phonéticiens, et à une analyse sonographique permettant de préciser la structure formantique de la production.

Pour les vocalises dans lesquelles la voyelle modèle est reproduite, on repère la conformation mélodique sur laquelle elle est émise afin de déterminer si ce mouvement correspond ou non au modèle qui a précédé immédiatement la vocalise, et s'il existe, pour le sujet, des différences dans la répartition des mélodies supportant l'articulation de la voyelle.

3. Résultats

Dans la série modèle /a/, on trouve pour tous les sujets, au moins une réalisation où le /a/[4] est reconnaissable. Dans la série modèle /i/, seul un bébé de 24 semaines, sur les dix considérés, produit un /i/ reconnaissable. Aucune vocalise ne fait intervenir d'/u/ reconnaissable dans la série modèle correspondante.

Dans la condition de présentation /a/-/i/, 9 sujets sur les 10 considérés modifient leurs productions de l'une à l'autre des séries par la place ou le mode d'articulation et/ou par la hauteur des vocalises apparaissant dans les deux séries.

Les modes et places d'articulation recontrés dans la série modèle /i/, absents ou rares dans la série modèle /a/, consistent chez quatre de nos sujets — deux bébés de 18 semaines, un de 19 et un de 22 semaines — en une production d'obstruantes articulées à l'avant, bouche fermée par la langue projetée entre les lèvres, l'air et la salive étant pulsés à travers la constriction. Cette articulation, à l'origine d'un bruit de «crachouillis» apparaît systématiquement à la fin de nombreuses vocalises dans la série modèle /i/. Elle est parfois accompagnée d'une seconde, non rencontrée dans la série modèle /a/, apparaissant seule chez une bébé de 23 semaines, et consistant en une articulation bilabiale, bouche fermée par les lèvres serrées, produisant un son à caractère nasal, qui termine là encore de nombreuses vocalises de la série /i/. Un bébé de 19 semaines présente, dans la série modèle /i/, un comportement voisin du précédent, non rencontré dans la série /a/. Il s'agit d'une occlusion bilabiale accompagnée d'un bruit d'explosion lorsque l'air est pulsé à l'ouverture de la bouche.

Les vocalises de la série modèle /i/ se distinguent, chez trois sujets, de celles de la série /a/ par une différence nette de hauteur. Un grand nombre de cris aigus assimilables à des piaillements apparaissent dans la série /i/. C'est là la seule différence observée chez un bébé de 18 semaines entre les deux séries de vocalises. Chez un autre de 20 semaines, cette différence de hauteur s'accompagne, dans les vocalises de la série /i/, par un point d'articulation arrière très rare dans cette série et qui consiste en une constriction, uvulaire ou laryngale, à l'origine de bruits de friction. Enfin, le bébé de 24 semaines qui produit plusieurs voyelles /i/ reconnaissables accompagne cette production, dans la série modèle /i/, par des piaillements.

Lorsque les séries /a/-/u/ sont présentées, les différences d'articulation phonétique apparaissent avec une moindre fréquence. Elles font intervenir, chez 5 sujets sur les 10 considérés dans cette condition, des articulations arrières, constrictions de type uvulaire ou laryngale, rencontrées chez un seul bébé dans la condition précédente. On relève aussi des niveaux différents, cris graves ou grinçants dans les vocalises émises dans la série modèle /u/ qui n'apparaissent pas dans la première série modèle. Les productions grinçantes posent d'ailleurs un problème pour l'analyse car elles se marquent par des nuages de points sur l'analyseur de mélodie, empêchant toute mesure de l'évolution de la voix.

On remarque, dans les différences observées chez 14 de nos sujets entre les deux séries vocaliques présentées, que les resserrements se produisent majoritairement à l'avant du conduit buccal dans la série modèle /i/, et à l'arrière du conduit vocal dans la série modèle /u/. L'opposition de niveaux fait, quant à celle, intervenir des fréquences aiguës pour la voyelle correspondante — /i/ — et des fréquences graves pour la voyelle correspondante — /u/. On peut penser, par conséquent, que ces productions constituent des tentatives d'ajustement à la cible segmentale présentée. Or, si l'on prend en compte l'ensemble des vocalises où le /a/ est identifiable et des vocalises d'ajustement aux voyelles /i/ et /u/ par l'articulation supralaryngée ou laryngée, on constate que les mélodies qui les accompagnent ou bien sont monotones ou bien présentent des mouvements terminaux descendants. Ces productions ne sont jamais accompagnées de mouvements terminaux montants. Lorsque les vocalises sont référées au pattern mélodique qui précède la production, les trois patterns modèles peuvent être restitués mais, quand le mouvement montant est reproduit, aucune voyelle identifiable n'apparaît ni aucune des tentatives d'ajustement au segment dégagées ci-dessus.

Ces résultats suggèrent que lorsque le bébé se centre sur la reproduction de la voyelle et s'engage dans un programme articulatoire qui peut réussir ou échouer, comportant des manœuvres au niveau laryngé — à l'origine de registres de voix, aigu ou grave, ou de bruits de friction — ou au niveau du conduit vocal, médian ou antérieur, alors la forme mélodique des productions découle de propriétés physiologiques et mécaniques semblables à celles décrites par Lieberman (1967). On peut avancer l'hypothèse que le relâchement de la tension musculaire qui caractérise les lignes de déclinaisons plates ou descendantes à la fin d'un groupe respiratoire relève d'un effet purement mécanique. A l'inverse, l'accroissement de la tension musculaire, caractérisant les lignes de déclinaisons ascendantes, supposerait un contrôle actif que le bébé, déjà engagé dans un programme d'ajustement articulatoire à la cible segmentale, ne pourrait assurer.

L'un de nos sujets mérite une attention particulière. Mathieu a 22 semaines et 2 jours. Il se caractérise par l'abondance de ses vocalises dans les deux séries — /a/ et /i/ — qui lui ont été présentées. Il fait partie des sujets pour lesquels des obstruantes articulées à l'avant du conduit vocal sont absentes des productions obtenues dans la première série vocalique et apparaissent en nombre dans celles de la seconde série. De nombreuses vocalises présentent un /a/ identifiable dans la première série vocalique et aucune de celles produites dans la seconde ne présente d'/i/ reconnaissable. Dans cette seconde série, on ne rencontre pas de piaillements et pourtant, lorsque l'on compare la moyenne des F_o à l'initiale des vocalises où le /a/ est reconnaissable dans la première série, celle des vocalises où la voyelle n'est pas identifiable dans cette première série, et celle des vocalises apparaissant dans la seconde série vocalique modèle, on constate une augmentation régulière de cette moyenne (cf. Tableau 1).

Tableau 1. F_o initiale moyenne (en Hz) des vocalises selon que la voyelle modèle est identifiable ou non identifiable.

(Le chiffre entre parenthèses indique le pourcentage de productions obtenues par catégorie).

	Série modèle /a/		Série modèle /i/
	Voy. ident. (a+)	Voy. non ident. (a−)	Voy. non ident. (i−)
$\bar{X} F_o$ ini.	237 (52 %)	274 (25 %)	309 (23 %)

La dispersion autour de la moyenne est peu importante pour les vocalises a+ ($\sigma = 17$ Hz). La baisse moyenne de F_o à l'initiale est de l'ordre de 14 % lorsque les vocalises a+ sont comparées aux vocalises a−. L'élévation moyenne de F_o à l'initiale est de l'ordre de 13 % lorsque les vocalises apparaissant dans la série modèle /i/ sont comparées à celles produites dans la série modèle /a/.

Si l'on regroupe par durée les vocalises dans lesquelles la voyelle modèle est identifiable (a+) et celles ou elle ne l'est pas (a− et i−), on constate que la moyenne de F_o à l'initiale de la vocalise change peu dans les premières, alors qu'elle s'accroît sensiblement et progressivement avec la durée de la vocalise dans les secondes (cf. Tableau 2).

Dans les vocalises où la voyelle modèle /a/ est reconnaissable, 40 % présentent un mouvement terminal plat de hauteur moyenne à 245 Hz et 60 % un mouvement terminal descendant. Dans ces dernières, la moyenne des pentes est de 12 % et la moyenne de hauteur finale est de 219 Hz avec un écart type de 13 Hz.

Tableau 2. *F_o initiale moyenne (en Hz) des vocalises en fonction de leur durée et de l'identification de la voyelle modèle.*

(Le chiffre entre parenthèses indique le pourcentage de productions par durée dans chaque catégorie).

	Durée des vocalises		
	V ≤ 150 msec	150 msec < V ≤ 450 msec	V > 450 msec
Voy. idt. (a+)	235,8 (26 %)	236,7 (48 %)	237,8 (26 %)
Voy. non idt. (a−, i−)	271,7 (19 %)	291,2 (62 %)	306,3 (19 %)

Dans les vocalises où la voyelle modèle n'est pas identifiable, qu'elles apparaissent dans la série /a/ ou dans la série /i/, 24 % seulement présentent un mouvement terminal plat de hauteur moyenne à 257 Hz. 71 % présentent un mouvement terminal descendant. La moyenne des pentes est ici plus importante que dans le cas précédent (17 %) et la moyenne de hauteur finale de ces mouvements descendants s'aligne sur celle des contours plats (257 Hz avec un écart type de 23 Hz). Enfin, 4 % des vocalises — représentés par une seule production — ont un mouvement terminal ascendant, au demeurant montant nettement (36 %).

On remarque dans les vocalises de ce sujet l'absence quasi totale de mouvements terminaux montants ainsi qu'une fréquence d'apparition de mouvements descendants supérieurs à celle des stimuli modèles. On note toutefois que la pente du mouvement terminal descendant est souvent moins accentuée que celle du stimulus modèle correspondant. Ceci joint au fait que près de 70 % des vocalises émises dans la série /a/ présentent une voyelle reconnaissable, que de nombreuses vocalises émises dans la série /i/ comportent des manœuvres articulatoires de resserrement à l'avant du conduit vocal et que le fondamental à l'initiale des vocalises de la série /i/ s'élève par rapport à celui des vocalises de la série /a/, nous fait penser que ce bébé présente un comportement caractéristique de centration sur la reproduction de la cible segmentale. D'autant plus que l'amorce des vocalises, notamment des vocalises a+, se fait dans le registre grave, voire infragrave. On comparera, à cet égard, le relevé de Boysson-Bardies, Sagart et Durand (1984) sur des enfants français de 6 à 8 mois, situant une F_o moyenne à l'initiale des vocalises autour de 335 Hz, avec celle constatée chez Mathieu à l'origine des vocalises a+ (237 Hz).

Le peu de dispersion de F_o à l'initiale des vocalises a+ comparé à la dispersion plus importante de F_o à l'initiale des autres vocalises indiquerait, si ce phénomène se confirmait chez d'autres sujets, que la vibration laryngée est une condition nécessaire — mais non suffisante — de la réussite du programme d'articulation phonétique. Lorsque celui-ci réussit, que des manœuvres adéquates à l'intérieur du conduit vocal viennent amplifier certaines gammes de fréquences issues de cette première vibration, alors on observe des différences en ce qui concerne la hauteur finale de la vocalise selon que le mouvement terminal est plat ou descendant, comme si, d'après l'hypothèse avancée ci-dessus, le contrôle exercé en fin d'émission sur la dynamique laryngée était alors à son minimum. Il semblerait, au contraire, que lorsque le programme échoue à réaliser les caractéristiques de la voyelle présentée, ce sujet cherche à atteindre une certaine hauteur, au point que les F_o finales des mouvements terminaux descendants s'alignent sur celles des mouvements plats, provoquant ainsi des variations plus sensibles que dans le cas précédent et restituant plus fréquemment une pente négative de l'ordre de celle présentée dans le stimulus modèle. Si cette tendance se confirmait chez d'autres sujets, on pourrait avancer l'hypothèse, qu'à défaut d'une réussite du programme articulatoire phonétique impliquant des manœuvres de resserrement au niveau du conduit vocal médian — palatal pour le /i/ et vélaire pour le /u/ — le bébé chercherait à ajuster sa production sur le modèle auditif par ce qui peut être maîtrisé, c'est-à-dire la dynamique laryngée.

III. CONCLUSION

Nous pensons que la situation est en grande partie responsable de la centration observée chez les sujets sur la reproduction de la cible segmentale plutôt que sur la mélodie. L'enfant n'a pas seulement un modèle auditif de voyelle mais aussi un modèle visuel du visage d'un adulte articulant cette voyelle, alors que la mélodie sur laquelle la voyelle est produite relève du seul domaine auditif. On remarque, à cet égard, que de nombreux enfants présentent, au cours de la période de latence qui sépare le début de la présentation des stimuli modèles et le début des vocalises, un comportement caractéristique consistant à esquisser des manœuvres articulatoires sans qu'aucun son ne soit émis. C'est la raison pour laquelle nous ne pouvons conclure ni que les paramètres acoustiques sous-jacents aux variations mélodiques seraient, en général, moins saillants que ceux qui supportent la structure formantique des voyelles, ni, a fortiori, que les paramètres acoustiques sous-jacents aux variations mélodiques ne seraient pas regroupés en constances perceptives et mnésiques à cet âge, alors que ceux qui supportent les voyelles le seraient.

Les résultats obtenus jusqu'ici n'infirment pas l'hypothèse selon laquelle, lorsque l'enfant se centre sur la production d'une cible segmentale, quelle que soit l'origine de cette centration, alors les grandes variations de l'intonation se perdent et ce sont des mouvements mélodiques plats ou faiblement descendants qui apparaissent. L'intérêt de ces résultats — bien que partiels — nous paraît double. D'une part, il s'agit ici de la production de bébés de 18 à 24 semaines, et les cibles segmentales présentées sont des voyelles. Or, on retrouve ce qui se réalisera plus tard, vers la fin de la première année, quand l'enfant produit ses premiers mots, à savoir, une «normalisation» de l'intonation allant dans le sens d'une régulation des mélodies. D'autre part, ce phénomène est observé alors même que les études de la production spontanée de bébés de 4-5 mois mettent l'accent sur la fréquence des grandes variations de hauteur, descendantes comme ascendantes, dans le répertoire de cette période.

NOTES

[1] Cette recherche a été réalisée dans le cadre de l'A.T.P. 955209 du C.N.R.S.
[2] Bruner (1984) insiste également sur le rôle de régulateur d'attention et d'action — de «format» — joué par l'intonation, en particulier par les mélodies de parole, dans l'interaction mère-bébé de 12 mois jusqu'au langage constitué.
[3] Nous avons utilisé un appareil conçu par Ph. Martin mis à notre disposition par le Centre d'Etude des Processus Cognitifs et du Langage. C'est ce même analyseur de mélodie qui sert à l'étude des vocalises produites en réponse aux stimuli présentés.
[4] On considère comme réalisation correcte celle des allophones suivants: /a/ (avant et étiré), /A/ et /e/ (centraux et relâchés), /ɒ/ (arrière et arrondi), bien que le /a/ modèle soit produit bouche ouverte, lèvres relâchées avec une place d'articulation centrale.

Bibliographie

BACRI, N., BOYSSON-BARDIES, B. de, Babillage ou prélangage? *Bulletin de l'Association Internationale de Linguistique Appliquée*, 1981, 1-18.

BERTONCINI, J., L'équipement initial pour la perception de la parole. In M. Moscato et G. Pieraut-Le Bonniec (Eds), *Le langage. Construction et Actualisation*, Publications de l'Université de Rouen, 1984, *98*, 39-50.

BERTONCINI, J., MEHLER, J., Syllables as units in infant speech perception. *Infant Speech and Development*, 1981, *4*, 247-260.

BOYSSON-BARDIES, B. de, Les bébés babillent-ils dans leur langue maternelle? *La Recherche*, 1982, *129*, 102-104.

BOYSSON-BARDIES, B. de, BACRI, N., SAGART, L., POIZAT, M., Timing in late babbling. *Journal of Child Language*, 1981, *8*, 525-539.

BOYSSON-BARDIES, B. de, SAGART, L., DURAND, C., Discernible differences in the babbling of infants according to target languages. *Journal of Child Language*, 1984, *11*, 1-15.

BRUNER, J.S., Contexts and formats. In M. Moscato et G. Pieraut-Le Bonniec (Eds), *Le Langage. Construction et Actualisation*, Publications de l'Université de Rouen, 1984, *98*, 69-79.

CRYSTAL, D., Non-segmental phonology in language acquisition: A review of the issues. *Lingua*, 1973, *32*, 1-45.

CRYSTAL, D., Prosodic development. In P. Fletcher and M. Garman (Eds), *Language Acquisition*, Cambridge University Press, Cambridge, 1979.

DELACK, J.B., FOWLOW, P.J., The ontogenesis of differential vocalization: Development of prosodic contrastivity during the first year of life. In N. Waterson and C. Snow (Eds), *The Development of Communication*, John Wiley & Sons, New York, 1978.

EILERS, R.E., Infant speech perception: History and mystery. In G.H. Yeni-Komshian, J.F. Kavanagh and C.A. Ferguson (Eds), *Child Phonology: II. Perception*, Academic Press, New York, 1980.

EIMAS, P.D., Auditory and linguistic processing of cues for place of articulation by infants. *Perception and Psychophysics*, 1974, *16*, 513-521.

FERGUSON, C.A., Baby talk in six languages. *American Anthropologist*, 1964, *66*, 103-114.

GROSJEAN, F., DESCHAMPS, A., Analyse des variables temporelles du français spontané. *Phonetica*, 1972, *26*, 129-156.

JAKOBSON, R., *Kindersprache, Aphasie und allgemeine Lautgezetze*. Almqvist & Wiksell, Uppsala, 1941.

KAPLAN, E.L., KAPLAN, G.A., The prelinguistic child. In J. Elliot (Ed.), *Human Development and Cognitive Processes*, Holt-Rinehart-Winston, New York, 1971.

KESSEN, W., LEVINE, J., WENDRICH, K.A., The imitation of pitch in infants. *Infant Behavior and Development*, 1979, *2*, 93-99.

KONOPCZYNSKI, G., Acquisition du langage chez l'enfant de 0 à 2 ans. *Bulletin d'Audiophonologie*, Université de Besançon, 1978, *8*, 53-69.

KONOPCZYNSKI, G., Structuration temporelle du babil et du protolangage: Etude comparative. Communication présentée au X^r *International Congress of Phonetic Sciences*, Utrecht, 1983.

KUHL, P., Perception constancy for speech-sound categories in early infancy. In G.H. Yeni-Komshian, J.F. Kavanagh and C.A. Ferguson (Eds), *Child Phonology: II. Perception*, Academic Press, New York, 1980.

KUHL, P., MELTZOFF, A., The bimodal perception of speech in infancy. *Science*, 1982, *218*, 1138-1141.
KUHL, P., MILLER, J.D., Discrimination of auditory target dimensions in the presence or absence of variation in a second dimension by infants. *Perception and Psychophysics*, 1982, *31*, 279-292.
LIEBERMAN, P., *Intonation, Perception and Language*. MIT Press, Cambridge, Mass., 1967.
LIEBERMAN, P., On the development of vowel production in young children. In G.H. Yeni-Komshian, J.F., Kavanagh and C.A. Ferguson (Eds), *Child Phonology*: I. *Production*, Academic Press, New York, 1980.
MENYUK, P., *Language and Maturation*. MIT Press, Cambridge, Mass., 1977.
MORSE, P.A., The discrimination of speech and non-speech stimuli in early infancy. *Journal of Experimental Child Psychology*, 1972, *14*, 477-492.
MORSE, P.A., Infant speech perception: A preliminary model and review of the litterature. In R.L. Schiefelsbuch and L.L. Lloyd (Eds), *Language Perspectives: Acquisition, Retardation and Intervention*, Mac Millan Press Ltd, Londres, 1974.
OLLER, D.K., The emergence of the sounds of speech in infancy. In G.H. Yeni-Komshian, J.F. Kavanagh and C.A. Ferguson (Eds), *Child Phonology*: I. *Production*, Academic Press, New York, 1980.
ROSSI, M., DI CRISTO, A., HIRST, D., MARTIN, P., NISHINUMA, Y., *L'intonation. De l'Acoustique à la Sémantique*. Klincksieck, Paris, 1981.
SNOW, C., Mother's speech to children learning language. *Child Development*, 1972, *43*, 549-565.
STARK, R., Prespeech segmental feature development. In P. Fletcher and M. Garman (Eds), *Language Acquisition*, Cambridge University Press, Cambridge, 1979.
STARK, R., Stages of speech development in the first year of life. In G.H. Yeni-Komshian, J.F. Kavanagh and C.A. Ferguson (Eds), *Child Phonology*: I. *Production*, Academic Press, New Yoek, 1980.
STERN, D.N., SPIEKER, S., BARNETT, R.K., MACKAIN, K., The prosody of maternal speech: Infant age and context related changes. *Journal of Child Language*, 1983, *10*, 1-15.
STERN, D.N., SPIEKER, S., MACKAIN, K., Intonation contours as signals in maternal speech to prelinguistic infants. *Developmental Psychology*, 1982, *18*, 727-735.
SULLIVAN, J.W., HOROWITZ, F.D., The effects of intonation on infant attention: The role of the rising intonation contour. *Journal of Child Language*, 1983, *10*, 521-534.

Communication non verbale et développement du langage
Evolution du comportement de demande de la naissance à deux ans

A. VAN DER STRATEN

On peut penser que s'il y a une véritable « explosion » du langage aux alentours de 2 ans, c'est que le bébé a commencé à maîtriser, bien avant cet âge, des formes de communication qui ont déjà certaines caractéristiques communes avec le langage verbal — ces formes premières devant favoriser l'acquisition de ce dernier. En fait, d'ailleurs, ces premières formes de communication ne disparaissent pas avec l'acquisition du langage verbal, mais elles se combinent avec lui. Des travaux récents se situant dans une perspective éthologique ont en effet montré l'importance de la communication non verbale dans les échanges entre enfants (Blurton-Jones, 1972; Montagner, 1980) et même chez l'adulte (Cosnier, 1977, 1982). Wallon (1938, 1941) avait ouvert la voie en insistant sur l'enracinement de la parole dans le comportement moteur et dans les réactions émotionnelles. D'autres travaux, dans la ligne de Vygotsky (1962) ont insisté récemment sur l'importance de l'aspect social et relationnel dans le développement cognitif et l'acquisition du langage (Flamant, 1983; Stamback et al., 1983). Enfin des travaux ont mis en évidence le rôle de l'interaction entre les partenaires, au niveau de la structuration de cette interaction elle-même, à la période préverbale (Bloom et al., 1985; Bruner, 1975a, 1975b, 1984; Haekel, 1985; Trevarthen, 1977) ainsi qu'au niveau des mécanismes du dialogue verbal entre enfants, ou entre adulte et enfant, un peu plus tard (Golinkoff, 1983; Greenfield, 1976; Snow, 1977; Cossette et al., 1985; Blicharski et al., 1985). Il faut remarquer par ailleurs que, depuis une dizaine d'années, s'est développé, dans les milieux de la psychanalyse (Lebovici, 1983), ainsi que dans certains milieux médicaux de la gynécologie (Leboyer, 1974) et de la pédiatrie (Cohen-Solal, 1982), un courant cherchant à montrer les capacités précoces du nourrisson à la communication. Ces auteurs ont insisté sur la sensibilité du bébé à l'environnement social, ce qui implique que le bébé soit accueilli comme un être susceptible de communiquer avec son entourage, d'exprimer des désirs, des besoins, des refus. Etudier le développement de la communication chez le très jeune enfant, dans l'optique de ses interactions avec ses partenaires privilégiés, est donc important pour comprendre à la fois l'insertion du bébé dans son environnement social et le développement du langage. Que les partenaires disposent de moyens et de modes de communication différents importe peu; ce qui compte c'est que les uns et les autres sont capables d'être tour à tour émetteur et récepteur, capables, l'un comme l'autre, d'agir sur l'autre.

Malheureusement, la plupart des travaux portant sur les situations de communication dans lesquelles sont impliqués des bébés ne prennent en compte que certains aspects de la situation : les gestes sans les paroles, les paroles sans les gestes, l'interaction sans les moyens de communication, ou encore, ils focalisent sur certaines manifestations spécifiques de certaines périodes privilégiées du développement : le babillage, les premiers mots, les débuts de la syntaxe par exemple. On voudrait tenter ici de prendre en compte tous les aspects de la communication. La perspective dans laquelle nous nous situons est en effet celle de Wallon (1938) qui voit dans l'homme un être indissolublement biologique et social. Ni inné ni acquis, le langage verbal se forgerait dans un va-et-vient constant entre le développement physiologique et les rapports à l'environnement, des éléments d'origine variée se combinant, se modifiant, se complétant, se spécialisant ou parfois disparaissant. Ceci impliquait, en contrepartie, de limiter notre investigation à un type de situation spécifique et de limiter le nombre des sujets afin de pouvoir procéder à une analyse fine des comportements observés chez les deux partenaires. Nous avons choisi d'étudier sous ses différents aspects l'évolution du comportement de demande, de la naissance jusqu'à 24 mois chez 10 bébés qui ont été suivis longitudinalement. Nous avons choisi la situation de communication dans laquelle l'enfant adresse une demande à l'adulte parce qu'elle nous est apparue comme particulièrement riche et complexe. Les demandes des jeunes enfants se situent en effet souvent entre le besoin et le désir, entre le dit et le non-dit, entre le formulable par gestes et le formulable par la seule parole, entre l'exprimé pour quelqu'un et l'exprimé pour personne.

Nos dix sujets ont été observés «sur le terrain», c'est-à-dire dans leur milieu de vie naturel, dans leurs activités quotidiennes. Les bébés et leurs parents (père, mère ou les deux) ont été filmés à l'aide d'une vidéo-caméra, chez eux, au cours des jeux, des bains et des repas. Les bébés ont été vus une fois par mois, à partir de deux semaines et jusqu'à 24 mois. Il s'agissait d'enfants appartenant tous à des milieux urbains, socio-culturellement favorisés. L'enregistrement durait 3/4 d'heure, la caméra étant tenue sur l'épaule afin de pouvoir suivre les sujets dans leurs déplacements. La plupart des enregistrements ont été faits en gros plan sur le bébé, mais on a aussi effectué des enregistrements en plans moyens et même en plan d'ensemble afin d'intégrer l'adulte à la situation. Dans les documents recueillis ont été découpées des séquences qui ont fait l'objet d'une analyse fine. La durée moyenne de ces séquences est un peu inférieure à une minute avec une variation allant de 20 secondes à 5 minutes (ce dernier cas est rare). L'analyse se fait en utilisant le ralenti et même éventuellement le défilement image par image. Une séquence débute avec une initiative du bébé qui déclenche l'interaction et elle comporte l'étude de la succession temporelle du comportement de chacun des partenaires. Outre les échanges vocaux (linguistiques ou non), sont pris en compte certains traits comportementaux dont on note la présence, l'absence, l'intensité et la combinaison. On considère les parties du corps impliquées, tête, buste, bras, mains, jambes, dont on étudie l'état de tonicité et les déplacements (orientation, amplitude, vitesse). On considère enfin les mimiques du visage, le regard et la proxémie.

L'analyse d'une séquence comporte donc deux aspects: 1. le mode de formulation de la demande; 2. la structure de l'interaction qui suit la demande. En fait, si l'on définit *demander* comme faire savoir à quelqu'un qu'on désire obtenir quelque chose de lui, il faut prendre en compte la réaction de ce quelqu'un pour savoir si le message est passé ou non. Mais il faut, en plus, prendre en compte la réaction, en retour, du demandeur qui, par son comportement, évalue la réponse qu'on lui a donné, l'accepte ou la rejette, signifiant par là qu'il a été compris ou non. En fait, le plus souvent, c'est l'ensemble de l'interaction entre l'adulte et l'enfant qui donne à l'observateur la clé du comportement de demande. Ce dernier n'existe en effet que dans la meure où il y a un interlocuteur pour l'interpréter et donner une réponse positive ou négative. C'est pourquoi nous commencerons par étudier les différents «scénarios» d'interaction que nous avons eu l'occasion d'observer avant de faire l'analyse des comportements de demande recueillis.

I. LES DIFFERENTS «SCENARIOS» D'INTERACTION

Pour toute demande, on a une interaction en 3 temps: un comportement du bébé, une réponse de l'adulte, une réponse à la réponse ou un comportement du bébé exprimant son évaluation de la réponse obtenue. C'est la cessation du comportement initial déclencheur de la demande qui constitue le critère de satisfaction de cette demande. Selon les réponses de l'adulte à l'enfant, et de l'enfant à l'adulte en retour, on aura des types différents d'interaction et par conséquent des cas de figure différents. L'analyse des observations nous a amenés à répertorier les cas de figure suivants.

1. *La demande est comprise et satisfaite immédiatement.* C'est une situation d'interaction en 3 mouvements: demande du bébé, réponse de la mère, cessation du comportement initiateur.

Exemple: JULIEN (14 mois) est avec sa mère dans le jardin, devant les fraisiers; il pointe son doigt vers les fraisiers, les regarde, penche le buste et fait [a][1]. — Sa mère lui dit: «encore des fraises?»; elle se penche, cueille une fraise et la donne à Julien. — Julien prend la fraise et la mange.

2. *La demande est comprise et réalisée, mais la deuxième fois seulement.* Le schéma d'interaction précédent se répète deux fois car le bébé a manifesté son évaluation négative de la réponse de la mère en maintenant son comportement initial.

Exemple: JULIEN (14 mois), est à table en train de manger; il pointe son doigt en direction de la table. — Sa mère lui présente une cuillerée de purée. — Il n'ouvre pas la bouche et repointe son doigt vers la table. — Sa mère lui présente alors le verre d'eau. — Il ouvre la bouche et boit.

3. *La demande n'est comprise et réalisée qu'après plusieurs essais successifs.* La mère essaie successivement une série de choses différentes jusqu'à ce que le bébé cesse de maintenir son comportement initial.

Exemple: FANNY (6 semaines), juste après avoir tété, grogne et s'agite. — Sa mère lui dit «tu as encore faim?» et elle lui passe le doigt sur les lèvres. — Fanny ne fait pas le geste de le prendre et continue à grogner. — Sa mère lui demande alors: «Tu veux faire un renvoi?»; elle la redresse. — Fanny continue à grogner. — «Tu veux encore manger?» dit la mère et elle la remet au sein. — Fanny s'endort rapidement.

On peut avoir aussi le cas où l'enfant «explique» au fur et à mesure à l'adulte, au moyen de signaux différents, ce qu'il attend de lui.

Exemple: MATHILDE (15 mois), s'approche de son père assis à table; elle lui prend la main et la lève. — Le père: «tu veux que je me lève?» et il se lève. — Mathilde tend alors les deux bras vers le haut. — Le père: «ah, tu veux aller dans les bras?» et il prend Mathilde dans ses bras. — Mathilde pointe alors son doigt vers la cuisine en penchant le buste dans cette direction. — Son père l'y emmène. — Elle pointe vers la boîte à gâteaux. Son père la lui présente. — Elle en prend un et le mange.

4. *La demande est comprise, mais refusée par l'adulte.* L'adulte perçoit et comprend le signal, mais refuse d'accéder à la demande; L'enfant peut refuser ce refus et le comportement initial se maintient et s'amplifie.

Exemple: JULIEN (22 mois), s'accroche au lavabo, lève une jambe et fait [ɛ̃...ɛ̃...ɛ̃] — Sa mère lui dit «non..., je ne te mets pas dans le lavabo... ça glisse». — Julien s'accroche davantage au lavabo et commence à pleurnicher. — La mère réitère son refus. — Julien se secoue, trépigne et pleure.

5. *La demande est comprise mais refusée par l'adulte, le refus est accepté par l'enfant.*

Exemple: JULIEN (14 mois), est à table; il pointe son doigt en direction des noisettes. — Sa mère lui dit: «non ... pas de noisettes», d'un ton gentil mais ferme. — Julien maintient son pointage. — La mère répète: «non ... pas de noisettes pour les bébés». — Julien cesse de pointer, et, souriant revient à son assiette.

6. *La demande n'est pas comprise par l'adulte.* Celui-ci perçoit bien chez le bébé un signal de demande, il procède par propositions successives, mais l'enfant maintient son comportement initial; le contenu de la demande demeure incompréhensible.

Exemple: JULIEN (6 mois), assis sur le lit de sa mère, pleurniche, puis regarde le téléphone, se penche vers celui-ci. — Sa mère le lui donne. — Il le regarde un instant, puis se met à grogner. — Sa mère lui proposera successivement, mais sans succès le biberon, les marionnettes ou encore de se mettre debout. — Julien continue à grogner.

7. *La demande n'est pas perçue.* L'observateur interprète comme un signal de demande un comportement du bébé que le partenaire ne perçoit pas.

Exemples: CHLOE (10 mois), joue avec un bout de carton pendant que sa mère continue à lui laver les fesses; Chloé continue à se tortiller, à tendre le bras pour attraper le carton.

MATHILDE (17 mois) à table, tend le bras vers le pot de compote et fait [a...a...]. Son père continue à discuter avec un ami dans le salon. — Mathilde continue à tendre en vain le bras. Ici, le comportement de l'adulte n'est pas une réponse au comportement initial de l'enfant; le comportement initial de l'enfant se maintient pendant un certain temps, puis s'arrête.

Il apparaît donc que la communication entre le bébé et l'adulte n'est pas toujours aisée. Pour qu'il y ait communication entre eux, il faut que le bébé soit vu par l'adulte comme un partenaire dont l'attitude est signifiante; en outre, il faut, le plus souvent, que l'un et l'autre soient doués d'une certaine dose de persévérance, l'un pour faire comprendre ce qu'il veut et l'autre pour arriver à comprendre ce que veut le bébé. Ainsi, il y a des demandes qui ne sont comprises qu'après plusieurs essais et d'autres qui demeurent incomprises. L'adaptation mutuelle entre les deux partenaires exige de la part de ceux-ci une attitude active. L'intensité et la qualité du signal peuvent dépendre de l'intensité du désir mais aussi de la difficulté de compréhension de l'adulte. Cette adaptation peut prendre plusieurs formes : le bébé maintient son signal et l'adulte modifie ses propositions; l'incompréhension de l'adulte amène le bébé à modifier son signal; le bébé modifie son signal au fur et à mesure des réponses de l'adulte pour orienter l'activité de celui-ci.

Ainsi la communication se construit-elle avec des essais et des erreurs, des tâtonnements, des échecs et des réussites. C'est que les moyens dont dispose chacun des partenaires sont chargés d'implicite et manquent pour l'autre de clarté. Mais les moyens utilisés par l'enfant vont devenir de plus en plus explicites et clairs. Son répertoire s'enrichit. Parallèlement les modes de réponse de l'adulte changent, en particulier le langage de la mère à l'égard de son enfant.

II. LES MODES D'EXPRESSION DE LA DEMANDE

Si parler signifie, entre autres choses, produire *intentionnellement* des messages sous la forme de *signes verbaux* qui ont la propriété d'être *arbitraires*, on peut penser que ces différentes composantes n'apparaissent pas subitement et simultanément chez l'enfant. Des observations tendent en effet à montrer qu'un ordre se dégage dans leur émergence. On a le sentiment qu'avant de produire des messages de façon intentionnelle, l'enfant en produit de façon non intentionnelle, qu'avant de savoir produire des messages sous la forme de signes verbaux, il en produit sous la forme de signes vocaux et gestuels (faut-il alors parler de *signaux*?), et qu'avant de produire des signes arbitraires, il produit des signes motivés. En fait le problème évoqué ici n'est pas simple et il prête à querelles pour la raison que le vocabulaire utilisé est souvent ambigu et qu'il n'est pas neutre au niveau théorique. Les difficultés se situent d'une part au niveau de la psychologie, dans la mesure où la recherche menée ici n'est pas indépendante de l'émergence des conduites symboliques en général (cf. par exemple Piaget, 1946; Inhelder et al., 1972; Piéraut-Le Bonniec & Schonen, 1976); elles se situent d'autre part au niveau de la linguistique et de la sémiologie où les auteurs sont loin d'être d'accord sur les contenus conceptuels que recouvrent des termes comme *signal*, *signe*, *symbole* ou *motivé* et *arbitraire* (cf. par exemple, Ducrot et Todorov, 1972; Guiraud, 1973). Mais notre propos est seulement d'apporter ici, à l'aide de nos observations, une contribution à une meilleure compréhension des préalables à la communication parlée. Et ce que montre précisément notre étude sur les modes d'expression du comportement de demande, et sur leur évolution, c'est que la coupure n'est pas toujours aisée entre *intentionnel/non intentionnel*, entre *signal/symbole/signe* et entre *motivé/arbitraire*.

Lorsqu'il arrive au monde, le bébé est capable de produire des messages que nous appellerons des « signaux »; ceux-ci sont en fait des réactions aux stimulations qu'il reçoit : son corps se tend, s'agite, se crispe ou s'apaise et se détend, sa respiration se modifie, ainsi que sa voix et ses pleurs. Ces signaux sont interprétés par la mère, qui y répond, et la réponse de la mère est perçue par le bébé, qui à son tour, y répond en produisant de nouveaux signaux. Chez le nourrisson, il n'y a probablement pas de demande intentionnelle, mais tout se passe comme s'il y en avait une, car son comportemet a sur l'adulte l'*effet* d'une demande. Les attitudes, l'état de tonicité du corps, certaines réactions réflexes sont autant d'indices qui servent aux parents pour interpréter ce que « veut » l'enfant.

Exemples: JULIEN (2 semaines) est depuis un certain temps dans son bain; il se met à s'agiter et à pleurer. — Sa mère lui dit: « t'en a marre?... »; elle attend quelques instants. — Julien amplifie ses mouvements d'agitation et ses pleurs. — Sa mère lui dit: « tu veux sortir, hein? » et le sort de l'eau. — A peine sorti de l'eau, Julien s'apaise et cesse de pleurer.

ELSA (3 semaines) qui était au sein s'arrête de téter. — Sa mère la relève un peu. — Après quelques instants de repos, elle ouvre une grande bouche en tournant la tête sur le côté, vers le corps de sa mère. — Sa mère lui dit: « tu as encore faim? » mais elle attend un peu. — Elsa recommence son mouvement d'orientation buccale. — Sa mère lui dit: « tiens » et lui présente le sein. — Elsa le prend et se remet à téter.

Ces deux exemples illustrent deux types de comportement du nourrisson qui jouent comme des demandes sur l'entourage. Le premier appartient à la catégorie des comportements indifférenciés dans lesquels sont impliquées les différentes parties du corps. S'agiter, pleurnicher, grogner, se raidir, pleurer sont interprétés comme des signaux de mal-être et des demandes de cessation de la situation: ne plus être dans le bain, ne plus dormir, ne plus être dans le baby-relax, etc. Etre détendu, calme, faire des mouvements lents, sourire sont interprétés comme des signaux de bien-être et des demandes de maintien de la situation: rester dans le bain, dans les bras, etc. Dans le deuxième exemple, on voit des mouvements spécifiques qui apparaissent comme des montages au niveau de l'espèce et qui sont interprétés comme des signaux correspondant à une demande spécifique: le mouvement d'orientation buccale est interprété comme une demande de nourriture, le bâillement ou les yeux frottés comme une demande de sommeil, le fait de grelotter comme une demande de chaleur.

A partir de 4 mois, avec le développement de la maîtrise de la posture, les mouvements d'orientation du corps deviennent plus différenciés et mieux adaptés. L'orientation du regard, de la tête, des bras, du buste vers un objet, une personne, un lieu sont interprétés par l'adulte comme une demande de cet objet, de cette personne ou de ce lieu.

Exemple: ELSA (6 mois) est debout, soutenue sous les bras par sa mère. Elle tourne la tête vers un papier d'emballage chiffonné sur le tapis, elle tend son bras et penche le buste vers lui. — Sa mère lui dit: «ah!... tu veux le papier?»; elle assied Elsa par terre et lui tend le papier. — Elsa le prend.

Mais on observe aussi des comportements d'orientation négative: détourner le regard, la tête, se pencher dans la direction opposée; ces comportements sont interprétés par l'adulte comme une demande d'interruption d'une activité: «assez mangé», «assez bu», «ne pas laver la figure», etc.

A partir de 8 mois apparaissent des comportements dont on a le sentiment qu'ils ne sont plus de simples signaux mais qu'ils sont produits intentionnellement. Certes, il est délicat d'affirmer ou de nier l'intentionnalité de tel ou tel comportement antérieur. Peut-être y avait-il déjà intention de communication quand l'enfant se penchait vers le papier et tendait sa main comme s'il cherchait à attirer l'attention de sa mère; en tout cas, celle-ci se comportait comme si l'intentionnalité de l'enfant ne faisait aucun doute, pour elle. Mais l'intentionnalité paraît tout de même plus évidente dans la situation suivante.

Exemple: VANESSA (10 mois) est assise sur le tapis, en face de sa mère, à un mètre d'elle. Celle-ci est en train de lui chanter «les petites marionnettes». — Vanessa se met à quatre pattes, va vers sa mère, qui s'arrête de chanter; elle monte sur ses genoux, s'agrippe à son buste, se met debout en s'accrochant aux épaules de sa mère, puis esquissant un mouvement de balancement du corps chantonne: [ta ↗ to ↘]. — Sa mère la soutenant lui dit: «qu'est-ce que tu veux?» — Vanessa reprend le même geste de balancement et les mêmes syllabes chantées. — Alors la mère dit: «Ah! bateau!». Elle commence à chanter «bateau ... sur l'eau ...» en se balançant et en balançant Vanessa avec elle.

Deux types de signes (et c'est à dessein que nous employons maintenant ce terme) sont utilisés par Vanessa: d'une part une émission vocalique rythmée, d'autre part un mouvement spécifique correspondant à un jeu particulier. A cet âge en effet les parents ont souvent avec leurs enfants des jeux corporels qui ont été inventés par les utilisateurs eux-mêmes et qui ne portent pas de noms répertoriés. Ce sont des jeux dans lesquels n'interviennent pas d'objet et qui se jouent uniquement avec le corps de l'enfant et celui de la mère. Pour demander ces jeux corporels, les signes utilisés par les enfants sont souvent des débuts d'action, des esquisses de mouvements : se secouer debout, ou à califourchon sur les genoux, toucher successivement les doigts de l'autre ou les siens propres, mettre la main de l'autre dans la position du jeu, avancer la tête et ouvrir la bouche en faisant [a] en direction de la main de l'autre, etc. D'une manière générale, le comportement de demande consiste à se mettre, ou mettre une partie de son corps dans la position spécifique, mettre l'autre ou une partie du corps de l'autre dans la position spécifique et faire une vocalise spécifique.

A partir de 12 mois, les indications vocaliques se généralisent et viennent s'ajouter ou se combiner à des indications gestuelles d'un type nouveau, en ce sens qu'il ne s'agit plus de la simple esquisse d'un mouvement mais de signes qui ont une certaine généralité. Deux types d'indication gestuelle sont particulièrement favorables à l'établissement de la compréhension, par l'adulte, de la demande qui lui est adressée : pointer avec le doigt, tapoter avec la main.

Le geste de pointage consiste à diriger l'index tendu vers des objets ou des personnes de l'environnement. Le regard de l'enfant est également orienté vers l'objet et des vocalisations accompagnent le geste. Ce geste apparaît dans des situations variées, mais il est particulièrement utilisé dans le comportement de demande.

Exemple : MATHILDE (13 mois), « pointe » vers la boîte de lait en carton, en la regardant fixement et en faisant [a ... a ... a ...]. — Sa mère lui dit : « tu veux du lait ? » ; elle remplit sa tasse et la lui donne. — Mathilde boit.

La forme même du geste de la main, élaborée à partir de mouvements exploratoires du doigt, ne correspond plus à une activité pratique ; il s'agit d'un geste dont la fonction est devenue essentiellement communicative. D'autre part ce geste sert à établir une liaison entre un objet désigné (un jouet par exemple) et le désignateur de l'objet par l'intermédiaire de l'index pointé. Il y a donc mise en relation d'entités distinctes, alors que les pleurs n'étaient qu'une partie du malaise de l'enfant et que les mouvements d'orientation ou les ébauches d'action n'étaient qu'une partie de la situation globale ; les entités mises en relation avaient jusqu'alors des relations de partie à tout. Dans le geste de pointage se trouve une des caractéristiques du signe linguistique : la mise en relation d'entités distinctes. Toutefois il s'agit encore de désigner un objet présent ; la désignation d'un objet absent suppose des capacités de représentation plus complexes.

Le geste de tapotement peut être effectué sur un objet présent ou sur une partie du corps.

Exemples: MATHILDE (13 mois) est à table; elle tapote le pot de confiture fermé, regarde sa mère en train de beurrer une tartine et fait [a ↗ a ↗]. — Sa mère interprète: «Tu veux de la confiture sur ta tartine?».

MATHILDE (15 mois), regarde sa mère qui vient de lui enfiler son anorak et se tapote la tête en faisant [a↗]. — «Ah! tu veux ton bonnet» dit la mère; elle va le chercher dans la pièce voisine.

Ces comportements de tapotement sur son propre corps sont très fréquents à cet âge lorsque l'enfant veut réclamer un objet qui n'est pas présent dans la situation: le pied est tapoté pour demander la chaussette ou la chaussure qui manque, la tête est tapotée pour demander le bonnet ou la brosse, la main pour demander les moufles, etc. A la différence du pointage, le tapotement sur le corps propre apparaît comme un moyen d'évoquer un objet absent. Mais l'intérêt de ces deux comportements, c'est qu'ils sont utilisés dans des situations variées, mettant en jeu des objets différents. De ce point de vue, il ne s'agit donc plus, à proprement parlé, de signes motivés. Il reste que la relation établie entre les deux objets, même si ceux-ci sont bien distingués, conserve les propriétés d'une relation de contiguïté.

Plus complexes, mais aussi plus étroitement liés à la situation qui fait l'objet de la demande, sont certains gestes qui consistent à exercer une action sur l'autre ou à lui présenter un objet. Ces gestes qui ont un caractère très motivé apparaissent entre 12 et 15 mois.

Exemple: TOM (14 mois) est à table; il prend la main de son père et la pose sur la cuiller qui est dans son assiette. — Le père la prend et dit: «tu veux que je te donne à manger, hein? c'est ça?». Il prend la cuiller. — Tom fait un grand sourire.

Les gestes les plus fréquemment exercés sur l'autre consistent à lui prendre la main, à le tirer par la main, à s'agripper à lui. Mais l'enfant peut aussi utiliser des objets pour communiquer sa demande.

Exemple: MATHILDE (13 mois) est à table; elle tend le pot de yaourt fermé à sa mère qui est encore debout. — «Attends, je vais te l'ouvrir», dit-elle.

Viennent enfin ce que nous appellerons les *gestes codés* parce qu'ils résultent d'une convention soit entre des individus particuliers, soit au niveau d'un groupe social. Dans ce dernier cas, ils sont communs à tous les enfants: par exemple mettre l'index perpendiculairement sur les lèvres pour signifier «chut», faire un mouvement latéral de la tête pour signifier «non», agiter la main pour dire «au revoir». Mais beaucoup sont le produit d'une création du couple parents-enfants.

Exemple: GABRIEL (16 mois) debout, les jambes écartées, se balance d'un pied sur l'autre en chantant [la'lal'] et en regardant sa mère. — « Ah ! tu veux de la musique ? » dit celle-ci ; « ... Attends, je vais te mettre de la musique » ; elle se dirige vers le tourne-disque.

C'est par le même type de convention que Mathilde met la main fermée sur son oreille pour demander le téléphone ou encore que Chloé fait un geste de battement de la main sur les lèvres pour demander le livre qui raconte des histoires d'indiens.

On remarquera que le fait que ces gestes fassent l'objet d'une convention entre l'adulte et l'enfant n'implique en rien que le processus de symbolisation sur lequel les partenaires se sont mis d'accord soit de nature arbitraire ou de nature motivée. La nature arbitraire ou motivée du lien qui unit un représentant (le signe) et un représenté (le référent) est une chose, le fait que cette mise en correspondance puisse avoir une histoire au niveau de l'individu ou appartenir au groupe social tout entier en est une autre. Toutefois les gestes codés qui appartiennent au groupe parents-enfants conservent en général un caractère motivé alors que les gestes codés partagés par un groupe social sont plus souvent arbitraires : c'est le cas par exemple des gestes de salutation : tendre la main pour dire bonjour ou faire un geste de la main au niveau des yeux pour signifier « au revoir ».

Les comportements gestuels sont souvent accompagnés d'indications vocales de demande qui se caractérisent par une intonation montante ; celle-ci peut être associée soit à des vocalisations monosyllabiques de type [a ... a ... a ...] ou [ɛ̃ ... ɛ̃ ... ɛ̃], utilisées pour n'importe quelle demande ; soit à des vocalisations spécifiques d'une demande particulière, par exemple [hu ... hu], pour demander l'ours en peluche ; soit, enfin, à une suite de sons dont les pauses, l'accent et le rythme correspondent à ceux de la langue maternelle, mais qui demeurent, néanmoins, pour l'adulte, du « charabia », parce que les combinaisons de sons ne sont pas pertinentes.

Exemple : MARIE (13 mois) tapote un livre, puis regarde sa mère, pointe son index vers elle et fait [a ...] ; puis elle prend le livre et le tend à sa mère. — « Tu veux que je te raconte l'histoire ? ». Elle prend le livre et installe Marie sur ses genoux.

A partir de 15-18 mois commencent à apparaître les premiers mots reconnaissables par l'adulte.

Exemple : JULIEN (22 mois) est sur le lit de sa mère à côté d'elle ; il tapote l'oreiller, se couche dessus, se relève et dit [a dodo ... a dodo mamã] en retapotant l'oreiller. — Sa mère comprend le jeu demandé. — Il répète [a dodo ... mamã] et tous les deux posent la tête sur l'oreiller et font semblant de dormir.

JULIEN (22 mois) est dans le jardin sur son tracteur ; il pointe son doigt en direction de la route en disant [bijɛ] — Sa mère répond « Ah ! la barrière ! ... ben, on l'a enlevée, la barrière ».

L'accès au langage verbal ouvre évidemment à l'enfant des possibilités nouvelles en lui permettant d'adresser à l'adulte un type de demandes auxquelles il n'avait pas accès auparavant : ainsi Julien demandant des explications à propos de la barrière absente. Mais l'analyse des productions langagières est un autre problème et l'objectif, que nous nous étions fixé ici, était d'étudier ce qui les prépare.

CONCLUSION

En conclusion de cette étude, quatre faits apparaissent :

1. La communication entre enfant et adulte est quelque chose qui se construit de façon active entre les deux partenaires; elle exige une adaptation mutuelle et permanente de chacun d'eux.

2. L'étude de l'évolution du comportement de demande nous a permis de voir comment différents modes de communication s'élaboraient; il apparaît qu'on peut distinguer trois étapes :

- On aurait tout d'abord un mode de communication qu'on pourrait qualifier d'*expressif* : l'enfant exprime par son corps entier, sans intention consciente probablement, voire à son insu, son bien-être ou son mal-être; l'adulte « ressent » le besoin de l'enfant et l'interprète comme une « demande ».

- Puis on aurait un mode de communication *indicatif* : l'enfant montre ou indique par un geste direct ce qu'il veut faire ou ce qu'il veut de l'autre.

- Enfin on aurait un mode de communication *représentatif* où l'enfant désigne par le truchement d'un intermédiaire, essentiellement gestuel, éventuellement vocal, et enfin verbal, ce qui fait l'objet de sa demande. Il y a alors possibilité d'évoquer une action désirée ou un objet absent.

3. Même s'il n'est pas interdit de voir dans le pointage et le tapotage une sorte de prélude aux déictiques de la langue, il reste que l'accès au caractère arbitraire du signe n'apparaît qu'avec la communication verbale. Auparavant, les moyens utilisés pour évoquer l'action ou l'objet désiré conservent avec ceux-ci une certaine analogie; même les gestes servant à initier la demande, les gestes codés et les vocalisations spécifiques sont des signes *motivés* : rythmes de balancement pour obtenir la chanson, danse pour obtenir la musique, sons « hu hu » ressemblant à l'aboiement pour désigner le chien, etc.

4. Enfin un dernier point nous paraît important à souligner : si nous voyons progressivement apparaître de nouveaux moyens d'expression de la demande, si ces moyens deviennent de plus en plus riches, diversifiés, spécifiques et complexes, il n'y a jamais substitution pure et simple; certains moyens deviennent plus rares, mais il semble bien que tout au long de notre vie nous communiquions en utilisant des moyens dont certains nous viennent de la première enfance; dans la communication entre adultes continue d'exister, conjointement avec la langue parlée, toute une part de gestualité expressive et indicative, dont la langue écrite peut faire l'économie, mais au prix, à la fois, d'une sophistication très poussée ... et d'une perte, dans l'immédiateté de la communication.

NOTE

[1] Les signes entre crochets correspondent à une transcription phonétique faite avec les signes de l'A.P.I.

Bibliographie

BLOOM, K., RUSSEL, A. & WASSENBERG, K. (1985), Conversations between infants and adults, ISSBD, Tours 6-10 juillet, *Cahiers de Psychologie Cognitive 5* (3-4), 263.

BLURTON JONES, N. (1972), Categories of child interaction. In *Ethological Studies of Child Behavior*, Cambridge, Cambridge University Press.

BRUNER, J.S. (1975)a, From Communication to Langage. *Cognition 3* (3), 255-287.

BRUNER, J.S. (1975)b, The Ontogenesis of speech acts, *Journal of Child Language*, 2 (1), 1-19.

BRUNER, J.S. (1983), *Le développement de l'enfant. Savoir faire. Savoir dire* (textes traduits et présentés par M. Deleau), Paris, PUF.

COHEN-SOLAL, J (1982), *Les deux premières années de la vie*, Paris, Robert Lafon.

COSNIER, J. (1982), Communication non-verbale et langage, *Psychologie Médicale, 9* (11), 2033-2049.

DUCROT, O. & TODOROV, T. (1972), *Dictionnaire encyclopédique des Sciences du Langage*, Paris, Seuil.

FLAMENT, F. (1977), Quelques remarques sur la genèse de la communication non verbale dans les interactions sociales entre nourrissons. In *La genèse de la parole* (symposium de l'APSLF), Paris, PUF.

FRANCOIS, F. (1981), Dialogue et mise en mots, *Journal de Psychologie*, (2-3), 241-271.

GOLINKOFF, R.M. (1983), *The transition from prelinguistic to linguistic communication*, Hilsdale N.J., Lawrence Erlbaum ass. Inc.

GUIRAUD, P. (1973), La sémiologie. In B. Pottier, *Le Langage*, Paris, Centre d'étude et de promotion de la lecture.

HAEKEL, M. (1985), Greeting behavior in 3-month-old infant during mother-infant interaction, ISSBD, Tours, 6-10 juillet. *Cahiers de Psychologie Cognitive 5* (3-4), 275-276.

INHELDER, B., LEZINE, I., SINCLAIR, H. & STAMBAK, M. (1972), Les débuts de la fonction symbolique, *Archives de Psychologie, 163*, 187-243.

LEBOVICI, S. (1983), *Le nourrisson, la mère et le psychanalyste*, Paris, Le Centurion.

LEBOYER, F. (1974), *Pour une naissance sans violence*, Paris, Seuil.

MONTAGNER, H. (1980), *L'enfant et la communication*, Paris, Stock.

PIAGET, J. (1946), *La formation du symbole chez l'enfant*, Neuchâtel-Paris, Delachaux & Niestlé.

PIERAUT-LE BONNIEC, G. & SCHONEN, S. de (1976), Etude génétique d'activités sémiotiques, *Année Psychologique, 76*, 55-77 et 401-416.

SNOW, C.E. (1977), The développement of conversation between mothers and babies, *Journal of Child Language, 4* (1).

STAMBAK, M. et al. (1983), *Les bébés entre eux*, Paris, PUF.

TREVARTHEN, C. (1977), Descriptive analysis of instant communicative behavior. In H.R. Schaffer (Ed.), *Studies in mother-infant social interaction*, Londres, Academic Press.

VYGOTSKY, L. (1967), *Thought and Language*, Cambridge, M.I.T. Press.

WALLON, H. (1938), *La vie mentale* (réédition, 1982), Paris, Editions Sociales.

WALLON, H. (1941), *L'évolution psychologique de l'enfant*, Paris, A. Colin.

Activités organisatrices du jeune enfant et début du langage

H. SINCLAIR

L'activité organisatrice du jeune enfant est désormais un fait reconnu. En effet, les premières oeuvres de Piaget, Wallon et d'autres, portant sur la période dite sensorimotrice (de 0 à 18 mois, généralement), ont démontré que l'image du bébé passif, capable seulement d'un nombre restreint de réactions quasi automatiques aux stimuli extérieurs, était parfaitement fausse. Dès les premiers mois de leur vie, les bébés recherchent des régularités dans la façon dont les objets se comportent lorsque l'on agit sur eux, ils découvrent des relations entre les objets et inventent toutes sortes de manières d'agir afin d'obtenir des effets intéressants. De plus, la façon dont ils traitent les objets et les personnes de leur environnement (qui reste bien entendu encore très limité) présente une ressemblance surprenante avec l'organisation conceptuelle qui sous-tendra leur pensée ultérieure (Forman, 1973-75; Langer, 1980; Sinclair, Stambak, Lézine, Rayna & Verba, 1982).

D'autre part, plusieurs chercheurs ont pu démontrer l'existence de capacités précoces plus difficilement interprétables en tant que préfiguration, en ligne continue, d'activités conceptuelles ultérieures (voir par exemple Mounoud, 1976; Bower, 1974; Trevarthen, 1977).

On peut considérer que ce développement précoce, dont divers aspects continuent à être mis en évidence par des méthodes d'observation et d'expérimentation, porte sur différents domaines qui ont souvent été traités séparément chez des enfants plus âgés: en effet, il s'agit tout autant de capacités de discrimination perceptive, de capacités motrices, de découvertes dans le monde physique, de constructions de relations spatiales ou de constitution de collections d'objets que de capacités de communication avec autrui et de stratégies d'interaction sociale en général.

Une grande partie de ce développement se déroule avant les débuts du langage, dans le sens que nous donnerons à ce mot dans cet article : la production et/ou la compréhension de chaînes de sons conventionnels et arbitraires (même de manière approximative) appartenant à la langue maternelle spécifique parlée dans l'environnement de l'enfant. En d'autres termes, les bébés sont des explorateurs, des expérimentateurs, des raisonneurs et des «communicateurs» avant de devenir des locuteurs. Ils ont déjà organisé leur petit monde de façon à pouvoir s'y retrouver sans trop de conflits ni d'échecs (selon la pensée piagétienne, ils se sont créé un tel monde) avant de manifester un début de langage dans le sens défini plus haut.

L'activité organisatrice de l'enfant-locuteur sur sa langue est également indiscutable. De nombreux exemples en attestent, et elle a été mise en évidence par de nombreux auteurs; choisissons-en quelques uns parmi ceux qu'a cités Cohen (1969), dont les travaux, à mon avis, ont injustement été un peu oubliés: «mon nauto, ma l'auto, ma nauto» (p. 261), «prendu, ouvri» (p. 262), «autre la lettre» (p. 267), «deux la poule» («deux poules») (p. 268). Dans toutes les langues pour lesquelles nous disposons de bonnes observations d'énoncés de jeunes enfants, nous trouverons de nombreux exemples de telles erreurs «constructives». L'enfant organise l'input langagier qu'il reçoit selon des principes d'analogie, de régularité dans la construction des mots et des phrases, etc... Malheureusement, cette organisation active ne peut être clairement observée que lorsque apparaissent des erreurs. Ces dernières suivent souvent la production de la forme correcte (l'enfant dit «pris» pendant toute une période, puis il commence à dire «prendu») et précèdent l'emploi généralisé de la forme correcte (l'enfant va réemployer «pris»). Comment ces organisations successives s'expliquent-elles? Il semble bien que l'application d'un principe d'analogie soit la conséquence de la mise en relation de plusieurs formes (prendre, vendre, prends, vends, etc..), tandis que la forme correcte initiale peut être considérée comme une entrée lexicale isolée. Quoi qu'il en soit, il est certain que l'enfant organise sa langue et qu'il le fait par moments selon des principes (par exemple la régularité paradigmatique), qu'il applique également à l'organisation de son monde. Pourtant, les principes organisateurs de recherche des régularités et de construction d'analogies sont si généraux qu'ils ne peuvent guère constituer des explications suffisantes.

Le fait que le début du langage succède, du point de vue onto- et phylogénétique, à une longue période d'organisation sensorimotrice et d'acquisition de savoir-faire peut suggérer plusieurs hypothèses. La première, et peut-être la plus simpliste, dérive de cette chronologie observée et postule que les modes de construction et la structure culminante du développement sensorimoteur fournissent au bébé le modèle heuristique nécessaire au début de l'acquisition du langage. D'autres hypothèses sont bien entendu possibles : on pourrait dire, par exemple, que le bébé est un pré-logicien, un pré-physicien, un pré-psychologue, etc., *parce qu'*il est un futur locuteur : sa capacité innée, en tant qu'être humain, de devenir un locuteur détermine ses autres acquisitions, même si ces capacités ne peuvent pas encore se manifester sous forme de langage (toujours selon notre définition). Une troisième hypothèse reprend une partie de la deuxième, en supposant l'existence d'une aptitude langagière génétique particulière de l'être humain, qui s'actualiserait et s'élaborerait au contact d'une langue spécifique, mais dont les structures de base seraient innées; pourtant, cette hypothèse ne postule pas que toutes les autres acquisitions, dans le domaine de la logique, de la physique et de l'interaction et de l'organisation sociale, soient tributaires de la capacité langagière spécifique.

La première hypothèse correspond à la position de Piaget, qui affirme, en ce qui concerne la relation entre le langage et la pensée, que l'organisation sensorimotrice est la première forme d'organisation des activités cognitives. Comme l'exprime Ferreiro (1971), «... il ne s'agit pas de réduire le langage à la pensée, mais de faire dériver tous les deux, dans le cadre d'une théorie génétique des activités cognitives, de l'organisation générale des actions». Comme le note Ferreiro, Piaget rejoint ici la pensée de Janet (1936): «Le langage est une suite des opérations intellectuelles précédentes; c'est parce que l'homme avait déjà l'outil, le portrait, le panier, qu'il a pu apprendre à commander et à parler (...) Le problème est reculé : il ne faut plus chercher comment l'homme a appris à parler, mais comment il a appris à faire des paniers et des portraits: l'origine du langage se perd dans l'origine des opérations intellectuelles» (p. 270). D'autres passages de ce même texte apparaissent comme une préfiguration des prémisses chomskiennes, tels que : «... les formules verbales (sont) composées de plusieurs mots, et correspondent toujours à une action. *De telles combinaisons sont innombrables et on peut toujours en imaginer de nouvelles, ce qui donne au langage une extension en quelque sorte illimitée»* (p. 259-260).

Nous reviendrons plus loin sur les idées de Janet concernant les liens entre l'«intelligence élémentaire» (c'est-à-dire pré-langagière) et les conduites langagières qu'elle prépare et rend possibles (p. 266).

Il semble bien que, dans l'état actuel de nos connaissances neurologiques, linguistiques et psychologiques, il soit impossible de choisir avec une marge de certitude raisonnable entre ces trois hypothèses. Cependant, le psycholinguiste qui étudie les débuts du langage, et en particulier la production langagière en situation spontanée chez de jeunes enfants, ne doit pas nécessairement se résoudre à un tel choix. En effet, beaucoup d'auteurs pycholinguistes se réfèrent à la théorie piagétienne sans pour autant adopter notre première hypothèse. Slobin (1973), l'un des premiers à se référer à Piaget en ce qui concerne le langage, l'a bien remarqué : les travaux de Piaget sur le développement cognitif sont particulièrement importants pour notre compréhension des intentions de communication des jeunes enfants : quelles sont les significations qu'ils sont capables ou désireux de transmettre? Sans être au clair sur ce point, il devient difficile, voire impossible, de «comprendre» les énoncés, et si on ne les «comprend» pas (au moins jusqu'à un certain point), il est impossible de construire une théorie de l'acquisition.

Toutefois, Piaget s'est principalement intéressé aux fondations cognitives très générales qui permettent à l'enfant d'intégrer ses connaissances de la vie quotidienne dans un cadre significatif organisé, mais il s'est beaucoup moins préoccupé des contenus précis de ces connaissances. Il y a de multiples façons d'observer et d'analyser les conduites des jeunes enfants, et celle de Piaget était tout à fait originale : il a étudié les schèmes d'actions de base et leurs coordinations, les inférences que font les enfants en fonction de ces coordinations, bref, toutes les sources des concepts épistémologiquement importants. Cependant, ces mêmes conduites peuvent être étudiées en partant d'autres points de vue, notamment en ce qui concerne la connaissance des objets de la vie quotidienne, des personnes, la capacité d'établir des échanges sociaux avec d'autres enfants et avec les adultes, etc. (voir par exemple Sinclair et al., 1982; Stambak et al., 1983; etc.). Les activités spontanées des bébés avec des objets familiers, tels que tasses, cuillers, brosses, balais, etc. nous indiquent leur connaissance fonctionnelle, sociale, de ces objets : dès le début de sa deuxième année, un bébé sait qu'une tasse permet de boire, il connaît également l'emplacement habituel de cet objet et sait quelles sont les personnes qui s'en servent, etc. Les très jeunes enfants sont parfaitement capables d'attirer l'attention de quelqu'un, de consoler un autre enfant qui pleure ou d'inviter un adulte ou un petit compagnon à commencer un jeu. Ce type de connaissance se distingue de la «connaisance opérative» étudiée surtout par Piaget, bien qu'il en dépende étroitement. Pour que l'adulte comprenne les premiers énoncés d'un enfant, il semble bien qu'il utilise la connaissance «quotidienne» plutôt que les principes d'organisation universels et fondamentaux tels que le fait d'ordonner, de séparer, de rassembler, qui donneront lieu, plus tard, aux principes de transitivité, commutativité, conservation, etc. Ces derniers, bien qu'appartenant à la connaissance opérative, ne constituent en effet pas le *contenu* de nos énoncés. La plupart des adultes ne connaissent même pas ces termes, et très peu d'entre eux ont lu les travaux de Piaget sur le développement de l'intelligence. Heureusement, cela ne les empêche nullement de comprendre les énoncés de leurs enfants (jusqu'à un certain point), ni de s'exprimer d'une façon compréhensible pour eux (également jusqu'à un certain point). Ce qui permet aux adultes de communiquer avec les enfants est précisément leur connaissance du savoir «quotidien» de ces derniers, de leur fonctionnement social dans un milieu particulier (Snow, 1978). A cela s'ajoute bien entendu la connaissance de ce qu'un certain enfant est déjà capable de produire dans sa langue et de ce qu'il semble comprendre.

Avant d'aller plus loin, il me semble utile de fournir quelques exemples, afin de mettre en évidence la façon complexe dont, même dans un petit dialogue, les divers types de connaissance, quotidienne, sociale, opérative et langagière, s'intègrent.

Le premier exemple concerne un garçon de 28 mois, dont le langage n'est pas encore très développé (énoncés de 3 à 4 éléments maximum, absence d'articles, etc...) parlant avec une visiteuse-adulte qui n'est pas très au courant de l'aménagement intérieur de la maison. L'enfant a un père très bricoleur, capable de réparer pratiquement n'importe quoi. L'adulte en visite réalise très rapidement que le mot «parer» est apparu très tôt dans le vocabulaire de l'enfant en question.

Exemple 1:

L'enfant vient dans la pièce où se trouve l'adulte en visite, qui lit le journal, et lui tend un jouet: un singe en bois, articulé avec une ficelle qui pend. Il dit: «Papa 'parer?»

L'adulte répond: «Papa est parti avec Maman, il reviendra pour dîner. Montre-moi ce qui ne va pas».

En parlant, l'adulte tire sur la ficelle et les jambes du singe remontent; en même temps, l'adulte tient la tête du singe, qui pend vers le bas.

Enfant: «'parer, siplaît?»

L'adulte regarde le jouet et tire encore une fois sur la ficelle. «Mmmm... ce n'est pas facile, et je ne suis pas très calée en réparations... pour réparer».

L'enfant part dans un coin de la pièce, où il a une collection d'objets et de jouets, et il revient avec une boîte métallique. «Ouvri»
L'adulte ouvre la boîte, qui contient des ciseaux, de la ficelle, un petit tourne-vis et quelques crayons. «Ah, bien... ça c'est pour réparer, mais que faut-il faire?»
«Ca...» en montrant et en descendant ses deux bras «ça, deux».
L'adulte répond: «Oui, je vois, il devrait bouger ses deux bras quand on tire, mais ça ne marche plus...»
L'enfant, d'un ton hésitant: «... è deux... bras, yambe»
Adulte: «Je comprends...» et, étant assise, elle lève ses deux bras et soulève ses deux pieds plusieurs fois.
L'enfant, d'un ton joyeux: «Oui, oui, oui!» Il lève ses bras et une jambe, tombe, se met à rire, etc...

Ce tout petit dialogue, mené de la part de l'enfant avec des moyens langagiers tout simples, peut être considéré du point de vue de ses connaissances «quotidiennes» et opératives. L'enfant sait que quelque chose s'est cassé dans son jouet et qu'il faudra le réparer. Il sait également que, pour réparer, on a généralement besoin d'outils et il sait où se trouvent certains d'entre eux. De manière plus subtile, il possède assez de connaissances sociales pour comprendre que l'adulte est prêt à l'aider, mais ne sait pas comment. Comme il voit qu'elle ne connaît pas le fonctionnement normal du jouet, il le mime.

Sa connaissance opérative sous-tend l'ordre de ses demandes: d'abord une requête générale, puis, suite à l'incompréhension de son interlocutrice, une information sur les outils, puis sur le détail du résultat à obtenir. Finalement, il arrive à clarifier par un mime et par l'expression «ça deux», suivie de «deux, bras, yambe», une simultanéité de mouvement. Les connaissances opératives de rassembler, séparer et ordonner dans le temps sous-tendent ses communications. Par contre, les moyens langagiers permettant d'exprimer une simultanéité lui font défaut, ce qui est normal à son âge. Ce qui est étonnant, par contre, c'est la tentative de l'enfant de l'exprimer en utilisant «deux», et en ajoutant «bras, yambe».

Voyons encore un deuxième exemple. Le même enfant, toujours pendant la visite du même adulte, fait des bulles avec un liquide spécial. L'adulte a gardé une certaine quantité du liquide dans un récipient afin de pouvoir lui en redonner s'il renversait le sien (catastrophe prévisible).

Exemple 2: L'enfant, revenant avec son bocal vide: «encore bulles?»
Adulte: «Oui, attends, j'en ai encore. T'en as plus du tout? Comment t'as fait?»
Enfant: «Tombé bulles... Céline mabouret... cogné mabouret... a tombé bulles tombé».

Notons d'abord que l'enfant n'était nullement perturbé, la perte du liquide à bulles est un événement fréquent et il savait que, la plupart du temps, les adultes en ont une réserve. La connaissance «quotidienne» concerne les objets, ce qu'on a fait, le fait que, sans liquide, on ne peut pas faire de bulles, et la connaissance sociale l'amène à en demander à l'adulte. Les pauses et les reconstructions de l'énoncé témoignent de difficultés langagières concernant la façon d'exprimer la suite causale qui a provoqué la perte du liquide. La connaissance sous-jacente, opérative, est celle d'une suite causale (physique): sa sœur, Céline, a heurté son tabouret (devenu *mabouret* par une jolie construction analogique), le tabouret, en tombant, a causé la perte du liquide. En même temps, me semble-t-il, l'enfant fait preuve d'une connaissance communicative: l'adulte a demandé une explication, l'absence du liquide est à expliquer par la chute du bocal, et cette dernière résulte de l'action de Céline. L'adulte n'a pas demandé une narration de la suite des événements. L'usage d'un «*parce que*» aurait permis de topicaliser la chute en expliquant l'absence de liquide (le bocal est tombé parce que Céline...), mais ce «parce que» ne fait pas encore partie du vocabulaire de l'enfant (ni sa construction, peut-on supposer). L'enfant commence par mentionner la chute du liquide, et se trouve ensuite contraint à fournir une explication sous forme de narration, en suivant l'ordre temporel des événements. Tout l'énoncé semble témoigner d'une lutte avec le caractère séquentiel du langage, non seulement en ce qui concerne la coordination de la topicalisation et la suite temporelle, mais aussi pour ce qui est de la suite actant-action-patient: l'enfant commence par combiner l'actant (Céline) et le patient (mabouret), ensuite, il combine l'action (cogner) et le patient (mabouret), et enfin il relate à nouveau le résultat, sans pouvoir se décider pour un ordre précis, et en traitant apparemment «*tomber*» comme un verbe transitif (erreur d'ailleurs fréquente).

Ces deux fragments de dialogue illustrent assez bien, à notre avis, l'intrication des connaissances non langagières possédées par l'enfant. Ils témoignent également de ses connaisances langagières et des difficultés éprouvées sur ce plan. Mais les dialogues mettent aussi en évidence des connaisances dans le domaine de la communication prise dans un sens plus large, et notamment dans celui des actes de parole. Dans le premier dialogue, il s'agit, de la part de l'enfant, d'une requête, dans le deuxième, d'une explication. Dans les deux cas, les énoncés sont parfaitement adaptés à ces types d'actes de parole, de même qu'ils sont adaptés aux énoncés de l'adulte qui, implicitement, signale sa disponibilité, mais exprime en même temps un besoin de clarification ou demande une explication.

Il nous semble indiscutable que, pour pouvoir produire ces énoncés, l'enfant a d'abord dû acquérir un certain savoir-faire quotidien, une bonne interaction sociale et une connaissance d'autrui, ainsi qu'une connaissance opérative. Notre connaissance de ces acquis, jointe à celle du français, nous permet de comprendre les énoncés de cet enfant.

De tels exemples pourraient être multipliés à volonté. Ils démontrent bien la complexité des différentes significations que l'enfant veut transmettre, et les divers types de connaissances qui les sous-tendent. La connaissance opérative, la connaissance du monde quotidien et de l'interaction sociale se prêtent bien à une analyse qui les fait dériver des constructions de la période sensorimotrice. La technique du dialogue, dont l'enfant cité se sert déjà avec virtuosité, peut elle aussi être liée à des comportements d'interaction sonore qui en auraient été les précurseurs (voir par exemple Veneziano, 1982).

Cependant, la question du début du langage reste tout à fait ouverte : même dans nos exemples d'un enfant ayant largement dépassé les tout premiers stades, nous constatons que ce petit garçon rencontre encore de nombreux problèmes lorsqu'il veut exprimer en français des désirs et des explications qu'il maîtrise parfaitement sur le plan cognitif.

Nous sommes partiellement d'accord avec Chomsky lorsqu'il postule que : «As a precondition for language learning, (the child) must possess, first, a linguistic theory that specifies the form of the grammar of a possible human language, and, second, a strategy for selecting a grammar of the appropriate form that is compatible with the primary linguistic data. As a long-range task for general linguistics, we might set the problem of developing an account of this innate linguistic theory that provides the basis for language learning» (1965, p. 25).

Nous partageons l'idée de Chomsky selon laquelle l'enfant doit posséder une sorte de «théorie», sur la base de laquelle il peut aborder l'apprentissage de ce qui sera sa langue, mais nous ne la croyons pas nécessairement linguistique, ni innée. Nous préférons l'hypothèse de principes organisateurs construits pendant la période pré-langagière, qui fourniraient à l'enfant cette «base nécessaire pour l'apprentissage d'une langue».

Soulignons que les deux hypothèses rejettent les théories empiristes, ou associationnistes, et ceci pour de bonnes raisons. Notons aussi que les deux théories supposent l'existence d'universaux linguistiques (également pour d'excellentes raisons !). Enfin, notre hypothèse du modèle heuristique fourni par les acquis du sensorimoteur suppose (encore une fois à juste titre, nous semble-t-il) la présence d'universaux cognitifs sous la forme des modes de fonctionnement intelligent et des concepts épistémologiquement importants mis en évidence par Piaget. Mais comment ces derniers peuvent-ils rendre compte de l'acquisition spécifiquement linguistique? La question essentielle repose sur des principes organisateurs de base suffisant à rendre compte des premiers acquis langagiers.

Depuis une quinzaine d'années, certains auteurs ont proposé un autre type d'universaux, qui pourraient se révéler importants pour les acquisitions langagières, les «universaux communicatifs». A ma connaissance, Mc Neill (1969, p. 150) a été le premier à faire explicitement référence à de tels universaux, qui pourraient éventuellement revêtir une forme semblable à celle des universaux que nous avons appelés cognitifs (sans pour cela prétendre que d'autres types d'universaux ne puissent pas être «cognitifs», bien entendu) tout en ayant une origine différente.

La question peut donc être reformulée de la façon suivante: La *fonction* du langage humain comporte-t-elle des contraintes particulières au niveau de sa structure (universelle)? Si oui, quelles en sont les implications en ce qui concerne les processus par lesquels l'enfant apprend sa langue? Il nous semble en effet tout à fait possible que l'acquisition du langage porte sur un domaine spécial dans lequel les activités organisatrices de l'enfant seraient soumises à des contraintes structurales et procédurales liées aux nécessités d'une communication souple et économique. Se pose alors la question suivante: comment la capacité de communication du bébé (dont on commence à connaître la précocité) peut-elle constituer une préparation aux caractéristiques du langage humain qui relèvent de telles contraintes?

Plusieurs chercheurs en psycholinguistique commencent à affronter ces aspects du problème de l'acquisition (Bates, 1976; Snow et Ferguson, 1977; Lieven, 1978; Veneziano, 1985). La proposition la plus explicite en ce qui concerne l'aspect structural vient, à mon avis, de Bruner (1977, 1978), et porte surtout sur la syntaxe: les relations entre les mots indiquées par la position de ces derniers dans la chaîne (ou par les flexions, les affixes, etc.). Dans un sens, on peut supposer que Bruner pense à l'une des caractéristiques fondamentales du langage, à savoir sa séquentialité, qui cache des relations hiérarchiques. D'autres propositions (Veneziano) concernent l'aspect conventionnel et arbitraire des mots dans ce même domaine, à savoir le lien particulier qui unit, pour le langage, le signifiant et le signifié. Janet, que nous avons déjà cité, ajoute une explication possible à la façon dont l'enfant va comprendre la sémantique générique, conceptuelle, des mots et notamment des noms communs. Cet auteur nous livre des réflexions qui reconduisent aux universaux cognitifs plutôt que communicatifs, il souligne le caractère abstrait et générique des noms communs (1963, p. 263) et propose de rechercher les racines de l'abstraction et de la généralisation dans les actes élémentaires de rassemblement, de partition et d'individuation (op. cit., p. 87). Tout au long de son livre, Janet se réfère aux inventions capitales que sont le panier (à remplir et à vider) et le gâteau (à partager souvent entre plusieurs convives) et met en évidence les liens particuliers qui réunissent le tout et les parties dans ces actes élémentaires. On remplit le panier avec des objets semblables, que l'on distingue les uns des autres, et sur chacun desquels il est possible d'exercer une action particulière; ces objets sont ensuite transformés en un objet unique et, face à ce nouvel ensemble, une action nouvelle, unique, et adoptée (par exemple le transport du panier). A ce moment-là, il est fait abstraction des caractéristiques particulières de chaque objet, de sorte que la création du panier équivaut à celle d'un objet intellectuel, précurseur direct du nom commun.

Pendant longtemps, les philosophes, les psychologues et les linguistes ont posé et re-posé les mêmes questions concernant le langage humain. Nous sommes encore très loin d'avoir trouvé des réponses définitives, et le progrès accompli au cours de ces dernières décennies semble résider davantage dans de nouvelles façons de formuler les questions que dans les solutions proposées. La problématique se précise et, peu à peu, les grandes lignes d'une théorie de l'acquisition se dessinent de façon assez claire pour permettre aux chercheurs de vérifier certaines hypothèses par l'expérimentation ou par des méthodes d'observation.

Bibliographie

BATES, E., *Language and context: The Acquisition of Pragmatics*, New York, Academic Press, 1976.

BOWER, T.G., *Development in infancy*, Freeman, San Francisco, 1974.

BRUNER, J.S., The Ontogenesis of Speech-Acts, *Journal of Child Language*, 2 (1), pp. 1-19, 1975.

BRUNER, J.S., On Prelinguistic Prerequisites of Speech, in Campbell R.N., and Smith P.T. (eds), *Recent Advances in the Psychology of Language: Language Development and Mother-Child Interaction*, New York, Plenum Press, 1978.

CHOMSKY, N., *Aspects of Syntactic Theory*, MIT Press, Cambridge, Mass., 1965.

COHEN, M., Sur l'étude du langage enfantin, *Enfance*, N° 3/4, Mai-Septembre 1969.

FERREIRO, E., *Les relations temporelles dans le langage de l'enfant*, Droz, Genève, 1971.

FORMAN, G.E., *Transformations in manipulations and productions performed with geometric objects: an early system of logic in young children*, Final Report, University of Massachussetts, 1973-75.

JANET, P., *L'intelligence avant le langage*, Flammarion, Paris, 1936.

LANGER, J., *The origins of logic: six to twelve months*, Academic Press, New York, 1980.

LIEVEN, E., Turn Taking and Pragmatics: Two Issues in Early Child Language, in: Campbell R.N. and Smith P.T. (eds), *Recent Advances in the Psychology of Language: Language Development and Mother-Child Interaction*, Plenum Press, New York, 1978.

MC NEILL, D., in Koestler A. and Smythies J.R. (eds), *Beyond Reductionism*, The Alpbach Symposium, Hutchinson, New York, 1969.

MOUNOUD, P., Les révolutions psychologiques de l'enfant, *Archives de Psychologie*, XLIV, 1976.

SINCLAIR, H, STAMBAK, M., LEZINE, I et al., *Les bébés et les choses, ou la créativité du développement cognitif*, P.U.F., Paris, 1982.

STAMBAK, M. et al., *Les bébés entre eux*, P.U.F., Paris, 1983.

SNOW C. and FERGUSON C., *Talking to children: Language Input and Acquisition*, Cambridge, England: Cambridge University Press, 1977.

SNOW C., The Conversational Context of Language, in: Campbell R.N. and Smith P.T. (eds), *Recent Advances in the Psychology of Language: Language Development and Mother-Child Interaction*, Plenum Press, New York, 1978.

TREVARTHEN, C., *The Behaviour and Psychology of the New Born*, in: Actes du Congrès de la Société de Neurologie Infantile, Marseille, Décembre 1977.

VENEZIANO, E., Les échanges conversationnels mère-enfant et les débuts du langage, *Bulletin d'Audiophonologie*, 2-3, 1982.

VENEZIANO E., Replying to mother's questions: a way to lexical acquisition, *Journal of Pragmatics*, 9, 433-452, 1985.

Le dire et l'activité métalinguistique : le développement de la notion de verbe

J.P. PILLE, G. PIERAUT-LE BONNIEC

INTRODUCTION

L'enfant apprend très vite à parler, c'est-à-dire qu'il comprend et peut se faire comprendre : l'essentiel est en place vers trois ans. Mais ce n'est que plus tard qu'il aura une activité de réflexion sur la langue. En effet, réfléchir sur la langue, c'est aussi réfléchir sur la pensée, ce qui implique un autre niveau d'abstraction. Certains auteurs pensent qu'il n'y a pas de lien direct entre l'acquisition du langage parlé et le développement d'une conscience des règles de fonctionnement de la langue (Gleitman, 1979; Hakes, 1980). D'autres considèrent qu'il existe une interaction entre le développement linguistique et le développement métalinguistique (Marshall & Morton, 1978; Clark, 1978; Slobin, 1978). Nous pensons que la mise en place des règles de fonctionnement a deux sources qui ne sont pas de même type. D'une part, elle relève de l'influence parentale, qui fournit un modèle de fonctionnement de la langue orale. D'autre part, elle relève de l'influence scolaire qui, dépassant le modèle de fonctionnement de la langue orale, donne un modèle de fonctionnement de la langue écrite. Des expériences ont montré que, avant même son entrée à l'école élémentaire (six ans dans la majorité des cas), l'enfant possède une certaine conscience des règles de fonctionnement de sa langue. Mais on ne peut parler encore d'activité métalinguistique : la perception de la langue paraît liée aux apprentissages scolaires, notamment grammaticaux.

L'objet de notre recherche vise à déterminer quand et comment l'enfant passe d'une certaine conscience des règles de fonctionnement du verbe à une réelle capacité de réflexion sur la fonction grammaticale de ce type de mot. L'acquisition des verbes, sur le plan de la compréhension du sens, est du ressort du développement conceptuel, comme l'acquisition des autres mots. Mais, contrairement à d'autres catégories de mots, comme le nom, qui, dans la phrase, peut aussi bien remplir les fonctions de sujet que d'objet, le verbe n'a pas la possibilité de jouer plusieurs rôles. Il a une fonction spécifique, et il nous apparaît comme la clé de voûte du fonctionnement du langage. C'est la raison pour laquelle il nous a semblé intéressant d'étudier le verbe en tant qu'objet de la réflexion de l'enfant sur le langage, et, ce faisant, d'étudier l'évolution de ses capacités métalinguistiques. En effet, si la notion de verbe est une notion qui concerne le linguiste, l'activité mentale qui permet de l'élaborer est du ressort de la psychologie cognitive.

Liberman définit ainsi l'activité métalinguistique :

«C'est la capacité de prendre de la distance par rapport au langage, et, ce faisant, de le considérer comme un objet sur lequel on peut réaliser des opérations logiques de segmentation, de groupement et de positionnement ordonné.»

Ceci implique beaucoup plus qu'une simple conscience de la correction de la langue et des règles de son fonctionnement. Conscience des règles de fonctionnement n'implique pas capacité à prendre la langue comme objet de réflexion et capacité à dégager des notions grammaticales. La distinction qu'établit Culioli (1961), telle qu'elle est reprise par Gombert (1986), nous paraît tout à fait pertinente. Nous réserverons, nous aussi, le terme de *métalinguistique* à toute activité au cours de laquelle le sujet exerce consciemment sa réflexion sur le langage pris comme objet (qu'il s'agisse de ses propres productions ou de celles d'autrui), et qualifierons d'*épilinguistique* cette capacité de réflexion sur la langue qui est plus du ressort de l'intuition de son bon fonctionnement aux différents niveaux : phonologique, syntaxique, sémantique ou pragmatique. Nous pensons éviter ainsi les ambiguïtés qui peuvent naître de l'emploi d'un terme trop général pour décrire des conduites qui relèvent de niveaux cognitifs différents. Ceci nous paraît en outre offrir la possibilité de concilier en grande partie les deux thèses que nous signalions plus haut concernant l'existence ou la non existence d'une dépendance entre le développement linguistique et le développement métalinguistique. Que l'activité métalinguistique n'apparaisse que progressivement, alors que le sujet manie déjà correctement sa langue paraît probable, car il lui faut être capable de s'interroger sur des notions abstraites telles que la nature du mot ou les fonctions grammaticales. Mais l'acquisition du langage peut-elle se faire indépendamment d'une activité épilinguistique ? Nous pensons que cette activité joue un rôle — mais lequel et comment — à partir d'un certain moment dans l'évolution de cette acquisition. Schématiquement cette activité pourrait prendre la forme d'un jugement reposant sur une question du type : « Est-ce que ça va ? ». L'activité épilinguistique serait alors essentiellement spontanée, alors que l'activité métalinguistique serait en fait une activité sollicitée.

Les recherches concernant l'activité métalinguistique de l'enfant se sont développées au cours de ces quinze dernières années. On trouvera dans Brédart & Rondal (1982), ainsi que dans Gombert (1986), un recensement des principaux travaux sur les comportements métalinguistiques — et épilinguistiques. Par ailleurs linguistes et psycholinguistes distinguent divers niveaux d'activités langagières : phonologiques, syntaxiques, sémantiques et pragmatiques. Mais a-t-on, à travers ces différents types d'études, fait la part de ce qui relève de *l'activité épilinguistique*, et de ce qui relève de *l'activité métalinguistique* ? Ainsi, beaucoup de recherches ont porté sur les capacités de discriminations phonologiques et de discriminations syllabiques, en particulier chez le très jeune enfant (Bertoncini, 1984; Bruce, 1964; Eimas, 1975; Eimas & Miller, 1980; Jusczyk, 1977; Liberman, Shankweiler, Fischer & Carter, 1974). Mais ces auteurs ne se sont guère intéressés à l'utilisation que les enfants plus âgés peuvent faire de ces discriminations. On observe cependant chez l'enfant de 4-5 ans, un goût prononcé pour jouer avec les composantes phonologiques des mots. Peu d'études, à notre connaissance, ont porté sur cette activité épi ou métalinguistique. Par contre, il existe d'importants travaux sur les aspects métasyntaxiques (ou épisyntaxiques) reposant sur l'évolution des jugements de grammaticalité. (Clark, 1978; Gleitman, Gleitman & Shipley, 1972; Hakes, Evans & Tunmer, 1980; Tunmer & Grieve, 1984; Van Kleek, 1984; De Villiers & De Villiers, 1972). Ces travaux conduisent à penser que l'enfant ne peut séparer la forme de la phrase de son contenu avant l'âge de 6-7 ans. De même, Berthoud-Papandropoulou (1978, 1980), Clark (1970, 1971), Fox & Routh (1975), Hall (1976), Karpova (1976), ont étudié le développement métasémantique. Enfin des auteurs comme Hickman (1983), Markman (1977), Pratt & Nesdall (1983), se sont particulièrement intéressés à la capacité métapragmatique.

Van Kleek (1982), qui cherche à insérer le développement métalinguistique de l'enfant dans le cadre de la théorie piagétienne, va dans le sens d'une différenciation de ces diverses activités qui correspondrait à des niveaux distincts. Au stade préopératoire, l'enfant ne pourrait prendre en compte qu'un seul des composants du langage (soit la forme, soit le contenu), alors qu'au stade opératoire, il deviendrait capable de manipuler simultanément ces deux composants. Cependant, il n'est pas certain que l'enfant soit incapable, plus précocement, de manipuler simultanément les différents aspects de la langue que distingue le linguiste. Nous en voulons pour preuve cette phrase relevée dans une conversation impromptue avec Agnès (4 ans 9 mois), nous racontant sa journée au zoo: «Les loups *sontaient* mignons». Cet énoncé nous semble ne pouvoir s'analyser qu'au niveau d'une interaction entre les quatre registres d'activités langagières déjà signalés: phonologique, syntaxique, sémantique et pragmatique. Il s'agit d'une activité phonologique, puisque le sujet applique une relation qu'il a découverte par ailleurs entre un assemblage de phonèmes et l'idée de passé. C'est aussi une activité syntaxique, puisque intuitivement, l'enfant a construit une forme qui était satisfaisante au regard du modèle de fonctionnement qu'il s'est construit. C'est également une activité sémantique, dès lors qu'il a appliqué une règle qui permettait au récepteur de situer l'événement dans le temps, et donc de le comprendre. C'est enfin une activité pragmatique, dans la mesure où la régulation du discours relève directement de l'expérience de l'enfant.

C'est pourquoi il nous paraîtrait plus intéressant, si l'on souhaite se situer dans une approche piagétienne, de se référer aux travaux menés à Genève, dans la perspective de la «prise de conscience» (La prise de conscience, J. Piaget, 1947a; Réussir et comprendre, J. Piaget, 1974b). On voit bien en effet que toute activité métalinguistique suppose que le sujet prenne conscience de son activité en tant que sujet émetteur ou récepteur, et prenne, dans le même temps conscience du langage qu'il émet ou qu'il reçoit, en tant qu'objet de réflexion.

«Le mécanisme de la prise de conscience apparaît en tous ses aspects comme un processus de conceptualisation reconstruisant, puis dépassant, au plan de la sémiotisation et de la représentation, ce qui était acquis à celui des schèmes d'action» (J. Piaget - La prise de conscience, p. 271).

La conceptualisation va consister alors en un passage de l'action effectuée à sa représentation mentale, rendue possible grâce à l'activité d'abstraction. La prise de conscience, dit encore J. Piaget:

«est une reconstruction et, partant une construction se superposant aux constructions dues à l'action; elle est en retard sur l'activité proprement dite» (Le jugement moral chez l'enfant).

Autrement dit, il existe un décalage entre le comportement du sujet — ce qu'il fait — et la prise de conscience de son savoir-faire. S'il existe une filiation étroite entre les deux phénomènes, il s'agit de quelque chose de beaucoup plus complexe qu'une simple succession chronologique, et c'est ce qui fait l'objet de la recherche présentée ici dans un domaine particulier, celui de la «*prise de conscience*» de la manipulation d'une entité spécifique: *le verbe*.

Un certain nombre de travaux récents permettent de mieux cerner les différents problèmes posés par l'émergence de la notion de verbe. Des travaux portant sur le développement de la notion de *mot*, tout d'abord. Berthoud-Papandropoulou (1980) s'est attachée, quant à elle, à analyser les différentes définitions fournies par des enfants de 4 à 10 ans environ pour déterminer quelle était l'évolution de cette notion. Les enfants les plus jeunes ne feraient aucune différence entre le mot et la chose, et ce ne serait qu'aux environs de 10 ans que le mot deviendrait pour l'enfant objet d'étude d'une part, et cesserait d'être assimilé à la catégorie nominale d'autre part. Cependant, lorsque vers 7 ou 8 ans, l'enfant commence, ainsi que le remarque l'auteur, à considérer le mot comme étant un élément de la chaîne parlée, il existe bien là une activité, mais elle est de nature épilinguistique. Et le fait que l'expérimentateur emploie des termes à connotation *méta*-linguistique (le mot, la phrase, etc.) fausse, selon toute vraisemblance, quelque peu les résultats. Les enfants ne prennent pas nécessairement ces termes dans la même acception que l'adulte.

En ce qui concerne le problème du verbe, deux études se situent dans une perspective fonctionnelle. Maratsos (1982) étudie les processus dont il pense qu'ils sont à l'origine de la constitution de certaines catégories grammaticales. Par exemple, jouerait un rôle dans l'organisation de la catégorie verbale le fait que, seuls, les verbes sont des mots qui peuvent «prendre» la négation et seuls, ils peuvent changer de temps et d'aspect. E. Clark (1982) s'est intéressée à la capacité des jeunes enfants à inventer des verbes dénominatifs. Il ressort de ses recherches que les enfants, plutôt que de procéder par analogie, utilisent une règle qui peut être formulée ainsi: «chaque nom indiquant une entité concrète peut être utilisé comme verbe pour rendre compte d'un état, d'un procès, ou d'une action associée à cette entité». Les enfants appliquent d'abord la règle d'une façon générale, ce qui conduit à des productions qui tantôt sont pertinentes, et tantôt ne le sont pas. Cette activité commence relativement tôt, mais ce n'est que beaucoup plus tard que les sujets en acquièrent une parfaite maîtrise. Nous insisterons ici sur un aspect qui nous paraît important concernant la distinction entre activité épilinguistique et activité métalinguistique. En effet, nous pensons que les productions erronées obtenues dans de telles tâches, ne le sont qu'au regard des conventions adultes; elles sont logiques quant à la règle construite par le sujet, ce qui constitue alors un argument en faveur de l'intuition d'un fonctionnement codé de la langue. Le sujet a l'intuition de la nécessité de l'existence d'une règle de fonctionnement, mais faute d'une capacité suffisante de réflexion sur la langue, il applique automatiquement la règle qu'il s'est donnée. Une telle activité nous semble devoir être une illustration de ce que nous entendons par activité épilinguistique.

En fait, la distinction entre activité épilinguistique et activité métalinguistique nous paraît correspondre à deux types de fonctionnement cognitif. La période d'*activité épilinguistique* correspondrait à une conscience globale des règles de fonctionnement de la langue, tandis que l'*activité métalinguistique* serait liée à la mise en place d'un autre type de fonctionnement cognitif, dans lequel l'enfant deviendrait capable de considérer les unités linguistiques non seulement isolément, mais aussi dans les relations qu'elles peuvent supporter entre elles. Il reste que l'étude de la mise en place de la notion de verbe chez l'enfant n'a de chances d'aboutir que si l'on dépasse le cadre des découpages du linguiste, pour regarder d'abord comment l'enfant fait intuitivement fonctionner le verbe.

Notre étude a porté à la fois sur des enfants de l'école maternelle (grande section: 5-6 ans), et sur des enfants de l'école élémentaire (cours élémentaire: 8-9 ans, et cours moyen: 10-11 ans). On voit d'emblée la différence fondamentale qui existe entre ces deux catégories de sujets: les premiers n'ont pas encore été soumis à des exercices favorisant l'activité métalinguistique alors que les seconds, de par l'apprentissage de la lecture, puis de la grammaire (et en particulier, de la conjugaison), doivent avoir un autre regard sur la langue, puisque celle-ci leur est présentée comme un objet d'étude.

REPRESENTATION DE LA NOTION DE VERBE CHEZ L'ENFANT DE 5-6 ANS

La série d'expérimentations correspondante a porté sur 20 enfants de la grande section maternelle, âgés de 5 ans 3 mois à 6 ans 4 mois, et choisis au hasard dans la classe.

Dans une première expérience, on demandait au sujet: «Dis-moi un mot, celui que tu veux», et l'on sollicitait une réponse jusqu'à l'obtention de dix mots. Or, aucun enfant n'a donné spontanément des verbes; tous les mots ont été des noms de choses, très souvent des noms désignant des objets de l'environnement immédiat.

Ensuite, l'expérimentateur proposait dix mots : CHAISE - TABLE - DORMIR - COUSSIN - SAUTER - DANSER - TELEPHONER - MUSIQUE - SAGE - REVER. La consigne était : « Je vais te dire quelque chose, tu me diras si c'est un mot ou non ». Sept sujets sur vingt ont considéré qu'il y avait bien dix mots dans la liste fournie (y compris donc les cinq verbes à l'infinitif). Les treize autres sujets n'ont pratiquement jamais considéré les verbes, l'adjectif et le nom abstrait comme des mots.

Enfin, l'expérimentateur, choisissant les verbes déjà proposés, demandait à l'enfant : « Donne-moi des mots qui ressemblent à DORMIR (respectivement SAUTER - DANSER - TELEPHONER - REVER). Un seul sujet a fourni respectivement des verbes, verbes qui demeuraient dans la sphère sémantique du mot inducteur (Exemple : SAUTER a induit sautiller; DORMIR, faire une sieste). Pour quatorze sujets, il n'y a pas production de verbes, et les mots fournis sont des noms de choses choisis par association d'idée avec le verbe inducteur. Cinq sujets, enfin, ont fourni quelques verbes également choisis dans la sphère sémantique du verbe inducteur.

Dans une seconde expérience, sept noms de chose étaient proposés au sujet (LA PORTE - LE CRAYON - LE PAPIER - LE BONBON - LE DEJEUNER - LA POUPEE - LE RIRE), avec, pour consigne : « Je vais te demander de faire quelque chose; tu feras ce que je te demande de faire. Tu as le droit de poser des questions ». Seul, un enfant a demandé des précisions : « Quand tu dis LA PORTE, il faut faire quoi ? », montrant ainsi que l'information fournie ne lui paraissait pas suffisante. Soixante quinze pour cent des sujets ont répondu en décrivant une action en rapport avec le mot inducteur (Exemple : LA PORTE a induit « je l'ouvre » / « ça s'ouvre » / « on l'ouvre »; LE BONBON, « c'est pour manger »). Les autres ont fourni une réponse du type *être là / n'être pas là* (Exemple : LE CRAYON a induit « le voilà »; LE DEJEUNER, « y'a pas de déjeuner »). Enfin, un enfant est resté sans rien faire.

On voit que l'enfant, en tant que récepteur, ne semble pas gêné par le fait que l'action à effectuer ne soit pas précisée, et il choisit une action liée sémantiquement et pragmatiquement à l'objet considéré. Toutes les tentatives pour essayer de lui faire prendre conscience de l'insuffisance de l'information ont échoué. Ce qui ressort de cette expérience, c'est que, pour l'enfant de 5 ans, et dans le contexte qui lui était proposé, un syntagme nominal ne peut exister seul. Il faut ajouter quelque chose, et son activité épilinguistique l'amène à rajouter ce qui n'a pas été donné. Par contre, il ne se pose pas de questions, et n'apporte pas non plus de réponses à celles qui peuvent être posées, ce qui indique qu'il n'y a pas *d'activité de réflexion* sur les éléments linguistiques proposés. Il *fait fonctionner* la langue, mais ne réfléchit pas sur la manière dont elle est utilisée.

Dans une troisième expérience, enfin, l'expérimentateur rapportait les paroles d'une poupée sensée apprendre à parler. Il présentait quatre couples de phrases comportant les mêmes mots, l'une des phrases dans une organisation correcte, l'autre dans une organisation déviante. Après chacune d'elles, l'enfant devait dire si la phrase lui paraissait correcte ou non. Les couples proposés étaient les suivants:

MANGE TON RIZ / *RIZ TON MANGE
*LA FERME PORTE / FERME LA PORTE
ESSUIE L'EAU QUI A COULE PAR TERRE / *L'EAU ESSUIE QUI A COULE PAR TERRE
*ISABELLE CHEVEUX SES COIFFE / ISABELLE COIFFE SES CHEVEUX.

Tableau 1. Pourcentage de sujets ayant qualifié les phrases de «correctes» ou «d'incorrectes» en relation avec le type de phrases proposé (N = 80, 20 sujets ayant reçu chacun les quatre couples).

phrases	jugements enfants	corrects	incorrects
correctes		82 %	18 %
déviantes		14 %	86 %

Les résultats consignés dans le tableau 1 montrent que, dès 5 ans, les enfants, dans l'ensemble, ont une assez bonne intuition de la correction ou de la non correction d'une phrase. Les erreurs de jugement ne concernent que sept sujets sur les vingt, et ne portent que sur quelques phrases. Notons qu'il n'y a jamais eu ni commentaire ni corrections spontanées concernant les énoncés déviants, et reconnus comme tels. Le seul commentaire obtenu spontanément est relatif à une phrase syntaxiquement correcte, et ce jugement a porté à la fois sur le sens et la correction syntaxique (ESSUIE L'EAU QUI A COULE PAR TERRE: «ça, c'est une bêtise, mais c'est bien dit»). On a obtenu vingt et une réponse provenant de quatre sujets indiquant soit la non compréhension («moi, je comprends pas»), soit l'absence de signification («ça veut rien dire»), soit encore la non correction («ça se dit pas»). Quant aux corrections sollicitées, dans deux cas, le sujet a rétabli l'ordre correct d'énonciation, et dans cinq cas, il a cherché à rétablir la cohérence sémantique («on ne dit pas l'eau qui essuie par terre, on dit l'eau qui coule, et après on essuie»).

Dans une autre série d'épreuves, on cherchait à voir si l'enfant était capable de faire la différence entre des transformations syntaxiquement correctes et des transformations aboutissant à des énoncés déviants. L'épreuve comportait cinq groupes de quatre phrases. Dans chaque groupe figuraient deux phrases syntaxiquement correctes, l'une au présent, l'autre à un autre temps, et deux phrases syntaxiquement incorrectes dans lesquelles se trouvaient des mots appartenant aux deux premières. Dans l'une de ces phrases incorrectes tous les mots figuraient, mais ils étaient donnés dans le désordre; dans l'autre on avait supprimé le verbe. La répartition des phrases a été effectuée de la façon suivante: les phrases syntaxiquement correctes ont été présentées deux fois successivement et trois fois intercalées entre les autres. Comme précédemment, l'enfant devait manifester un jugement d'acceptabilité ou de refus. Les énoncés proposés étaient les suivants:

PIERRE PORTE LA BOITE / PIERRE PORTERA LA BOITE / *PIERRE LA PORTE / *PIERRE BOITE LA PORTE
*SOPHIE SON NEZ / SOPHIE MOUCHERA SON NEZ / *SOPHIE NEZ SON MOUCHE / SOPHIE MOUCHE SON NEZ
*AGNES DENTS SES BROSSE / AGNES BROSSE SES DENTS / AGNES A BROSSE SES DENTS / *AGNES SES DENTS
JEAN A BU DANS UNE TIMBALE / JEAN TIMBALE DANS UNE BOIT / JEAN DANS UNE TIMBALE / JEAN BOIT DANS UNE TIMBALE
ANNIE JOUE DANS LA CUISINE / ANNIE JOUAIT DANS LA CUISINE / *ANNIE DANS LA CUISINE / *ANNIE CUISINE DANS LA JOUE

Aucun des sujets n'a donné une réponse correcte pour toutes les phrases; aucun des items n'a été réussi à 100 %. Le tableau 2 indique

Tableau 2. *Répartition en pourcentage des réponses jugées acceptables et des réponses jugées inacceptables (N = 100 pour chaque colonnes — 5 phrases présentées à vingt sujets).*

	énoncés corrects au présent	énoncés corrects autre temps	énoncés sans verbe	énoncés déviants
jugés accept.	75 %	77 %	70 %	7 %
jugés inaccept.	25 %	23 %	30 %	93 %

la répartition en pourcentage des jugements portés par les enfants sur chacune des cinq phrases de chaque type. Celles-ci ayant été présentées à vingt sujets, on a donc cent réponses pour chaque type d'énoncé. On voit que si, comme dans l'expérience précédente, les enfants ont une bonne reconnaissance des phrases correctes d'une part, des énoncés déviants d'autre part, ils considèrent le plus souvent comme étant corrects les énoncés sans verbe. L'analyse des erreurs de jugement montre que, pour les énoncés syntaxiquement corrects, les arguments avancés s'appuient tous sur le sens (Exemple: ANNIE JOUE DANS LA CUISINE → «C'est un peu une bêtise, parce qu'elle peut casser quelque chose»; «Ah non, parce que là, on n'a pas le droit de jouer dans la cuisine»). Pour les énoncés sans verbe, c'est pour des raisons sémantiques que l'enfant juge la phrase incorrecte (Exemple: *JEAN DANS UNE TIMBALE → «Une timbale c'est petit, un Jean, c'est gros, ça peut être maigre, mais ça peut pas rentrer dedans»). C'est également sur des arguments sémantiques qu'il établit un jugement de correction (Exemple: *ANNIE DANS LA CUISINE → «Oui, peut-être elle fait la cuisine»). Enfin, dans certains cas, l'enfant a corrigé l'énoncé en ajoutant spontanément un verbe (Exemple: *SOPHIE SON NEZ → «Sophie a un nez»; «Sophie voit son nez»).

En conclusion, chez l'enfant de 5-6 ans placé en situation de récepteur, nous avons seulement trouvé un tiers des sujets pour qui le verbe fait bien partie de la catégorie des mots (1re expérience). Pourtant, on voit dans la dernière expérience, que trois quarts des mêmes sujets réagissent à un énoncé sans verbe comme s'il y avait un verbe, et que, par conséquent, l'absence de verbe ne les gêne pas. Par ailleurs, les explications fournies font toujours appel à la sémantique ou à la pragmatique, et non à la syntaxe. Le verbe, d'autre part, n'est jamais produit spontanément comme faisant partie de la catégorie des mots. Néanmoins, quand le sujet doit corriger les phrases de la poupée, il ajoute un verbe, ce qui indique que cet élément de la phrase est intuitivement ressenti comme nécessaire.

A cet âge, et pour les tâches proposées, on constate donc que l'enfant a bien une intuition du fonctionnement correct de la langue. Pour lui, la langue sert à dire quelque chose. Si ce n'est pas le cas, il donne lui-même un sens aux énoncés qui lui sont proposés; ces corrections visent le plus souvent à rétablir une vraisemblance sémantique. Quant aux commentaires, ils sont généralement peu nombreux, rarement spontanés et visent, eux aussi beaucoup plus les aspects sémantiques ou pragmatiques que les aspects syntaxiques. C'est l'ensemble de ces comportements que nous qualifions d'*activités épilinguistiques*.

REPRESENTATION DE LA NOTION DE VERBE CHEZ L'ENFANT DE L'ECOLE ELEMENTAIRE

On cherchait à déterminer dans quelle mesure les enfants étaient capables de distinguer spontanément différentes catégories de mots, et, ce faisant, de repérer les verbes. On demandait à l'enfant de classer des mots (noms de choses, verbes, adjectifs, etc., choisis par référence à l'échelle Dubois-Buyse et au «vocabulaire génétique» de S. Ehrlich). Les deux niveaux scolaires retenus étaient le Cours élémentaire 2e année (8-9 ans), parce qu'il marque une première étape dans la mise en place des apprentissages grammaticaux (22 sujets), et le cours moyen 2e année (10-11 ans), parce qu'il correspond à la fin de la scolarité élémentaire (28 sujets).

L'analyse des résultats obtenus a montré que si les enfants de 8-9 ans sont capables d'effectuer des classements, ceux-ci ne correspondent jamais à des catégories grammaticales; les classements effectués sont soit de type sémantique, soit ininterprétables (6 sujets sur 22). Chez les enfants de cours moyen, par contre, toutes les procédures sont interprétables, les classements de nature sémantique sont plus rares, et ceux de type grammatical sont observés chez 30 % des sujets; pour ceux-ci, le repérage de la catégorie «verbe» est le cas le plus fréquent (78 %).

On pourrait objecter, à juste titre, que l'utilisation de mots signifiants induisant nécessairement chez l'enfant la référence au sens, il était légitime qu'il traite les mots selon une approche sémantique. C'est pourquoi, dans une seconde expérience, nous avons utilisé des logatomes afin d'éliminer au maximum la prégnance sémantique. Vingt-quatre logatomes étaient proposés à l'enfant. Six avaient une terminaison aberrante au regard de la conjugaison française; douze avaient une terminaison vraisemblable au regard de cette conjugaison; six avaient une terminaison vraisemblable pour des substantifs français.

FLACK - BALIM - COSTID - MALOB - VOULAB - SARDOF - PARLIR - COUTIR - DURAITRE - FAUCHOIR - CHINDRE - SOURDIR - GRIFINDRE - ROUMER - FOVER - GRAVOIRE - CONVOIRE - MANAITRE - BEURANCE - LAITEUR - TABEAU - HERBIS - MENTOUX - MOUCHAL

Les logatomes étaient présentés dans le désordre aux sujets, et il leur était demandé de les classer en deux catégories: les mots qu'ils considéraient comme étant des verbes et ceux qu'ils considéraient comme n'étant pas des verbes. L'épreuve était proposée aux mêmes sujets que précédemment et la passation était organisée en deux temps:

1. une passation collective à partir d'un protocole remis à chaque enfant; 2. des entretiens individuels.

Au Cours élémentaire (8-9 ans), aucun des logatomes n'a été reconnu par la totalité des sujets, les degrés de réussite variant beaucoup d'un logatome-verbe à un autre, et les confusions entre formes verbales et formes non-verbales étant nombreuses. Au cours moyen (10-11 ans), deux logatomes-verbes ont été reconnus par plus de 80 % des sujets, les types de terminaison n'entraînant que des différences minimes, et les confusions formes verbales / formes non verbales étant devenues rares. Les entretiens qui ont suivi ont permis de dégager les procédures d'identification des logatomes-verbes les plus fréquemment utilisées.

Afin de justifier son classement des logatomes dans les deux catégories demandées, l'enfant de 8-9 ans utilise la terminaison de certains mots comme critère pertinent de la classe des verbes. Il transforme également des logatomes pour les rendre compatibles avec une certaine idée qu'il se fait du verbe; par exemple COSTID devient COSTIDER, MALOB devient MALOBER. Il a enfin tendance à transformer en verbes du 1er groupe des formes verbales qui étaient compatibles avec la catégorie des verbes du 3e groupe: CONVOIRE devient CONVOIRER, CHINDRE devient CHINDRER. L'enfant s'est donc donné une règle de fonctionnement, mais celle-ci couvre un champ restreint et présente une certaine rigidité: pour lui, la terminaison «normale» d'un verbe est ER. Par ailleurs, il arrive également que des explications extra-syntaxiques servent de justification; ainsi, un enfant explique le choix de MANAITRE et le rejet de DURAITRE dans la catégorie des verbes, en disant: «MANAITRE, c'est joli à l'oreille, mais DURAITRE, c'est pas joli».

A 10-11 ans, l'enfant classe tous les logatomes ayant une terminaison verbale dans la catégorie des verbes, y compris donc ceux qui ont des terminaisons compatibles avec les verbes des 2e et 3e groupes, et il justifie son choix de façon grammaticalement pertinente. Néanmoins, on trouve encore une activité sémantique, révélée par une procédure qui n'avait pas été rencontrée précédemment: l'enfant opère des substitutions de lettres au sein du radical afin de transformer un logatome en un mot connu (par exemple, ROUMER devient ROULER). Pour les enfants de cet âge, le verbe est devenu «un objet» dont on peut étudier les règles de fonctionnement. La meilleure preuve de cette prise de conscience de l'existence de règles de fonctionnement nous semble résider dans le fait que le sujet se déclare parfois incapable de justifier le classement effectué; il avoue alors avoir répondu au hasard. Ceci indique qu'il est capable de se rendre compte qu'il n'a pas tous les éléments lui permettant de fournir une réponse argumentée, mais qu'il pense que ces éléments existent.

Entre 8-9 ans et 10-11 ans, la représentation de la notion de verbe chez l'enfant subit donc une double évolution: d'une part, la règle que l'enfant s'était donnée au départ, de restrictive qu'elle était, tend vers le modèle des grammairiens; d'autre part, l'activité sémantique, de totale qu'elle était, s'atténue, sans pour autant disparaître, au profit d'une activité syntaxique. Nous rejoindrons ici les conclusions de Bowerman (1973) qui considère que le degré d'abstraction exigé par des activités de type syntaxique étant plus élevé que le degré d'abstraction exigé par des activités de reconnaissance sémantique, ces activités de reconnaissance sémantique apparaîtraient d'abord et serviraient d'appui au développement des activités syntaxiques.

Cette seconde expérience avait pour objet d'éliminer au maximum l'influence de l'activité sémantique afin de favoriser l'activité syntaxique. Dans une troisième expérience, nous avons au contraire cherché à focaliser l'attention de l'enfant sur les aspects sémantiques pour voir si les concepts verbaux subissaient un traitement différent des concepts nominaux. Au cours d'entretiens individuels, on a présenté à des élèves de Cours élémentaire 1re année (7-8 ans), de Cours élémentaire 2e année (8-9 ans) et de Cours moyen 2e année (10-11 ans), l'une à la suite de l'autre, quatre séries de trois phrases. Pour chacune des quatre séries, on avait sélectionné un logatome différent, et chaque série présentait le logatome dans une situation telle qu'il apparaissait soit comme syntagme nominal sujet (SN1): «PROTERA a appris à lire à mes trois enfants; soit comme syntagme verbal (SV): Mon ami PROTERA à la gare demain matin); soit comme syntagme nominal objet (SN2): le chat court après le PROTERA. La distribution était faite au hasard. A propos de chaque série, on demandait à l'enfant: «Quelle est la phrase que tu comprends le mieux? Quelle est celle que tu comprends le moins bien?». L'étude quantitative des résultats est présentée dans le tableau 3.

Il ressort des résultats obtenus que les phrases considérées comme les plus faciles à comprendre sont celles qui sont construites avec le logatome en position SN1, tant au Cours élémentaire qu'au Cours Moyen. Le logatome en position SV a constitué une difficulté certaine : les phrases construites sur ce modèle ne figurent que très rarement parmi celles qui sont dites les mieux comprises et elles figurent le plus souvent parmi celles dites non comprises. Ces résultats montrent que l'enfant éprouve des difficultés à «inventer» des concepts verbaux.

Tableau 3. Etude quantitative des résultats.

	Phrase la mieux comprise									Phrase la moins bien comprise								
	logatome en SN1			logatome en SV			logatome en SN2			logatome en SN1			logatome en SV			logatome en SN2		
	CE1	CE2	CM2	CE1	CE2	CM2	CE1	CE2	CM2	CE1	CE2	CM2	CE1	CE2	CM2	CE1	CE2	CM2
S1	15	16	24	04	02	00	02	05	00	05	03	00	06	16	18	10	04	06
S2	04	14	19	00	01	02	17	08	03	04	04	00	17	15	21	00	04	03
S3	12	18	17	06	03	02	03	02	05	06	02	03	10	19	20	05	02	01
S4	13	17	18	03	02	03	05	04	03	06	03	02	13	19	19	02	01	03

Quatre niveaux de comportement semblent se dégager de l'analyse qualitative des entretiens. Au premier niveau, l'enfant possède précocement une intuition du verbe et cela, bien avant de pouvoir s'exprimer sur cette notion et bien avant d'avoir reçu les premiers apprentissages grammaticaux. Cette intuition résiderait dans l'idée qu'il existe une fonction relationnelle nécessaire entre SN1 et SN2, fonction précisément assurée par certains mots ayant un statut spécial, les verbes. Mais la construction d'une telle relation est plus difficile que le fait de mettre simplement un référent derrière un mot en position SN1 ou SN2. C'est ce qui explique que la présence d'un logatome en position SN1 ou SN2 permet l'élaboration d'une certaine signification: spontanément, les sujets attribuent un sens au terme inconnu. Au deuxième niveau, quand c'est un logatome qui tient la place du verbe, l'enfant introduit un verbe connu. Par exemple, il dira «Aurélien BREUDE a un petit ordinateur». Certains sujets ne fournissent aucune explication, d'autres fournissent une grande diversité qualitative de justifications: «ce n'est pas du français... / il manque quelque chose... / cela ne veut rien dire... / il manque un verbe... On peut dire que c'est à ce niveau que se situe le passage de l'intuition à la prise de conscience, le passage de l'activité épilinguistique à l'activité métalinguistique. Au troisième niveau, ils remplacent le logatome par un verbe connu d'eux, pour certains sans explication aucune, pour d'autres en justifiant la substitution par un commentaire de ce type: «ce mot ne veut rien dire...». Enfin, au niveau le plus élevé, le sujet conserve le logatome en lui attribuant valeur de verbe et en indiquant que son sens lui est inconnu. Ce type de comportement a été rarement observé (2 cas), et jamais au cours d'activité spontanée. De plus, ce sont toujours les logatomes ayant une terminaison compatible avec la conjugaison française qui ont été choisis.

CONCLUSION

L'enfant dès 5 ans a une intuition du fonctionnement correct de la langue et celle-ci repose en particulier sur une intuition du rôle du verbe : les noms, les adjectifs, les déterminants ne peuvent fonctionner seuls. C'est pourquoi quand on présente à ces enfants des énoncés sans verbe, 75 % d'entre eux en rajoutent un systématiquement, comme une chose qui va de soi. De ce fait, la réception d'un énoncé sans verbe, et son interprétation ne présentent pas de difficulté et les énoncés sans verbe sont acceptés comme corrects dans la même proportion que les énoncés avec verbe. Pourtant, ces mêmes enfants ne produisent jamais de verbes quand on leur demande de donner un mot même quand ils considèrent, et c'est le cas d'un tiers d'entre eux, que les verbes fournis peuvent être classés dans la catégorie des mots. Il existerait donc un décalage dans la mise en place de la notion de verbe, selon la situation dans laquelle l'enfant est placé : récepteur ou producteur. C'est que le point de vue est différent. Dès l'instant que la notion de mot est construite en tant qu'unité insécable dans la chaîne parlée, le verbe peut être reconnu comme tel au même titre que toute autre unité. Mais évoquer un verbe est un autre problème. Nous avons vu en effet qu'à cet âge un mot n'est pas évoqué indépendamment de ce qu'il signifie et il est plus aisé d'évoquer au moyen d'un mot un objet qu'on a sous les yeux ou même, si on ne l'a pas sous les yeux, de l'évoquer grâce à une représentation qu'on peut s'en donner, surtout s'il s'agit d'un objet assez familier. Mais évoquer un verbe, c'est évoquer une transformation, éventuellement une mise en relation. Or, une transformation, une mise en relation peuvent bien avoir un *effet*, mais l'effet n'est pas la transformation elle-même ; l'effet est un état des choses : la porte est passée de l'état *fermé* à l'état *ouvert* mais la transformation elle-même, l'action par laquelle l'effet a été constaté, n'a pas laissé de trace ; c'est pourquoi évoquer la transformation indépendamment de son effet sur l'objet suppose un haut degré d'abstraction. Pour les enfants de 5-6 ans un verbe n'est peut-être qu'une sorte d'« appendice » nécessaire pour parler des choses et ne serait, en quelque sorte, qu'une manière de qualifier les choses : une porte s'ouvre, se ferme, comme elle peut être en bois, rouge ou bleue, donner accès à la cuisine ou à la chambre.

Vers 7-8 ans, le comportement de l'enfant se modifie. Sans pour autant abandonner les jugements sémantiques et pragmatiques, les sujets commencent à utiliser des critères syntaxiques ou morphologiques dans leurs activités de tri et leurs jugements d'acceptabilité. On constate à cet âge qu'il y a conjointement activité épilinguistique et activité métalinguistique. A 10-12 ans, l'enfant éprouve encore des difficultés à «inventer» des concepts verbaux, et la nature relationnelle du verbe peut être encore pour lui source de difficultés. Cependant, les classements sont devenus essentiellement grammaticaux, les commentaires sont pertinents sur le plan linguistique et ils sont largement dégagés de l'emprise sémantique et pragmatique. Reprenant Liberman, on pourrait dire que l'enfant a acquis la capacité de prendre de la distance par rapport à la langue, et ce faisant, de prendre le verbe comme un objet sur lequel on peut réaliser des opérations de segmentation et de positionnement ordonnées. Ainsi, à cet âge, dans une population normalement scolarisée — et ceci est important — la notion de verbe serait au moins en cours d'acquisition. Cette acquisition a probablement des implications qui dépassent la simple compétence linguistique : si le verbe est un mot qui a maintenant un statut spécifique, c'est qu'une sorte de renversement s'est produit dans les relations que peuvent avoir entre eux les différents types de syntagmes. Nous suggérions qu'à 5-6 ans le verbe servait à qualifier les objets; mais le verbe ayant acquis son statut particulier d'expression des relations ou des transformations peut, et même doit, être qualifié par les objets sur lesquels porte l'activité qu'il exprime : ainsi ouvrir une porte est une transformation différente de celle qui consiste à ouvrir une boîte de conserve. Or, on peut penser qu'il existe une relation étroite entre la construction de la notion de verbe et la capacité à abstraire ce qu'il y a de commun entre ces deux transformations. De ce point de vue, on voit que les notions d'opérations et de transformation, qui jouent un rôle tellement important en mathématiques, et la maîtrise de la notion de verbe, qui peut favoriser l'abstraction de certaines transformations ou opérations, ne sont pas sans rapport. Etre capable de penser, moins en terme d'objets qu'en termes de transformations, est un des aspects importants de l'intelligence. Il est clair, d'autre part, que, dans un cas comme dans l'autre, mathématiques ou grammaire, le type d'activités mentales qui se trouvent derrière l'élaboration de ces notions implique l'exercice à travers la transmission d'un savoir. L'intuition de la langue n'a pas besoin de l'école, la réflexion sur la langue ne saurait se passer d'une forme d'apprentissage.

Bibliographie

BERTHOUD-PAPANDROPOULOU, I., An experimental study of children's ideas about language. Dans SINCLAIR, A., JARVELLA, R.J. & LEVELT, W.J.M.: *The child conception of language*. Berlin: Springer-Verlag, 1978.
BERTHOUD-PAPANDROPOULOU, I., La réflexion métalinguistique chez l'enfant. Thèse de Doctorat. Genève: Imprimerie Nationale, 1980.
BERTONCINI, J., L'équipement initial pour la perception de la parole. Dans MOSCATO, M. & PIERAUT-LE BONNIEC, G.: *Le langage, construction et actualisation*. Publications de l'Université de Rouen, Rouen 1984.
BOUTET, J., GAUTHIER, F. & SAINT-PIERRE, M., *Savoir-dire sur la phrase*. Archives de Psychologie, 1983, *51*, 205-228.
BRAMAUD DU BOUCHERON, G., *La mémoire sémantique de l'enfant*. P.U.F., Paris, 1981.
BREDART S. & RONDAL, J.A., *L'analyse du langage chez l'enfant: les activités métalinguistiques*. Mardaga, Bruxelles 1982.
BRUCE, D.J., The analysis of word sounds by young children. *British Journal of Educational Psychology*, 34, 158-170.
CLARK, E.V., How young children describe events in time. Dans FLORES D'ARCAIS, G.B. & LEVELT, W.J.M.: *Advances in psycholinguistics*. North Holland Publishing Company, 1970.
CLARK, E.V., On the acquisition of meaning of before and after. *Journal of verbal learning and verbal behavior*, 1971, *10*, 266-275.
CLARK, E.V., Awareness of language: Some evidence from what children say and do. Dans SINCLAIR, A., JARVELLA, R.J. & LEVELT, W.J.M.: *The child conception of language*. Berlin, Springer-Verlag, 1978.
CLARK, E.V, Acquisition of Romance, with special reference to French. Dans SLOBIN, D.I., *The Crosslinguistic Study of Language Acquisition*, Hillsdale, N.J., Lawrence Erlbaum Associates, 1982.
ERLICH, S., BRAMAUD DU BOUCHERON, G. & FLORIN, A., *Le développement des connaissances lexicales à l'école élémentaire*. P.U.F., Paris 1978.
CULIOLI, A., La formalisation en linguistique. *Cahiers pour l'analyse*, 1968, *9*, 106-117.
DE VILLIERS, J.G. & DE VILLIERS, P.A., Early judgements of semantic and syntactic acceptability by children. *Journal of Psycholinguistic research*, 1972, *1*, 229-230.
EIMAS, P.D., Speech perception in early infancy. Dans COHEN, L.B. & SALAPATEK, P. *Infant perception: from sensation to cognition, vo. 2*. New York, Academic Press, 1975.
EIMAS, P.D. & MILLER, J.L., Discrimination of information for manner of articulation. *Infant Behaviour and Development*, 1980, *3*, 367-375.
FOX, B. & ROUTH, D.K., Analyzing spoken language into words, syllables and phonemes. A developmental study. *Journal of Psychology Research*, 1975, *4*, 331-342.
GLEITMAN, L.R., GLEITMAN, H. & SHIPLEY, E.F., The emergence of child as grammarian. *Cognition*, 1972, *1*, 137-164.
GOMBERT, J.E., Le développement des activités métalinguistiques chez l'enfant: le point de la recherche. *Etude de Linguistique Appliquée*, juin 1986, *62*.
HAKES, D.T., EVANS, J.S. & TUNMER, W.E., *The development of metalinguistic abilities in children*. Berlin, Springer-Verlag, 1980.
HALL, N.A., Children's awareness of segmentation in speech and print. *Reading*, 1976, *10*, 11-19.

HICKMANN, M., Le discours rapporté : aspects métapragmatiques du langage et de son développement. Nijmegen, Pays-Bas : Max-Plank Institut für Psycholinguistik, document ronéoté, 1983.

JUSCZYK, P.W., Perception of syllabe-final stop consonants by 2-months-old infants. *Perception & Psychophysics*, 1977, *21*, 450-454.

KARPOVA, S.N., The preschooler's realization of the lexical structure of speech. Résumé par SLOBIN dans SMITH, F. & MILLER, G.A. *The genesis of language : a psycholinguistic approach*. Cambridge, Mass. : MIT press, 1966.

LIBERMAN, I.Y., Segmentation of the spoken word and reading acquisition. *Bulletin of the Orton Society*, 1973, *23*, 65-77.

LIBERMAN, I.Y., SHANKWEILER, D., FISCHER, W.F. & CARTER, B., Explicit syllabe and phoneme segmentation in the young child. *Journal of Experimental Child Psychology*, 1974, *18*, 201-212.

MARATSOS, M., The child's construction of grammatical categories. In E. Wanner & L.R. Gleitman, *Language Acquisition. The state of Art*. 1982, Cambridge : University Press.

MARKMAN, E.M., Realizing that you don't understand : A preliminary investigation. *Child development*, 1977, *48*, 986-992.

PIAGET, J., *Le jugement moral chez l'enfant*, P.U.F., 1957.

PIAGET, J., *Etudes d'épistémologie génétique*, XIV. P.U.F., 1961.

PIAGET, J., *La construction du réel chez l'enfant*, 5ᵉ édition. Delachaux et Niestlé, 1973.

PIAGET, J., *La prise de conscience*, P.U.F., 1974.

PIAGET, J., *Réussir et comprendre*, P.U.F., 1974.

PRATT, C. & NESDALE, A.R., Pragmatic awareness in children. Dans TUNMER, W.E., PRATT, C. & HARRIMAN, M.L. *Metalinguistic awareness in children*. Berlin : Springer-Verlag, 1984.

TUNMER, W.E. & GRIEVE, R., Syntactic awareness in children. Dans TUNMER, W.E., PRATT, C. & HARRIMAN, M.L. *Metalinguistic awareness in children*. Berlin : Springer-Verlag, 1984.

SLOBIN, D.I., A case study of early language awareness. Dans SINCLAIR, A., JARVELLA, R.J. & LEVELT, W.J.M. *The child conception of language*. Berlin : Springer-Verlag, 1978.

VAN KLEEK, A., The emergence of linguistic awareness. A cognitive frame-work. *Merril-Palmer Quarterly*, 1982, *28*, 2347-265.

VAN KLEEK, A., Metalinguistic skills : Cutting across spoken and written language and problem-solving abilities. Dans WALLACH, G.P. & BUTLER, K.G. *Language learning disabilities in school-age children*. Baltimore. Maryland, 1984.

DEUXIEME PARTIE
COMPREHENSION ET
PRODUCTION D'ENONCES

Sur les déterminants cognitifs de la compréhension des énoncés

P. OLERON

I. INTRODUCTION

1. ·Les formes et les contenus

Les recherches développées au cours des dernières décennies sur l'acquisition du langage par l'enfant manifestent une grande ingéniosité — et une grande fécondité — chez leurs auteurs. Mais un grand nombre d'entre elles présentent ce trait paradoxal de traiter le langage comme si parler ne consistait pas essentiellement à tenir des propos qui ont un sens et ne constituait pas une communication entre des personnes pour qui le sens de ce qui est dit est essentiel.

Si l'on oppose, dans l'étude du langage, une approche formelle et une approche qui s'intéresse aux contenus, il est évident que la première a été très largement favorisée. Le nombre considérable de recherches consacrées à l'acquisition de la grammaire le montre clairement. Si bien que l'on en arrive à cette situation étrange: avoir accumulé un grand nombre de données sur la manière dont l'enfant acquiert les formes grammaticales de sa langue et fort peu sur ce qui fait l'objet de ses propos. Alors que, pour le psychologue au moins, la fonction du langage est bien primordialement de parler de quelque objet, le respect des formes grammaticales n'étant qu'un des moyens pour assurer l'efficacité de la communication...

En matière de compréhension du langage — comme à l'égard de toute démarche et procédure psychologique — la recherche d'un modèle formel est un objectif important. On peut même dire qu'il est l'objectif final du chercheur: Les lois et modèles d'une science avancée sont clairement relatifs à la forme des phénomènes. Mais l'erreur serait ici de ne considérer comme modèle formel que les structures de la grammaire. Ces structures correspondent bien à des formes, indépendantes du contenu des énoncés. Mais il s'agit de formes relatives à la langue et non l'activité du sujet — à quoi s'intéresse le psychologue.

La place accordée aux structures grammaticales tient — en dehors de l'autorité des linguistes et du prestige de la linguistique — à leur facilité relative d'accès et leur ouverture vers le formel. Quelles que soient les divergences entre les théories — et les vocabulaires — linguistiques, les règles de la grammaire des langues ont été isolées et explicitées, elles sont en petit nombre, les travaux sur les langages machines ont développé des modes d'élaboration et de symbolisation pour leurs grammaires. Ainsi quand on se réfère à la grammaire, se trouve-t-on sur un terrain qui a toute l'apparence de la solidité, du sérieux et des perspectives d'avenir.

Il en va tout autrement lorsqu'il s'agit des contenus. Bien plus, le fait même de parler de contenus paraît comporter une attitude négative à l'égard des formes et des démarches formalisantes. S'intéresser aux contenus paraît correspondre à une attitude empirique qui se contenterait de réunir des données fragmentaires et discontinues et se refuse à la construction de systèmes formalisables.

Cette interprétation doit être dénoncée. Les auteurs qui ont réfléchi sur la démarche formalisatrice (par exemple, Martin 1964) ont relevé le caractère relatif et provisoire de l'opposition matière-forme. Souligner l'importance d'une référence aux contenus en matière de compréhension du langage, est prendre une position négative à l'égard des interprétations qui privilégient les structures grammaticales parce que ce recours apparaît comme une solution de facilité: exploiter le disponible au risque d'un appauvrissement ou d'une distorsion des faits. Au contraire il s'agit, conformément à la démarche scientifique, de tenir compte de la complexité de ceux-ci et, sans tomber dans un empirisme naïf, d'adapter le niveau d'élaboration des concepts à la nature ou au niveau de connaissance atteint à leur égard.

2. La connaissance du monde

Chaffin (1979) a bien montré l'importance de l'opposition entre connaissance de la langue et connaissance du monde dans les conceptions et les modes d'approche à l'égard du langage. La notion de connaissance du monde est cruciale pour aborder la compréhension des énoncés. Aucun énoncé ne peut être compris si le récepteur ne dispose pas de connaissances préalables. Curieusement cette affirmation n'est pas aussi fermement explicitée dans la littérature que le mériterait son caractère essentiel. Est-ce parce qu'elle paraît contredire la définition des émissions verbales comme transmission d'information ? Ce qui n'est qu'une apparence, puisque l'information n'est jamais qu'un ajout ou un accroissement par rapport à un état antérieur et non une création *ex nihilo*. C'est surtout sans doute, parce que ces connaissances sont complexes, diverses et mal définies. Si bien que, ou bien leur mention apparaît comme une référence globale ou triviale, ou bien les efforts dépensés pour en proposer une systématisation apparaissent tout à fait disproportionnés par rapport à cette complexité.

Dans un groupe de recherches dont on va dégager ci-dessous quelques enseignements essentiels, nous nous sommes intéressés au domaine des faits psychologiques (psychosociaux). La connaissance qu'en ont les enfants n'est abordée que depuis peu et peu d'informations ont été réunies à son sujet, puisque le développement cognitif a été considéré essentiellement, pour des raisons diverses (cf. Oléron, 1981), sous l'angle de leur connaissance du monde physique et des abstractions logiques et mathématiques. Ceci constitue déjà une motivation pour retenir un tel domaine d'études. D'autre part c'est un domaine qui se prête à certains éléments de systématisation permettant de dépasser l'approche empirique dont on a rappelé les limites ci-dessus.

II. DETERMINANTS COGNITIFS DANS L'ATTRIBUTION DE LA COREFERENCE DES PRONOMS PERSONNELS

1. Enoncés faisant intervenir une relation causale

L'attribution de la coréférence d'un pronom personnel n'est pas automatique quand la proposition principale (p_1) comprend plusieurs coréférents possibles[1]. Sous l'influence des préoccupations syntaxiques rappelées ci-dessus les auteurs ont cherché les principes de décision du côté de règles formelles. On parle ainsi de règle de proximité (le coréférent choisi dans p_1 est celui qui est le plus proche du verbe de p_2) ou de règle de maintien du rôle (le coréférent choisi est celui qui a la même fonction grammaticale que le pronom). Ou bien on se référera à la prise en compte de l'accord en genre entre le pronom et le coréférent (cf. les travaux cités dans Oléron, 1979; voir aussi Wykes (1983) pour des références plus récentes).

L'appel aux règles citées (laissons de côté le recours à l'accord en genre qui n'est pas indépendant du contenu) n'a qu'une portée limitée. Il s'agit d'une description de ce qui est observé (l'auditeur choisit le second ou le premier coréférent) et rien n'est dit sur les *raisons* qui déterminent le choix. Ceci ne pourrait être révélé que si l'on pouvait invoquer une règle surordonnée définissant les conditions dans lesquelles c'est l'une des règles plutôt que l'autre qui entre en jeu. Il n'existe rien de tel.

Des énoncés comme ceux qu'ont présentés Garvey et Caramazza (1974) ou Caramazza et al. (1977) et que nous avons cités (Oléron, 1979).

>Jeanne effraya Marie parce qu'elle conduisait trop vite.
>Jeanne gronda Marie parce qu'elle conduisait trop vite.

ou

>John téléphona à Bill parce qu'il voulait des informations.
>John téléphona à Bill parce qu'il détenait des informations.

montrent clairement le manque de pertinence d'une théorie formelle : la coréférence du pronom est déterminée uniquement par le *sens* des énoncés, la forme de ceux-ci restant identiques dans chaque paire. (Ces auteurs ne sont d'ailleurs pas cités par ceux qui ont étudié la coréférence du pronom, une cécité assez frappante, même si Caramazza a présenté ces énoncés dans le cadre d'une problématique différente!).

L'attribution de la coréférence du pronom dans des énoncés de ce type est fonction de la *relation causale* exprimée par le connecteur «parce que». Le terme «relation causale» est à prendre dans un sens large : il correspond à ce qui peut être considéré comme le déterminant, la raison, le motif de l'événement mentionné dans p_1, puisque ces énoncés mettent en cause des faits psychologiques. Le sens des énoncés et l'attribution de la coréférence qui en dépend ne peut être appréhendée par les sujets qu'à partir des *connaissances* dont ils disposent : connaissance des faits psychologiques mentionnés et de ce qui les provoque : conduire vite provoque la peur chez le passager ou le témoin, entraîne des réprimandes de sa part; le fait de téléphoner est déterminé par la détention d'information ou le désir d'en obtenir, etc.

Nous avons réalisé une recherche (Oléron, 1981) avec des énoncés inspirés de ceux de Caramazza et al. mentionnant des événements psychologiques et des événements physiques intervenant dans diverses combinaisons de causalité : certains mentionnent un événement psychologique dont la cause est un événement physique, d'autres un événement psychologique dont la cause est un événement psychologique, d'autres un événement physique causé par un événement physique, d'autres enfin un événement physique causé par un événement psychologique. Quarante-quatre énoncés ont été constitués. Ils ont été présentés à trois groupes de 16 enfants dont les âges moyens étaient de 5;6, 7;0 et 8;6.

Ce qu'a révélé cette recherche est la proportion élevée de sujets qui choisissent le coréférent correct (conforme à l'attente de l'adulte), même chez les sujets les plus jeunes (malgré une augmentation significative avec l'âge). Ainsi les items qui ont reçu la réponse attendue de 33 sujets sur les 48, tous âges confondus (proportion correspondant à une probabilité de moins de .01 par rapport à un choix aléatoire) sont au nombre de 30 sur 42 items décidables.

On ne présentera pas la liste de ces 30 énoncés, mais seulement dans le tableau 1, les 18 énoncés qui ont obtenu au moins 40 réponses correctes de la part des 48 sujets. Il permet de constater que les situations évoquées par ces énoncés sont familières ou peuvent être ramenées à des situations familières : le personnage qui va vite ou qui désire gagner est celui qui dépasse l'autre; c'est celui qui dit des menaces qui est frappé, celui qui est tombé ou a mal qui est soigné, celui qui est sale qui est lavé; celui qui a un nouvel appareil photographie l'autre mais c'est ce dernier, du fait qu'il est bien coiffé, qui est photographié... On peut ainsi justement évoquer les connaissances dont disposent les enfants et considérer que ce sont celles-ci qui fournissent la clef pour décider de la coréférence pertinente.

Les items franchement déviants par rapport aux attentes de l'adulte sont trop peu nombreux pour constituer une contre-épreuve nette par rapport aux précédents. Cependant ils apportent des informations qui ne sont pas négligeables. Certains paraissent déterminés par une insuffisante connaissance du sens de certains termes ou par une démarche fondée davantage sur l'association que sur l'organisation des rapports «logiques» entre les éléments mentionnés. Par contre d'autres correspondent à une interprétation qui, réflexion faite, paraît aussi plausible

Tableau 1. Enoncés dont le taux de réussites est au moins égal à 40 sur 48 réponses (données par l'ensemble des deux groupes d'âge 4;6 et 7;0). «Type de causalité» indique, en premier la nature de l'événement — cause et en second l'événement — effet. «Type d'énoncé» indique, avec le numéro de l'énoncé, le coréférent attendu (premier ou second élément de p_1).

Type de causalité	Type d'énon	Nombre de réponses	Enoncés	
φφ	5 (R_1)	42	dépassé	il allait vite
ψφ	7 (R_1)	44	dépassé	il voulait gagner
ψφ	12 (R_2)	42	frappé	il disait des menaces
φφ	14 (R_2)	47	soigné	il était tombé
ψφ	16 (R_2)	47	soigné	il avait mal
φφ	18 (R_2)	46	lavé	il était sale
φφ	20 (R_1)	41	photographié	il avait un nouvel appareil
φφ	21 (R_2)	45	photographié	il était bien coiffé
φψ	23 (R_1)	43	demandé pardon	il avait cassé un carreau
φψ	26 (R_1)	46	fait peur	il avait un révolver
ψψ	27 (R_1)	40	fait peur	il était en colère
φψ	29 (R_1)	40	étonné	il avait grimpé dans l'arbre
φψ	32 (R_2)	47	grondé	il avait renversé un vase
ψψ	34 (R_2)	40	grondé	il était insolent
φψ	35 (R_2)	41	félicité	il avait sauté très haut
ψψ	37 (R_2)	44	félicité	il était sage
φψ	42 (R_2)	40	demandé l'heure	il avait une montre
ψψ	43 (R_1)	44	demandé l'heure	il avait peur d'être en retard

que celles qu'avaient considéré l'expérimentateur au départ. Par exemple l'énoncé :

A a soigné B parce qu'il était gentil

amène 37 sujets sur 48 a déclaré que le personnage gentil est celui qui est soigné, et non, comme on s'y attendait, celui qui soigne. Mais, après tout, la gentillesse d'une personne peut fort bien constituer un motif pour qu'on s'occupe d'elle... De même l'énoncé :

A a demandé pardon à B parce qu'il était son ami

entraîne pratiquement le même nombre de choix pour un coréférent que pour l'autre : De fait l'amitié est une relation réciproque et peut aussi être invoquée par celui qui présente une demande de pardon que chez celui qui la reçoit.

Ici encore ce sont des connaissances, en l'occurrence correspondant à une psychologie assez fine, qui peuvent être invoquées comme base des réponses proposées par les enfants.

Un point peut encore être relevé. L'expérience fait intervenir des énoncés constitués en paires, selon le modèle des énoncés de Caramazza cités plus haut, appelant, selon la seule variation du sens, l'attribution de la coréférence à un terme dans un membre de la paire et à l'autre dans l'autre membre. (Une partie des énoncés seulement rentre dans ce système, certaines paires ne pouvant être constituées pour des raisons de sens ou de plausibilité).

On a considéré les énoncés entrant dans des paires et dont un des membres de la paire satisfait au critère des 33 réponses correctes au moins sur 48. Ces paires figurent dans le tableau 2. On constate que sur les 18 paires, 6 seulement comportent des énoncés qui satisfont tous deux ce critère. Les 12 autres comprennent un énoncé qui ne le satisfait pas — c'est-à-dire correspond à un taux de réussite inférieur. Tout se passe pour ceux-ci comme si le choix d'un des coréférents était plus facile que le choix de l'autre.

Une interprétation formelle pourrait retenir ce fait. Ainsi les cas où R_2 est choisi l'emportent sur ceux où le choix porte sur R_1: ceci est conforme au principe de proximité, mentionné ci-dessus. Mais la différence n'est pas significative, car le choix de R_2 l'emporte sur celui de R_1 dans 11 cas et le choix inverse se produit dans 7 cas.

Les écarts entre les membres de ces paires tiennent: 1. soit à des éléments accidentels, comme la compréhension de certains termes («médicament»: paire 13/14; «craintif»: paires 27/28, 39/40) déjà invoqués ci-dessus; 2. soit à des interprétations plausibles quoique non prévues des termes et relations en jeu («ami»: paire 24/25; «gentil»: paire 15/16) de même; 3. soit à une difficulté plus grande de construire la représentation des événements mentionnés (le lien entre l'étonnement et l'attente d'un événement est indirect surtout quand l'attente est démentie; cf. énoncé 31). Si une régularité pouvait être suggérée ce pourrait être que certains verbes tendent plus à orienter vers l'objet de l'action que vers le sujet, et par conséquent vers une causalité s'exerçant sur celui-ci (soigner celui qui est tombé ou qui a mal — paires 13/14 et 15/16; gronder ou féliciter en fonction de la performance de celui à qui s'adressent reproches ou félicitations plutôt qu'en prenant en compte les déterminants psychologiques de celui qui exerce ce genre d'action — paires 36/37, 39/40...). L'analyse se conforme à ce que décrit la règle de proximité, mais elle tient compte de ce qui paraît guider effectivement le sujet: des modes habituels d'interprétation, fonction du type d'événements mentionné...

Tableau 2. Paires d'énoncés dont au moins un a été réussi par 33 sujets ou plus (sur 48) et ne différant que par la position du coréférent attendu. Tableau composé sur les mêmes données et les mêmes principes que le tableau 1.

Type de causalité	Type d'énon	Nombre de réponses	Enoncés	
φφ	1 (R_1)	34	a fait tomber	il courait trop vite
	2 (R_2)	27	a fait tomber	il barrait le passage
ψφ	3 (R_1)	35	a fait tomber	il était pressé
	4 (R_2)	36	a fait tomber	il disait des insultes
φφ	5 (R_1)	42	a dépassé	il allait vite
	6 (R_2)	36	a dépassé	il allait lentement
ψφ	7 (R_1)	44	a dépassé	il voulait gagner
	8 (R_2)	31	a dépassé	il était paresseux
φφ	9 (R_1)	35	a frappé	il avait un bâton
	10 (R_2)	38	a frappé	il barrait le passage
ψφ	11 (R_1)	31	a frappé	il était en colère
	12 (R_2)	42	a frappé	il disait des menaces
φφ	13 (R_1)	25	a soigné	il avait des médicaments
	14 (R_2)	47	a soigné	il était tombé
ψφ	15 (R_1)	11	a soigné	il était gentil
	16 (R_2)	47	a soigné	il avait mal
φφ	17 (R_1)	35	a lavé	il avait du savon
	18 (R_2)	46	a lavé	il était sale
φφ	·20 (R_1)	41	a photographié	il avait un nouvel appareil
	21 (R_2)	45	a photographié	il était bien coiffé
ψψ	24 (R_1)	36	a demandé pardon	il avait honte
	25 (R_2)	23	a demandé pardon	il était son ami
ψψ	27 (R_1)	40	a fait peur	il était en colère
	28 (R_2)	22	a fait peur	il était craintif
ψψ	30 (R_1)	39	a étonné	il connaissait la réponse
	31 (R_2)	22	a étonné	il attendait une mauvaise note
ψψ	33 (R_1)	19	a grondé	il était de mauvaise humeur
	34 (R_2)	40	a grondé	il était insolent
ψψ	36 (R_1)	17	a félicité	il était content
	37 (R_2)	44	a félicité	il était sage
ψψ	39 (R_1)	17	a eu peur	il était craintif
	40 (R_2)	35	a eu peur	il était en colère
φψ	41 (R_1)	30	a demandé l'heure	il avait cassé sa montre
	42 (R_2)	40	a demandé l'heure	il avait une montre
ψψ	43 (R_1)	44	a demandé l'heure	il avait peur d'être en retard
	44 (R_2)	38	a demandé l'heure	il pouvait voir la pendule

2. Enoncés comportant les verbes «dire» et «demander»

Considérons maintenant un autre cas d'attribution de la coréférence du pronom personnel intervenant avec les verbes «dire» et «demander». Elle a fait l'objet d'une recherche (Oléron et Legros, 1984).

Les verbes dire et demander sont polysémiques. Dans un premier sens ils sont équivalents à « ordonner ». (Leur choix à la place de verbes exprimant directement le commandement est une modalité des formes de politesse; pour une étude de cet aspect, cf. Bock et Hornsby, 1981). Dans un second sens ils retiennent essentiellement la communication d'information. Même dans ce cas toute composante d'influence n'est pas exclue : celui qui demande une information ne le fait que si la situation, le statut des personnes, les conventions lui confèrent un certain pouvoir sur l'informateur. Mais on en fera abstraction ici.

La recherche à laquelle nous nous référons (Oléron et Legros, 1984) considère seulement le second sens. Cependant avant de l'aborder, on présentera quelques remarques concernant l'usage de ces verbes dans le premier sens, car elles permettent d'avancer dans le sens de l'argumentation développée ici.

Ces verbes ont été étudiés par Carol Chomsky (1969) — dans les expériences où d'ailleurs les deux sens dégagés ci-dessus ne sont pas clairement distingués, ce qui ne contribue pas à la clarté des résultats[2]. Les énoncés que cet auteur a retenus ne font pas intervenir de pronoms personnels : les phrases utilisées constituent ce que nous avons appelé (Oléron, 1979) des énoncés incomplets. Mais le problème que ceux-ci posent est de même nature que celui que posent les pronoms : le sujet de p_2, représenté dans le premier cas par le pronom personnel est ici simplement omis : l'auditeur doit identifier celui des termes mentionnés dans p_1 qui doit jouer ce rôle.

Ainsi dans l'énoncé :
  John dit à Bill de sortir
le nom du personnage qui doit sortir n'est pas explicité et l'auditeur doit décider s'il s'agit de John ou de Bill.

C. Chomsky a porté son attention sur les structures syntaxiques et mentionné les règles formelles qui permettent d'identifier le sujet non explicite de p_2. La règle de « distance minimale » permet d'interpréter l'énoncé ci-dessus : Bill, le terme le plus proche de « sortir » est le sujet de ce dernier verbe.

Ici, à nouveau, le recours aux structures formelles est inapproprié car il n'apporte pas d'informations sur les principes de décision de l'auditeur. La règle de distance minimale ne joue pas (comme l'a remarqué C. Chomsky) avec « promettre » pour qui c'est le terme le plus éloigné du verbe de p_2 qui en est le sujet, comme on le voit avec :
  John promet à Bill de sortir

C'est un propos purement descriptif que d'invoquer une règle (la distance minimale) et une exception pour certains verbes; il correspond à une attitude empirique qui comptabilise seulement ce qui est observé.

Il en va autrement si l'on se réfère à la signification et à l'organisation des réalités auxquelles se réfèrent les énoncés. Comme on l'a remarqué (Oléron, 1979) «dire» pris dans le sens de «commander» ou tout au moins d'indiquer ce qu'il faut faire, implique que, p_1 mentionnant un ordre adressé à un auditeur, et en fonction de la définition même de la notion d'ordre, ce ne peut être que l'auditeur qui exécutera l'ordre et non l'émetteur de celui-ci. La «distance minimale» reflète une situation psychosociale, celle des rapports entre des interlocuteurs, avec des statuts qui permettent à l'un de commander et mettent l'autre dans l'état d'avoir à obéir. Et elle le reflète seulement dans la mesure où l'on retient un certain type de phrases, où celui qui commande est sujet du verbe de la proposition principale et le destinataire de l'ordre, l'objet. La règle ne joue pas avec une phrase passive du type :

Pierre est prié par Paul de sortir

Venons-en au sens de «dire» et «demander» qui se réfère à la communication d'information.

Les «conditions de sincérité» de Searle (1972) fournissent un point de départ classique pour l'analyse de ces verbes. «Dire», dans le sens d'«informer» implique une relation entre deux personnes, l'émetteur et le récepteur qui se définit par le fait que la première dispose d'une information et que la seconde n'en dispose pas. Searle présente cette condition en termes de croyance (plus exactement d'absence de certitude) du côté de l'émetteur comme du côté du récepteur. Cet élément d'analyse peut être négligé, car il correspond à une implication de la situation (de l'état d'esprit des personnes) plutôt qu'à sa définition *stricto sensu* — d'autant que cet état (et ses degrés) dépend de l'objet de l'information — et de la communication — et de sa situation par rapport au champ du savoir des personnes.

C'est ce dernier point qui est essentiel. Il y a en effet détermination réciproque entre les rôles des personnes (émetteur/récepteur), le champ de leurs savoirs et l'objet de la communication. Connaissant deux de ces éléments on infère le troisième. Ainsi, si le rôle d'une des personnes est connu et l'objet de la communication, la place de ce dernier dans le champ des savoirs se trouve nécessairement défini (il fait partie des savoirs de l'émetteur et est exclu des savoirs du récepteur).

Ceci permet d'aborder la coréférence des pronoms personnels. Soit un énoncé du type :
   A dit à B qu'il...

Devant cet énoncé l'auditeur se trouve dans la même situation que devant les énoncés discutés dans la section précédente : son interprétation de la phrase implique qu'il détermine à qui se réfère le pronom : à A ou à B.

L'attribution de la coréférence dépend des rapports entre l'objet de la communication (présenté dans p_2) et le champ des savoirs des personnes mentionnées. Avec cette restriction que, ici, l'objet de la communication concerne seulement les interlocuteurs (ce que l'un d'eux fait, est, subit, etc.) et non quelque réalité extérieure.

La même analyse que pour « dire » peut être faite pour « demander ». Les « conditions de sincérité » de base sont, avec ce verbe, que celui qui demande une information n'en dispose pas et que, au contraire, l'interrogé en dispose. Les mêmes types de relations qu'avec « dire » existent entre le rôle des personnes (ici le questionneur et le questionné), le champ de leurs savoirs et l'objet de la communication, le même type d'inférence et, avec un énoncé tel que :
   A demande à B s'il...
les mêmes restrictions sur l'objet de la question (qui concerne seulement les interlocuteurs).

Dans le contexte que nous venons de définir on peut considérer que la personne qui utilise le verbe « dire » pour transmettre une information dispose de ce qu'on pourrait appeler un « domaine privatif » auquel il a accès, mais que n'appréhende pas le destinataire du message. Sur le plan psychologique le domaine privatif concerne tout ce que le locuteur éprouve, ressent, pense, estime... tous les états psychologiques qui sont assez discrets pour ne pas être perceptibles ou inférables à travers des manifestations corporelles. Sur le plan physique le domaine privatif concerne tous les actions que le locuteur peut exécuter ou avoir exécuté à l'insu du récepteur, comme tous les événements auxquels il peut être mêlé dans les mêmes conditions.

Il s'agit là d'objets de la communication qui concernent le locuteur et appellent que le pronom personnel, dans les énoncés, lui soient rapportés (cf. les énoncés 1 et 3 du tableau 3). Le champ de ce que le locuteur peut dire au récepteur, en respectant la condition qu'il s'agisse d'une information dont celui-ci ne dispose pas, est évidemment beaucoup plus restreint. On peut retenir l'apparence, l'« avoir l'air »,

Tableau 3. Nombre de choix du coréférent attendu (souligné dans l'énoncé) par les enfants des trois groupes d'âge 5;6, 7;0 et 8;6. Nombre total de réponses pour chaque groupe et chaque énoncé: 16.

Numéro de l'énoncé	Enoncés	Nombre de réponses		
		5;6	7;0	8;6
1	A dit à B qu'il était content	7	8	14
2	A a dit à B qu'il avait l'air triste	14	11	8
3	A a dit à B qu'il avait cueilli des fleurs	10	12	14
4	A a dit à B qu'il faisait trop de bruit	15	14	15
5	A a demandé à B s'il était content	14	12	15
6	A a demandé à B s'il avait l'air triste	3	4	6
7	A a demandé à B s'il avait cueilli des fleurs	14	14	15
8	A a demandé à B s'il faisait trop de bruit	0	8	8

dont, en effet à défaut d'un miroir, la personne observée peut ne pas avoir connaissance. De même on peut retenir ce qui relève d'une appréciation de l'action effectuée par le récepteur ou de son état. Le récepteur peut bien savoir qu'il a fait ceci ou cela, mais l'appréciation portée relève du domaine privatif du locuteur et peut donc constituer une information authentique pour lui (cf. les énoncés 3 et 4).

Avec «demander» le domaine privatif est celui de la personne questionnée. Ce domaine est vaste quand il concerne, comme ci-dessus, tous ses états psychologiques et toutes les actions accomplies ou les événements vécus par lui à l'insu du questionneur. Il est restreint quand il s'agit d'informations dont dispose le questionné sur le questionneur sans que celui-ci en ait connaissance. On peut y faire figurer comme plus haut l'apparence (le questionneur peut souhaiter savoir comment il apparaît aux yeux des autres) et les appréciations sur ses actions (le questionneur fait quelque chose et il désire savoir comment son action est évaluée, appréciée par le questionné). (Cf. les énoncés 5 à 8).

Sur ces bases nous avons réalisé une expérience (en fait un groupe d'expériences — mais on ne retiendra ici que l'une d'elles, plus claire quand à la méthode et aux résultats) comportant les 8 énoncés figurant dans le tableau 3, proposés à trois groupes de 16 enfants dont les âges moyens étaient de 5;6; 7;0 et 8;6. Le principe en était, comme dans l'expérience discutée dans la section précédente, de présenter chaque énoncé (oralement) à chaque sujet en demandant à celui-ci d'indiquer qui des deux personnages mentionnés avait exécuté l'action ou était dans l'état désigné dans p_2 (par exemple pour l'énoncé 1 qui de A ou de B était content).

Les résultats sont présentés dans le tableau 3. Celui-ci montre que les enfants sont capables d'identifier le coréférent attendu en choisissant, selon le cas R_1 ou R_2 seulement dans le couple des énoncés 3 et 4 (verbe « dire ») et celà à partir de 7;0. L'autre couple faisant intervenir ce même verbe (énoncés 1 et 2) montre une progression avec l'âge pour l'énoncé 1 et un déclin avec 2.

Quant aux énoncés avec « demander », seuls les énoncés où le coréférent choisi est R_2 fournissent un taux de réussite significatif (énoncés 5 et 7). Les autres (6 et 8) manifestent des proportions de réponses qui ne se différencient pas d'un choix aléatoire.

Malgré les meilleures réussites d'ensemble liées aux cas où le coréférent à choisir est R_2, on ne peut y trouver un argument en faveur d'un modèle formel (invoquant le principe de proximité). Ce modèle ne peut rendre compte des résultats du couple d'énoncés 3 et 4 ni de la réussite, croissante avec l'âge, pour l'énoncé 1.

Ce que ces données révèlent est plutôt que les enfants donnent à « dire » et « demander » des significations définissant des rapports locuteur/récepteur qui dans certains cas coïncident avec la lecture que l'adulte — les expérimentateurs — font des énoncés et dans d'autres s'en différencient. Pour être plus précis ce sont moins les rapports locuteur/récepteur qui sont en cause que les rapports de ces personnages avec le champ des savoirs et l'objet de la demande d'information est systématiquement rapportée à la personne questionnée et non à la personne du questionneur, comme si celui-ci ne pouvait être ignorant de ce qui le concerne.

Ainsi les réponses proposées par les enfants ne sont donc pas quelconques même quand elles ne se conforment pas à celles que proposerait un sujet adulte. Bien que les énoncés soient trop peu nombreux — et insuffisamment variés — pour permettre des généralisations, les réponses correspondent à des systèmes au moins partiels, de rapport entre les « facteurs » qui interviennent dans les échanges d'informations. Ces systèmes ne sont pas des formes vides (encore qu'ils peuvent se prêter à formalisation); ils correspondent à des connaissances que les enfants ont acquises sur ces échanges dans lesquels ils sont eux-mêmes partie prenante.

III. DETERMINANTS COGNITIFS DANS LES PRESUPPOSITIONS ET IMPLICATIONS LINGUISTIQUES

Les présuppositions et implications fournissent une autre illustration de l'intervention des connaissances dans la compréhension des énoncés. On peut les rattacher aux activités d'inférence, mais dans l'état actuel de la littérature ceci n'apporte guère de lumière du fait que la notion d'inférence est loin d'être traitée d'une manière claire et cohérente (ce que l'on peut constater en consultant Bert-Erboul 1979). Ceci tient à la diversité des domaines où les auteurs l'utilisent (raisonnement, mémorisation, interprétation des énoncés et des textes...) mais surtout à l'absence de représentation cohérente des activités psychologiques qui les déterminent. Or l'inférence, qui a son origine dans des activités très élémentaires (Oléron, 1972) repose sur le fait que les constituants et aspects du monde sont interconnectés dans des réseaux complexes des relations que l'enfant apprend peu à peu à découvrir.

Les présuppositions et implications qui interviennent dans les énoncés peuvent être définies à partir d'un modèle formel explicitant les rapports entre l'affirmation/négation de chaque constituant (les propositions p_1 et p_2). Ainsi en désignant par + l'affirmation de la proposition et par − sa négation, la présupposition se définit par le système :

p_1 +, p_2 +
p_1 − p_2 +

et l'implication par :

p_2 +, p_2 +
p_1 − p_2 −

Ce genre de spéculation est utile dans la mesure où il apporte de la clarté pour l'identification et la distinction des deux catégories, mais cette clarté est toute relative dans la mesure : 1. où elle laisse subsister une très grande diversité dans les énoncés qui y satisfont (cf. par exemple l'hétérogénéité des exemples de présuppositions réunies par Keenan (1971); 2. où elle ne couvre que les inférences « logiques » en laissant de côté les inférences que les auteurs appellent « pragmatiques » (par exemple Keenan (1971), Harris et Monaco (1978), Ackerman (1978); 3. où elle laisse planer un certain nombre de confusions sur le sens des termes, en particulier sur le fait que l'implication n'a pas le même sens ici qu'en logique formelle; 4. et où surtout elle ne nous informe pas sur la démarche psychologique du sujet. La manipulation d'une combinaison de propositions ou la référence à une logique

Tableau 4. Jugements sur la production de l'événement selon que la personne dispose (P⁺) ou non (P⁻) de pouvoir sur l'événement. Nombre de jugements «Oui», «Non», «On ne sait pas» donnés par les enfants de 4 ans (1ʳᵉ colonne) et de 7 ans (2ᵉ colonne). Vingt-quatre réponses par groupes (ramenées à 24 pour «savoir») factif témoin, présenté dans deux énoncés aux 24 sujets.

Pouvoir sur l'événement	Etat psychologique	Production de l'événement					
		OUI		NON		N.S.P.	
P⁻	Savoir	21	22	3	0,5	0	1,5
	Ne pas savoir	19	23	4,5	1	0,5	0
	Etre content	22	23	2	0	0	1
	Etre ennuyé	21	23	3	0	0	1
P⁺	Etre content	22	23	2	0	0	1
	Etre ennuyé	11	4	11	12	2	8

propositionnelle suggérée par Mc Namara et al. (1976) ne fournissent aucune indication sur cette démarche, car elle est incompatible avec la réussite d'enfants de 4 ans avec certains énoncés observés par Mc Namara et al. 1976, Oléron et Legros, 1977; (cf. sur ce point la discussion par Hidi et Hildyard, 1979).

Nous avons tenté (Oléron et Legros, 1977) de rendre compte des démarches des sujets, lorsqu'ils ont à comprendre des verbes désignant des activités psychologiques qui véhiculent des présuppositions ou des implications, en invoquant les connaissances que les enfants développent sur les rapports entre ce que nous avons appelé l'«état psychologique» et l'«état du monde». Cette division est grossière et approximative (et les domaines des deux classes d'états est à préciser). Néanmoins elle permet de comprendre la distinction, dans le cas considéré, entre présupposition et implication. En effet un certain nombre d'«états psychologiques» sont tels qu'ils n'influencent pas l'état du monde correspondant.

Ainsi le couple d'énoncés:
Pierre sait qu'il pleut
Pierre ne sait pas qu'il pleut

fournit un exemple de présupposition. Si l'enfant est capable de continuer à affirmer p_2, que p_1 soit affirmé ou nié, c'est qu'il a l'expérience que l'état du monde correspondant existe, si l'on peut dire, en soi, et n'est pas tributaire de la connaissance que le spectateur en acquiert ou n'en acquiert pas.

Au contraire si devant le couple d'énoncés exprimant une implication :

Pierre s'est rappelé d'aller à la poste
Pierre ne s'est pas rappelé d'aller à la poste

il reconnaît que dans le premier cas p_2 doit être affirmé et dans le second nié, c'est qu'il a appris les liens entre se rappeler de faire une action et l'exécuter effectivement.

Au lieu de catégoriser les énoncés en des termes qui évoquent le vocabulaire logique, une terminologie linguistique est fréquemment utilisée ; les présuppositions sont véhiculées par les verbes qualifiés de factifs, les implications par les verbes implicatifs, auxquels s'ajoutent les verbes non factifs, dont on ne peut rien tirer, de leur affirmation ou négation en p_1, quant à l'affirmation ou la négation de p_2, les contre-factifs et les implicatifs négatifs (cf. Oléron et Legros, 1977).

Ici également ces catégorisations, si elles peuvent être intéressantes pour les linguistes qui les ont imaginées, ne nous révèlent rien sur les démarches des sujets, qui ont à interpréter de tels énoncés (ou à les produire). Ainsi nous avons consacré une étude à certains verbes dits factifs et non factifs (Oléron et Legros, 1986) qui montre que, selon la nature des événements mentionnés, ils se comportent effectivement comme factifs et non factifs ou bien comme implicatifs.

Donnons quelques indications sur cette recherche qui nous paraît avoir une bonne valeur illustrative. Nous avions constaté dans une première recherche (Oléron et Legros, 1977) que le verbe « être content », considéré comme factif, était en fait traité par les enfants de 4 et 7 ans comme implicatifs et les verbes non factifs, comme « souhaiter », « craindre », « être impatient » également. La réflexion sur ces réactions des sujets a conduit à suggérer que de tels verbes ne pouvaient être classés rigidement dans une catégorie, mais qu'il fallait tenir compte de la nature des événements mentionnés. Plus exactement tenir compte des rapports entre l'« état psychologique » et l'« état du monde ». Ainsi si nous comparons les énoncés :

X est/n'est pas content qu'il pleuve
X est/n'est pas content de prêter son argent

on peut s'attendre à un traitement différent dans les premiers et les derniers cas. Il est peu probable que les sujets interrogés cessent d'affirmer qu'il pleut quand p_1 est nié, mais il est possible qu'ils nient que X ait prêté son argent dans ce même cas. Ici s'introduit l'appréciation d'une variable qui spécifie le rapport « état psychologique » / « état du monde » : le *pouvoir* du sujet psychologique sur le monde.

D'autre part il nous a paru judicieux de compléter la dichotomie affirmation/négation linguistique, qui est type formel, par la prise en compte de la nature de la disposition psychologique du sujet. Celle-ci peut être positive, c'est-à-dire l'incitant à l'action («être content», «avoir envie») ou négative, l'en détournant («être ennuyé», «avoir peur»). En dernier ressort, si que ce qui compte est le sens des énoncés, les réalités auxquelles ils renvoient, l'affirmation et la négation syntaxiques ne sont que des indicateurs de cette réalité, qui peut donc être exprimée directement.

La recherche a été réalisée avec 40 énoncés présentés à un échantillon total de 24 enfants d'un âge moyen de 4;6 et 7;0.

Les résultats ont été conformes aux attentes, en ce sens que les enfants ont bien modulé leurs réponses selon le pouvoir ou l'absence de pouvoir que la nature des événements confère au personnage de l'histoire et selon le caractère positif ou négatif de l'état psychologique.

Ceci apparaît clairement avec les verbes «être content», «être ennuyé» comme le montre le tableau 4 qui est un extrait des résultats détaillés. Quand le personnage mentionné dans les énoncés proposés aux sujets dispose d'un pouvoir sur l'événement (est content de prêter son seau, ennuyé de jouer avec Y), le profil des réponses est quasi identique à celui des réponses données aux énoncés concernant le verbe «savoir» qui est traité comme le factif type. En cas d'absence de pouvoir (être content qu'il neige, être ennuyé que ses chaussures soient trop petites) il s'en écarte et se rapproche du profil implicatif.

Ici encore ce que révèle les réponses des sujets est leur connaissance des variables relatives aux aspects affectifs et conatifs de la vie psychologique. Et c'est cette connaissance qu'il faut bien considérer comme la base à partir de laquelle ils interprètent les énoncés. La dispersion des patrons individuels des réponses, selon le contenu des énoncés, qui doit nuancer les conclusions trop globales qu'amène le seul examen des moyennes, suggère aussi que les enfants sont sensibles à la relative indétermination que comportent les situations dont les énoncés ne donnent qu'une présentation relativement ouverte.

IV. CONCLUSION

Les expériences auxquelles nous nous sommes référés ci-dessus ont été spécifiquement consacrées au contenu des énoncés. Elles visaient à faire apparaître les connaissances des sujets à travers la manière dont ils interprètent les énoncés proposés. Ce sont les variations de ces connaissances — sur la causalité des événements physiques et psychologiques, la communication et la demande d'informations, les rapports entre certains «états psychologiques» et l'«état du monde»... qui ont été avancées pour rendre compte des réponses des enfants.

Les auteurs qui étudient le comportement des enfants dans des situations du type de celles que nous avons utilisées en s'attachant à des facteurs formel qu'ils soient d'ordre linguistique ou cognitif, nous paraissent laisser de côté le déterminant essentiel du traitement des énoncés.

Il est de fait que les enfants ne répondent pas toujours d'une manière conforme à l'analyse qu'ont effectuée les expérimentateurs en préparant leurs stimuli. Dans certains cas — on l'a vu — l'interprétation inattendue paraît plausible, voire judicieuse *a posteriori*. Dans d'autres, il n'en est pas ainsi.

Faut-il pour autant à ce moment en revenir à des facteurs formels, comme, lorsqu'il s'agit de la coréférence du pronom, à la position du coréférent dans p_1? On peut toujours, on l'a dit ci-dessus, traiter les résultats en utilisant ce cadre de description et de comptabilité des réponses. Mais la position du coréférent ne permet de comprendre le comportement des sujets que si l'on peut trouver des raisons à leurs choix.

Les auteurs utilisent abondamment le terme «stratégie», mais, pour l'utiliser légitimement, il faut qu'on puisse observer une régularité suffisamment nette dans les choix, soit à l'échelle du groupe, soit à l'échelle des individus. Et pour en parler utilement, il faut pouvoir proposer une interprétation quant aux bases et aux origines de la conduite. Or dans nombre de cas, surtout avec les sujets jeunes, il s'agit d'une stratégie dans l'échec: dépassé par la complexité de la situation, le sujet s'accroche à un mode de réponse commode (par exemple en choisissant R_2 puisqu'il a été entendu le dernier). Dans l'autre cas, il s'agit de stratégies «constructives». Ainsi lorsque le sujet mobilise des habitudes ou des bases d'inférence nées de la pratique de la langue. C'est ce qui se passe quand le pronom personnel est rapporté à R_1 puisque, comme le remarque Wykes (1983), le pronom personnel se réfère souvent à l'entité focale de l'énoncé, qui est souvent le sujet de p_1. (Une stratégie de ce genre peut être favorisée quand les énoncés sont constitués de deux phrases indépendantes, comme le matériel de l'expérience I de Wykes, ce qui n'est pas le cas des nôtres). Mais le fait que de telles stratégies soient choisies par de jeunes enfants ne constitue pas un argument en faveur d'une théorie formelle, puisque, justement, elles correspondent à des erreurs, dans la mesure où le sujet ne tient pas compte de la totalité des indices qui lui sont fournis.

En ne mentionnant comme déterminants cognitifs de la compréhension des énoncés que les connaissances des sujets, nous n'entendons pas affirmer qu'il y a lieu de tenir compte seulement de celles-ci. A côté des contenus, considérés ici, ce qui concerne la «connaissance du monde», figurent les activités du sujet, les habiletés qui lui permettent d'interpréter les indices fournis par le stimuli, de les coordonner, d'assurer l'intégration de l'ensemble d'informations qui lui sont fournies ou qu'il doit compléter ou reconstituer.

Il va de soi que ces activités sont indispensables pour l'exécution des tâches proposées aux sujets. Les auteurs en ont de plus en plus conscience, qui mentionnent de plus en plus couramment l'organisation, la représentation, l'inférence, l'intégration... lorsqu'il s'agit du traitement de matériel verbal (cf. Noordman, 1979, pour quelques citations caractéristiques). A l'évidence, si les performances des enfants s'améliorent avec l'âge, ce n'est pas simplement parce que leur «connaissance du monde» (et leur compétence linguistique) se développent, mais aussi parce qu'ils maîtrisent mieux ces activités.

Ceci admis, dans une perspective plus générale que le simple commentaire de recherches portant sur tel ou tel point particulier, le poids des connaissances et des contenus doit être affirmé avec vigueur.

La philosophie de Kant a profondément marqué la pensée contemporaine. On sait combien les variations qu'a développées Piaget sur la thématique kantienne ont eu des effets considérables sur l'approche des activités cognitives par les psychologues, de même que le formalisme et l'apriorisme de Chomsky sur l'approche des activités linguistiques.

Or la vie psychologique de l'enfant — et celle de l'adulte — ne sont pas un ensemble de formes, simplement modifiées ou spécifiées par l'expérience. Le monde qui entoure l'enfant est une réalité qu'il doit apprendre dans ses particularités, ses détails, ses contingences et, surtout lorsqu'il s'agit du monde social, ses contradictions voire ses absurdités. Le fait que ces apprentissages ne soient pas mécaniques, mais s'appuient sur des interprétations ne va pas à l'encontre de ceci: les interprétations ne se font qu'à partir d'observations ou d'interprétations communiquées par d'autres.

Ainsi, dans la mesure où le développement de l'enfant qu'il soit intellectuel ou linguistique est appréhendé dans le cadre d'une théorie de la connaissance, c'est une *réhabilitation de l'empirisme* qu'il conviendrait de défendre. Même si ce choix ne simplifie pas la tâche du chercheur quand il doit tenir compte de l'extrême diversité des contenus et de l'origine des savoirs[3].

NOTES

[1] Les énoncés considérés dans les recherches mentionnées ci-dessous comportent une proposition principale placée en premier lieu et une proposition complément en second. On les désignera donc systématiquement par p_1 et p_2. Les coréférents seront désignés en fonction de leur position en p_1 par R_1 ou R_2.
[2] Warden (1981) a analysé d'une manière intéressante les biais que l'interprétation par les sujets des demandes de l'expérimentateur pouvaient introduire sur les résultats d'une expérience de C. Chomsky . Voir aussi la réplique de celle-ci (1982).
[3] Une version en langue portugaise de la présente contribution a été publiée dans *Revista portuguese de Psicologia*, 1983/1984, n°s 20/21, 35-60.

Bibliographie

ACKERMAN, B.P., Children's comprehension of presupposed information: Logical and pragmatic inferences to speaker belief, *Journal of experimental Child Psychology*, 1978, *26*, 92-114.

BERT-ERBOUL, A., Les inférences: Leur rôle dans la compréhension et la mémorisation, *L'Année Psychologique*, 1979, *79*, 657-680.

BOCK, J.K., HORNSBY, M.E., The development of directives: how children ask and tell, *Journal of Child Language*, 1981, *8*, 151-153.

CARAMAZZA, A., GROBER, E., GARVEY, C., YATES, J., Comprehension of anaphoric pronouns, *Journal of verbal Learning and verbal Behavior*, 1977, *16*, 601-609.

CHAFFIN, R., Knowledge of language and knowledge about the world: A reaction time study of invited and necessary inferences, *Cognitive Science*, 1979, *3*, 31-328.

CHOMSKY, C., *The acquisition of syntax in children from 5 to 10*, Cambridge, Mass., M.I.T. Press, 1969.

CHOMSKY, C., «Ask» and «tell» revisited: a reply to Warden, *Journal of Child Language*, 1982, *9*, 667-678.

GARVEY, C., CARAMAZZA, A., Implicit causality in verbs, *Linguistic Inquiry*, 1974, *5*, 459-464.

HARRIS, R.J., MONACO, G.E., Psychology of pragmatic implication: Information processing between the lines, *Journal of experimental psychology, General*, 1978, *107*, 1-22.

HIDI, S.E., HILDYARD, A., Four years old's understanding of pretend and forget: no evidence for propositional reasoning, *Journal of Child Language*, 1979, *6*, 493-510.

KEENAN, E.L., Two kinds of presupposition in natural language, in Fillmore, C., Langedoen, D.T., *Studies in linguistic semantics*, New York, Holt, Rinehart, Winston, 1971.

Mac NAMARA, J., BAKER, E., OLSON, C., Four years old's understanding of «pretend», «forget» and «know»: evidence for propositional operations, *Child Development*, 1976, *47*, 62-70.

MARTIN, R., *Logique contemporaine et formalisation*, Paris, Presses Universitaires de France, 1964.

NOORDMAN, L.G.M., *Inferring from language*, Berlin, Springer, 1979.

OLERON, P., *Les activités intellectuelles*, Paris, Presses Universitaires de France, 2ᵉ édition, 1972.

OLERON, P., *L'enfant et l'acquisition du langage*, Paris, Presses Universitaires de France, 1979.

OLERON, P., Coréférence of the personal pronoun and sentence meaning, *International Journal of Psycholinguistics*, 1981, *8*, 31-50.

OLERON, P., Les savoirs et savoir-faire psychologiques: nature, formes, genèse in: OLERON, P, BEAUDICHON, J., CARTRON-GUERIN, A., DANSET-LEGER, J., MELOT, A.M., NGUYEN XUAN, A., WINNYKAMEN, F., *Savoirs et savoir-faire psychologiques chez l'enfant*, Bruxelles, Mardaga, 1981, 5-48.

OLERON, P., LEGROS, S., Présuppositions, implications linguistiques et attente de la signification de termes psychologiques par l'enfant, *Journal de Psychologie normale et pathologie*, 1977, 409-429.

OLERON, P., LEGROS, S., Déterminants cognitifs dans l'attribution de la coréférence du pronom personnel avec les verbes «dire» et «demander», *Cahiers de Psychologie cognitive*, 1984, *4*, 573-600.

OLERON, P., LEGROS, S., L'interprétation de verbes psychologiques factifs et non factifs par des enfants en fonction du contenu des énoncés, *Cahiers de Psychologie cognitive*, 1986, *6*, 545-562.

SEARLE, J.R., *Les actes de langage* (trad. franç.), Paris, Hermann, 1972.

WARDEN, D., Children's understanding of *ask* and *tell, Journal of Child Language*, 1981, *8*, 139-149.

WYKES, T., The role of inference in children's comprehension of pronouns, *Journal of experimental Child Psychology*, 1983, *35*, 180-193.

Comprendre un texte opaque ou comment l'enfant élabore le sens de mots nouveaux

M. DOLITSKY, G. PIERAUT-LE BONNIEC

« The complexity of the comprehension process appears to be as enormous as that of thinking itself ».
(Laberge & Samuels, 1974).

INTRODUCTION

L'incertitude qui peut entacher la compréhension du discours de l'autre (Woods, 1981) est ignorée la plupart du temps par les interlocuteurs et les processus de compréhension paraissent en général immédiats et inconscients (Hakes, 1980). Un sens est normalement « plaqué » tout de suite et sans hésitation sur la parole de l'interlocuteur. Ce n'est que lorsque la parole de l'autre devient obscure que le lecteur, ou l'auditeur, se trouve obligé de mettre en œuvre des stratégies de compréhension inusuelles.

Le « non-sens » est un genre littéraire anglais qui met le lecteur dans ce genre de situation. Il repose sur l'idée qu'il n'y a pas de relation préalable et nécessaire entre le monde et le langage qui sert à en parler et qu'il est possible de dévier de l'usage normal et quotidien de la langue. Carroll (1871) dit que « tout écrivain est pleinement autorisé à attacher le sens qu'il veut à n'importe quel mot ou phrase dont il veut se servir ». C'est pourquoi il fait dire à son personnage Humpty-Dumpty : « Quand je me sers d'un mot... il veut dire ce que je choisis qu'il veut dire » (Carroll, 1871). Et, bien que Carroll précise que le lecteur devrait être informé de la relation à retenir entre le mot et le sens, comme M. Dumpty, il ne paraît pas troublé par les conséquences qui en découleraient pour la communication si ce n'était pas le cas.

De tels textes, malgré le nom qu'on leur donne, sont, en fait, des textes non dépourvus de sens. Ils comportent seulement une opacité qui tient au fait que la relation de signifié à signifiant n'est pas simple puisqu'elle doit passer par certains chemins, indirects, d'association phonétique ou sémantique. Un texte de non-sens est en fait fortement structuré mais sa structure ne s'accorde pas facilement avec les relations mot/monde et mot/mot que l'interlocuteur a préalablement construites.

Pour comprendre le non-sens on ne peut faire usage ni des relations qui existent normalement entre les signifiés, ni des contraintes lexicales. C'est précisément la transgression intentionnelle de ces règles linguistiques qui est à la base du non-sens et qui fait de lui une forme de littérature insaisissable au premier abord. Le sentiment d'absence de sens qu'éprouve le lecteur est dû à l'obligation dans laquelle il se trouve de réorganiser son système linguistique et de créer de nouvelles relations entre celui-ci et le monde extralinguistique. L'intérêt du non-sens est donc de présenter au lecteur un texte, certes hermétique, mais qui, en même temps, lui offre aussi un grand nombre de degrés de liberté d'interprétation.

Or, mettre le lecteur dans une telle situation devrait permettre de dégager certains, au moins, des mécanismes par lesquels s'élabore la signification d'un texte. En effet, on peut penser que des mécanismes qui, dans une situation normale ne sont pas explicités et fonctionnent de façon conjointe et automatique pourraient, dans une telle situation, se trouver amplifiés et différenciés.

La compréhension des textes de non-sens est certes, dans une certaine mesure, idiosyncrasique; cependant, nous avons fait l'hypothèse que le nombre des stratégies à la disposition de chaque lecteur était limité et qu'il était possible de dégager des classes de stratégies, variables peut-être, avec le type de textes, mais qui présenteraient néanmoins une certaine stabilité dans une catégorie de lecteurs donnée.

Le travail qui est présenté ici est une tentative pour étudier les stratégies mises en jeu par l'interlocuteur-enfant face à un discours de «non-sens» dont l'opacité repose sur l'utilisation de néologismes.

Le support de l'expérience

Le Jaseroque
Il brilgue: les tôves lubricilleux
Se gyrent en vrillant dans le guave,
Enmimés sont les gougebosqueux,
Et le mômerade horsgrave.

Garde-toi du Jaseroque, mon fils!
La gueule qui mord; la griffe qui prend!
Garde-toi de l'oiseau Jube, évite
Le frumieux Band-à-prend!

Son glaive vorpal en main il va-
T-à la recherche du fauve manscant;
Puis arrivé à l'arbre Tété,
Il y reste réfléchissant.

Pendant qu'il pense, tout uffusé
Le Jaseroque, à l'œil flambant,
Vient siblant pàr le bois tullegeais,
Et burbule en venant.

Un deux, un deux, par le milieu,
Le glaive vorpal fait pat-à-pan!
La bête défaite, avec sa tête,
Il rentre gallomphant.

As-tué le Jaseroque?
Viens à mon cœur, fils rayonnais!
O jour frabbejeais! Callau! Callai!
Il cortule dans sa joie.

Il brilgue: les tôves lubricilleux
Se gyrent en vrillant dans le guave,
Enmimés sont les gougebosqueux,
Et le mômerade horsgrave.

Ce texte est une traduction par Warrin (1931) du poème de Lewis Carroll, «Jabberwocky» paru dans *Through the Looking-Glass* (A travers le miroir) en 1871. Ce poème est considéré par certains (cf. Gardner, 1960) comme le plus grand des poèmes de non-sens. Lewis Carroll fait dire à son héroïne Alice: «en quelque sorte, il me remplit la tête d'idées mais je ne sais pas exactement lesquelles!».

Jabberwocky est le produit d'une combinaison parfaitement équilibrée entre des morphèmes grammaticaux et lexicaux précodés et des morphèmes non-codés, c'est-à-dire des néologismes. Tandis que, pour les signes précodés, l'interlocuteur est en possession d'une relation signe = signifiant/signifié qui fait l'objet d'un consensus social, les logatomes de Carroll sont des signes pour lesquels le signifié est inconnu : on a signe = signifiant/?. Sans aide de l'auteur, l'interlocuteur en est réduit à ses propres moyens pour identifier la variable inconnue.

Ce qui, dans le poème, appartient à la langue usuelle des deux interlocuteurs sert de point d'ancrage pour la compréhension des signes encore dépourvus de signification. C'est ainsi qu'Alice déclare : «Quelqu'un a tué quelque chose, c'est clair de toute façon» (Carroll, 1871). Pour interpréter le poème le lecteur doit pouvoir assigner aux signes qui ne sont pas familiers des significations à partir des signes linguistiques familiers.

De nombreuses expériences dans les domaines de l'apprentissage et de la mémoire ont été réalisées depuis Ebbinghaus (1885) qui a utilisé le premier la technique des néologismes. Berko (1958) inaugura l'usage des logatomes pour tester l'acquisition de la syntaxe chez les enfants, une technique qui fut rapidement reprise par d'autres. Cependant, dans la mesure où les logatomes sont utilisés ici dans un contexte, et non seuls ou dans des phrases isolées, la technique est nouvelle et son intérêt réside dans la nécessité où elle met le lecteur d'élaborer le sens dans une interaction entre le connu et l'inconnu. Chaque logatome, d'une part contribue à donner son sens à l'ensemble du texte (cette relation se situe au niveau macrocontextuel); d'autre part, dans l'énoncé où il se situe, chaque logatome est dans une relation syntagmatique soit avec des mots déjà connus, soit avec d'autres logatomes (relation de niveau microcontextuel).

La méthode

Pour étudier les stratégies de compréhension mises en œuvre par l'enfant, le poème a été présenté dans une classe du niveau cours moyen 1re année. Les enfants ont été vus dans le cadre de l'institution scolaire[1] mais dans une situation aussi peu scolaire que possible. Ils ont été arbitrairement divisés en deux groupes de quinze sujets. On faisait asseoir les enfants en cercle par terre; la maîtresse, ainsi que l'expérimentateur, muni d'un magnétophone non dissimulé, étaient assis parmi eux. On distribuait aux enfants le texte «Le Jaseroque» et on les invitait à le lire jusqu'au bout, chacun pour soi, en silence.

Mais beaucoup d'enfants ont interrompu leur lecture pour exprimer leur étonnement et leur difficulté de compréhension. La maîtresse les incitait alors à continuer leur lecture jusqu'à la fin du texte. Au bout d'un moment, elle invitait deux ou trois enfants, qui étaient volontaires, à lire le texte à haute voix. Enfin, elle engageait les enfants à dire ce qu'ils avaient compris et ouvrait la discussion sur les sens possibles.

A la fin de la séance, les néologismes étaient écrits au tableau ; puis on demandait aux enfants de choisir, parmi ces mots, ceux qui leur « disaient le plus » : chaque enfant devait écrire sur une feuille de papier les mots qu'il avait choisis, et il devait en donner une définition.

Les séances ont duré l'une 1 heure 10 minutes et l'autre 1 heures 1/2. Elles n'ont été interrompues qu'en raison des contraintes d'horaire, les enfants n'ayant à aucun moment manifesté de lassitude ni souhaité interrompre l'exercice.

Les séances ont été intégralement enregistrées au magnétophone. Ces enregistrements, ainsi que les définitions des néologismes qui ont été données par écrit, constituent l'ensemble des données sur lesquelles porte l'étude rapportée ici.

Les résultats

Nous étudierons successivement, les réactions des enfants face au texte (les premières réactions de rejet et la manière dont il a ensuite été traité), puis l'utilisation des néologismes dans l'élaboration du sens, enfin la constitution du lexique des mots inconnus.

A. *Réaction des enfants face au texte*

Les enfants ont réagi tout d'abord par une avalanche de métadiscours (cf. Kintsch & van Dijk, 1978) exprimant le rejet ; ils disaient par exemple :

> « ça ne veut rien dire »
> « ce sont des mots farfelus »
> « c'est des mots l'un à côté de l'autre... il y a des mots qui veulent rien dire »
> « c'est bizarre »
> « c'est quand même pas un mot correct »

Au début, il fallait insister pour que les enfants lisent le texte jusqu'au bout et qu'ils essaient de trouver un sens. Ensuite, quand la discussion était entamée, un changement apparaissait dans leur attitude : ils ne disaient plus que le texte ne voulait rien dire, ils exprimaient plutôt l'idée qu'ils étaient incompétents pour en comprendre le sens :

> « moi, je ne comprend aucun mot »
> « je ne comprend rien »
> « ça, je ne sais rien »
> « ça me trouble un petit peu »
> « ça me gêne »

Ils résistaient à la méthode qu'on leur proposait : laisser agir leur imagination, parce que, expliquaient-ils, les mots ont un sens et l'auteur parle pour dire quelque chose de sensé même si, éventuellement, le lecteur a quelques difficultés à comprendre. Ils se refusaient à inventer un sens parce qu'ils avaient le sentiment que leur rôle à eux était de retrouver le sens voulu par l'auteur, et non d'en inventer un.

> « Il a voulu dire quelque chose le monsieur en écrivant ces mots, ça veut dire quelque chose »
> « il n'a pas fait des mots n'importe comment »
> « même qu'il a dit des mots qu'on ne comprend pas, ça va encore ; il a raconté une histoire, cela veut dire quelque chose, il n'a pas écrit comme ça ».

Que le sens puisse être vu à la fois du point de vue du producteur et du point de vue de l'interlocuteur, de telle sorte que ces deux points de vue puissent avoir une relative indépendance, ne paraissait pas acceptable aux enfants. Si la tâche était rejetée c'est que, pour eux, il ne pouvait y avoir de représentation sans intention de représenter (Pateman, 1982). Les enfants refusaient de se donner le droit de décider du sens des mots. Un mot préexiste à son utilisation par le locuteur, et ce n'est pas à l'interlocuteur de lui donner un sens. Un mot est utilisé à bon escient par le locuteur et ce dernier fait dire au mot ce qu'il veut dire sans ambiguïté, certes il y a des cas où il faut deviner le sens parce qu'on ne connaît pas le sens d'un mot, mais il y a une « bonne solution » et elle est unique, c'est elle qui est en accord avec les intentions du locuteur et toutes les conjonctures ne sont pas égales. On notera combien cette conception est opposée à celle de Lewis Carroll que nous avons rapportée ci-dessus.

Parfois, le rejet du texte, en raison de sa difficulté de compréhension se traduisait par un rejet affectif ; les enfants disaient par exemple :

> « c'est horrible »
> « elle faisait peur cette histoire »
> « c'est une histoire où tout est sombre »
> « il y a quand même quelque chose de mystérieux pour nous tous »
> « il y a des herbes où il y a plein de mots étranges qui évoquent... »
> « c'est la jungle que j'ai l'impression que ça se passe autrefois »

Parfois les enfants essayaient d'imaginer l'auteur :

> « j'imaginerais quelqu'un d'ancien comme le grand-père ou l'arrière grand-père qui raconte ça à son fils comme s'il était passé

une catastrophe dans le pays où il était»
«j'avais pensé à un monsieur qui rêve»
«j'ai l'impression que c'est quelque chose qui dit mais pas quelqu'un, que c'est le langage du Jaseroque»

Les enfants n'avaient aucune confiance dans leur intuition pour donner une interprétation au texte. Non seulement ils disaient souvent : «je ne sais pas», mais ils utilisaient des expressions comme : «un peu» ou «presque» pour introduire l'idée d'approximation, ou des expressions comme «par exemple», «peut-être», «il est possible que» pour introduire une idée de possibilité ou d'éventualité. Ils utilisaient aussi des conditionnelles et des alternatives : «ou», «soit que... soit que» :

«c'est peut-être un peu un être humain»
«il prend son..., je ne sais pas, son glaive»
«peut-être aussi par exemple, 'sais pas, il y a une forêt à traverser et il y a le Jaseroque dedans, et peut-être pour aller soit à un autre village ou je ne sais pas quoi».

Cette absence de confiance dans leur capacité à interpréter le texte contribuait au «mouvement» (F. François, 1985) de la discussion, c'est-à-dire aux modifications des opinions et des idées. Leur incertitude permettait aux enfants d'accepter facilement les idées des autres, de développer celles-ci, et du même coup, d'aller jusqu'à oublier complètement les leurs :

«les autres, ils disent leurs pensées, et puis après on en sait plus laquelle c'est la nôtre».

Il s'est avéré que les deux groupes focalisaient leur attention différemment. Dans l'un des groupes l'intérêt se portait sur le Jaseroque lui-même qui était décrit au moyen de différents procédés. On trouve des descriptions par analogie, ou encore des descriptions des différentes parties du corps :

«un animal à quatre pattes, qui a une paire d'ailes et une gueule d'animal féroce avec des cornes et des griffes et puis un glaive qui lançait par lui-même en ouvrant la bouche»;

des descriptions de sa personnalité morale :

«il n'est pas vraiment méchant, il a peur, c'est pour cela qu'il attaque»;

on le décrit aussi à travers ses actions :

«il vient dans la jungle la nuit, il enlève tout sur son passage, et puis il fait ce qu'il veut avec tout le monde»;

L'autre groupe, au contraire, a plutôt essayé de reconstruire la dynamique de l'histoire :

> « C'est une mère et un fils qui s'en vont dans les bois et ils voient il y a un espèce de crocodile volant et ils viennent le voir et un jour ils voient quelqu'un qui se fait attaquer par le Jaseroque et la mère dit «garde-toi du jaseroque» en allant là-bas, et le petit il prend son glaive, il va pour le tuer. Ensuite il lui coupe les veines et le Jaseroque tombe et ensuite il est tué ».
>
> « Le Jaseroque avance, il sort de la truc du bois et puis il le voit, il le regarde puis dans ses yeux, puis il prend son glaive et puis il coupe la tête et puis il s'en va à toute allure ».

Ceci ne veut pas dire qu'il n'y a pas du tout de description mais plutôt que c'est le mouvement de l'histoire qui donne sa signification au poème. Il y avait dans ce groupe davantage de débats et d'oppositions d'idées. Par exemple, les enfants se lançaient dans des discussions à propos du nombre des animaux intervenant dans l'histoire :

> « Le Jaseroque, on le nomme par son nom, et puis il le traite par un autre nom d'un animal aussi féroce que lui ! et puis il le traite encore par un autre nom ».
>
> « L'oiseau Jube et le Jaseroque c'est deux animaux; celui qui parle, il dit, «garde-toi du Jaseroque de l'oiseau Jube ».
>
> « A mon avis, il y a trois animaux parce que il y a le Jaseroque, l'oiseau Jube et les mômerades horsgraves ».

Il arrivait, dans ce groupe, que les enfants évoquent les pensées des personnages comme s'ils cherchaient à entrer dans leur psychologie :

> « pendant qu'il réfléchit le Jaseroque de son côté près du bois, il le regarde et lui aussi il réfléchit s'il va sauter sur lui ».
>
> « il réfléchit, parce que, il sait pas si c'est mieux pour lui de le tuer ou pas le tuer, de l'autre côté le Jaseroque se dit la même chose ».

L'enfant semble même parfois s'identifier au héros :

> L'enfant : « il rencontre le Jaseroque, et puis il réfléchit s'il doit le tuer ou pas, j'ai l'impression qu'il n'ose pas, alors il prend son glaive et puis, il le lance sans regarder et puis il part parce que c'est là qu'il se dit 'est-ce que je l'ai tué ?' »
> La maîtresse : « Et là, finalement, il a atteint le Jaseroque ou pas ? »
> L'enfant : « mais *je* ne sais pas ! *il* ne sait pas ; *il* n'a pas regardé ».

Néanmoins, dans la mesure où ce que nous cherchons ce sont les stratégies d'élaboration du sens, c'est-à-dire des processus cognitifs et non l'expression des fantasmes des sujets, qui sont davantage du ressort de leur histoire personnelle et de leur affectivité, le seul problème pour nous était de voir si ces deux manières de traiter le texte s'accompagnaient de différences dans les stratégies. Or, que ce soit dans l'utilisation qui a été faite des néologismes ou dans la constitution du lexique, il ne nous a pas été possible — en tout cas dans les conditions expérimentales présentes — de mettre en évidence de telles différences; c'est pourquoi, dans la suite de cette étude, nous ne distinguerons pas les deux groupes.

B. *Le traitement des néologismes*

La conscience linguistique des enfants s'est souvent manifestée, implicitement, par le maintien des néologismes dans la classe syntaxique qui était suggérée par l'environnement microcontextuel ou par des désinences caractéristiques. Cette reconnaissance systématique des classes syntaxiques se manifestait aussi par des transformations morpho-syntaxiques correctement opérées sur certains des néologismes : le néo-adjectif *vrillant* devenait le participe présent d'un verbe *vriller*, qui était aussi utilisé à la troisième personne du pluriel du présent : ils *vrillent*; par contre la forme il *burbule* était considérée comme la troisième personne du singulier du présent d'un verbe *burbuler* que les enfants utilisaient à l'infinitif. Par ailleurs, les néologismes pouvaient être réemployés dans des phrases syntaxiquement correctes :

> «il capture les toves lubricilleux».

Les enfants se référaient parfois explicitement aux formes linguistiques des néologismes. Par exemple, un enfant hésite dans l'interprétation de *toves lubricilleux* parce qu'il se demande s'il y a lieu de tenir compte du fait que, dans le texte, on a deux mots distincts :

> «Le tove, ça me fait penser, c'est un peu, mais c'est comme ça en deux mots et, mais c'est en un mot, mais c'est l'étoffe».

Un autre a trouvé, en accord avec Humpty Dumpty (Carroll, 1878) que :

> «des verbes, c'est dur».

Un enfant par contre, à propos de la même expression explicite le rôle d'adjectif qualificatif que joue d'après lui *lubricilleux* :

> «et lubricilleux, je pense que ça doit préciser les toves, préciser quelque chose, il doit y avoir plusieurs sortes de toves et ceux-là doivent être lubricilleux».

Le fait d'aimer ou de ne pas aimer un mot inconnu dépendait essentiellement de la signification qu'il était possible de lui donner par association avec des mots connus; c'est ce qui apparaissait quand on posait aux enfants la question: «Est-ce qu'il y a des mots que vous aimez bien?»

«C'est horsgrave, ça fait penser à marmelade».

«J'aime bien 'lubricilleux' parce que ça me fait penser à quelque chose de mouillé, enfin d'humide».

Ceci s'accorde avec les résultats de Piaget (1948) et de Berthoud-Papandropoulou (1978) selon lesquels les enfants donnent aux mots les qualités de leur référent. Mais Papandropoulou et Sinclair (1974) avaient trouvé que les enfants plus âgés n'offrent pas de «content oriented responses». Nos sujets eux, qui ont en moyenne 10 ans, continuent à donner aux mots les qualités de leur référent. La réponse de l'un de nos sujets tend à montrer, pourtant, que, si à cet âge les enfants ont toujours des difficultés à séparer les mots de ce qu'ils représentent, il arrive qu'ils en soient conscients: «mais on aime ou on n'aime pas selon ce qu'on pense de ce mot».

Cette capacité de traitement des néologismes s'accompagne-t-elle d'une capacité de créativité linguistique? On connaît les travaux de Eve Clark (1978) montrant comment les enfants inventeraient des formes linguistiques. Nos résultats semblent contredire l'interprétation que cet auteur donne de ses résultats: en effets, lorsque nous demandions aux enfants de créer des mots sur le modèle des néologismes nous n'avons jamais pu en obtenir, comme le montre l'exemple suivant:

La maîtresse: «Invente un mot comme pour aller avec le bois».
L'enfant A: «mystérieux».
La maîtresse: «... non, un mot qu'on invente».
L'enfant B: «le bois noir».
La maîtresse: «mais tu ne l'inventes pas celui-là!»
L'enfant C: «le bois bête».

Il semble que, quand les enfants voulaient exprimer une idée ils trouvaient un mot français pour servir de signifiant et cela bloquait leur capacité à créer de nouveaux mots. Quant à créer des mots vides de sens, ce type d'activité semble tout à fait étranger aux enfants de cet âge. En fait, les modes de créativité que E. Clark a montrés sont plutôt de type syntaxique et non lexical et nous avons en effet trouvé des exemples de ce type. Mais il s'agit alors d'un maniement normal de la langue — maniement qui est constitutif de l'acquisition, en particulier, de la syntaxe de la langue maternelle — et non de créativité linguistique à proprement parler. Transformer un mot de manière à le changer de catégorie grammaticale (exemple : *gros/grossir* ou *mur/murer* ou l'adapter aux nécessités syntaxiques (exemple : *je chante/tu chanteras*) ne sont pas des phénomènes de créativité, même lorsque les règles de transformation sont appliquées dans des conditions où elles ne sont pas normalement applicables, en raison de certaines « aberrations » de la langue (par exemple : *je vois/je *voirai*).

C. *La constitution du lexique*

Après la discussion, on a écrit la liste des néologismes au tableau et on a demandé aux enfants de donner une définition de ceux qui leur plaisaient le plus. La liste ci-dessous indique le nombre de fois que chaque néologisme a été retenu et a fait l'objet d'une définition :

17 Jaseroque et Jube ;
14 tété ;
15 enmimés, frumieux, burbule et cortule ;
11 gougebosqueux, vorpal et siblant ;
10 toves et gallomphant ;
9 gyrent, vrillant, manscant, rayonnais et Callau! Callai !
8 lubricilleux, guave, uffusé et frabbejais ;
7 mômerades, horsgrave, Band-à-prend ;
5 tullegeais ;
2 brilgue.

On peut considérer les définitions données par les enfants de plusieurs manières. D'une part, on peut se demander dans quelle mesure l'enfant tient compte de l'environnement contextuel du mot dont il donne une définition ; ceci nous amènera à regarder s'il existe des stratégies préférentielles par rapport au contexte. D'autre part, on peut se demander s'il existe des catégories de mots (= parties du discours) qui sont plus souvent utilisées que d'autres pour définir les néologismes.

a) Les stratégies d'intégration dans le contexte

Les définitions des néologismes fournies par les enfants peuvent se situer à trois niveaux : le niveau macrocontextuel, le niveau microcontextuel et le niveau du morphème.

• Niveau macrocontextuel : macrostratégie.

La définition donnée a-t-elle, ou n'a-t-elle pas une relation avec le sens général donné au poème ? On a considéré que les définitions appartenant au monde dangereux des dragons, ou des forêts mystérieuses sont de ce type: par exemple, *mansquant* = méchant, *Jube* = un chemin en forêt, *il brilgue* = il l'attaque, *frabbejeais* = frappé. Dans ce cas, les définitions données ont été affectées d'un (+). Celles qui n'ont pas de rapport avec une telle histoire sont notées (−): par exemple, *gyrent* = bouillent, *Tété* = télé, *uffusé* = amusé, *burbule* = boîte de savon.

- Niveau microcontextuel : microstratégie

L'enfant donne-t-il un sens au néologisme en fonction de son environnement dans la phrase ou non ? Ici, c'est la correction de l'insertion du mot dans la chaîne syntaxique qui est considérée: en particulier, le maintien dans la catégorie grammaticale est considéré comme une stratégie de type microcontextuel (+).

Exemple: le fauve *mansquant*; les *tôves* se *gyrent*
                méchant   boullent

il *brilgue*; il pense, tout *uffusé*
   l'attaque   amusé

Dans le cas contraire, la définition donnée est marquée d'un (−):

Exemple: l'oiseau *Jube*; l'arbre *Tété*; O jour *frabbejeais*
        un chemin   télé   frappé

il *burbule*
  boîte à savon

- Niveau du morphème: stratégie phonétique

L'enfant s'intéresse-t-il aux propriétés phonétiques du néologisme ? On juge la définition donnée en fonction de la proximité phonétique du néologisme avec le mot qui sert à le définir.

Exemple: mansquant / méchant (+); *Tété* / télé (+) *frabbejeais* / frappé (+); *uffusé* / amusé (+).

        Jube / un chemin (−); *gyrent* / bouillent (−); *brilgue* / attaque (−); *burbule* / boîte de savon (−).

Etant donné que les sujets peuvent prendre en compte plusieurs niveaux à la fois, une combinatoire simple des (+) et des (−) montre qu'il y a 8 cas de figure possibles qui correspondraient à 8 stratégies globales. Mais on peut regrouper ces stratégies en 4 groupes, en fonction du nombre de niveaux, ou d'aspects, pris en compte.

1. Aucun des aspects que nous avons définis ci-dessus n'est pris en compte, ou, en tout cas, l'expérimentateur n'a pas trouvé de raison permettant de rattacher la réponse à l'une de ces stratégies. Nous dirons qu'il y a absence de stratégie (S0).

Tableau 1. Les différentes stratégies utilisées par les sujets.

Nombre d'aspects pris en compte	Stratégies	Niveaux macro.	micro.	morpho.	N	%
0	S0	–	–	–	N = 230 32	13 %
1	Sn S1 S2 S3	+ – –	– + –	– – +	N = 198 31 6 43	15 % 3 % 21 %
2	S1-2 S1-3 S2-3	+ + –	+ – +	– + +	55 11 22	27 % 5 % 11 %
3	S1-2-3	+ N = 127	+ 83	+ 106	30	15 %

2. Il y a focalisation sur l'un des 3 aspects : macrocontextuel (S1), microcontextuel (S2), morphémique (S3).

3. Deux aspects sont pris en compte : macrocontextuel + microcontextuel (S1-2) ; macrocontextuel + morphémique (S1-3) ; microcontextuel + morphémique (S2-3).

4. Les trois aspects sont pris en comte (S1-2-3).

Comme on peut le voir sur le tableau 1, 13 % seulement des réponses obtenus appartiennent à S0 et 198 réponses sur 230 peuvent être classées dans l'un des groupes Sn. Les stratégies les plus répandues sont, dans l'ordre : S1-2 (27 % des réponses pour lesquels une stratégie a pu être identifiée), S3, (21 %), S1, (15 %) et S1-2-3, (15 %). Ces trois types de stratégie représentent ensemble 78 % des réponses. On voit d'autre part que la stratégie macrocontextuelle est la moins représentée (3 % des réponses seulement). L'utilisation du microcontexte est presque toujours en relation avec une utilisation, soit du macrocontexte, soit de l'aspect phonétique du mot, comme si la prise en compte du niveau microcontextuel était en quelque sorte « au service » de l'une ou de l'autre stratégie, l'une et l'autre étant des stratégies dominantes et peu compatibles. Ceci est corroboré par le fait que les stratégies macrocontextuelle et morphémique ne se trouvent conjointes que dans 5 % des cas.

b) Les parties du discours

Le Ny observait en 1979: «il existe une tendance naturelle des parleurs, et même de la langue, à nominaliser un signifié». Des travaux récents portant sur le développement du langage chez l'enfant vont dans le même sens; ainsi, Clark en 1985 note: «children acquire many more nouns than verbs in the early stages of language. This may be because it is easier to map nouns that verbs onto things they denote in the world»; l'étude menée par J.P. Pille et G. Piéraut-Le Bonniec sur le développement de la notion de verbe (Chapitre V de ce livre) montre également que les enfants citent rarement des verbes quand on leur demande de citer des mots.

Nous avons constaté ici une préférence très nette à définir les néologismes qui paraissaient appartenir à la classe des noms plutôt que ceux qui correspondaient à d'autres parties du discours, les verbes, en particulier. D'autre part les néologismes étaient le plus souvent nominalisés, voire «animalisés». Cette tendance à «chosifier» se montrait particulièrement forte dans l'épreuve du lexique où les enfants pouvaient éviter les contraintes morphosyntaxiques du texte: à côté de la forme verbale *gyrent* on trouve écrit par exemple «givre», ou «grange»; à côté de la forme exclamative *Callau! Callai!* on trouve «deux diables», ou «colère de l'oiseau». Les adjectifs aussi sont souvent nominalisés: par exemple, *lubricilleux*, qui a une forme d'adjectif, est défini comme «*quelque chose* qui est net et propre», «*quelque chose* de brillant»; pour *manscant* on trouve: «un fauve qui se voit pas». Il est intéressant de remarquer que certains enfants ont préféré utiliser des dessins pour expliciter le sens des mots du lexique, ce qui est une manière de nominaliser puisque le dessin ne peut représenter que des personnages, des animaux ou des choses. Néanmoins, tous les enfants n'ont pas succombé à cette tendance et même un enfant a choisi de définir neuf néologismes par des adjectifs ou des verbes. C'est la phonétique qui semble parfois favoriser le changement de catégorie grammaticale, ainsi *enmimés* qui a une forme de déterminant a été défini au moyen d'un verbe à l'infinitif: «mimer» ou «emmener».

CONCLUSION

Dans cette étude, nous avons utilisé le poème de Lewis Carroll comme on aurait utilisé un verre grossissant pour essayer de dégager certains des mécanismes par lesquels s'élabore la signification d'un texte. Seuls des textes poétiques peuvent laisser au lecteur un tel espace de liberté; dans les textes dont nous avons, en général, à dégager le sens, les entrées lexicales imposent davantage de contraintes. Les résultats que nous avons obtenus nous paraissent présenter un double intérêt: ils montrent, tout d'abord, que la difficulté pour les sujets résidait moins dans le fait de trouver un sens que dans le sentiment qu'ils éprouvaient d'une rupture dans le contrat de communication; ils montrent ensuite que les enfants ont bel et bien été capables de donner un sens à ce texte, en utilisant des stratégies en nombre limité et qu'il a été possible de répertorier.

Les premières réactions des enfants montrent en effet que ce qui les gênait dans le texte proposé c'est qu'il allait en quelque sorte à l'encontre de leur «théorie linguistique»: les mots ont un sens et un seul, l'auteur veut dire quelque chose et il a dit ce qu'il voulait dire avec des mots non ambigus, la compréhension d'un texte ne doit pas poser de problème; ce que l'on comprend, c'est ce que l'auteur voulait dire. Or l'attitude de nos sujets est probablement celle que nous aurions trouvée chez bon nombre d'adultes. Une telle confiance dans la communication verbale repose évidemment sur une illusion, même s'il est bien vrai que le langage est fait pour communiquer de l'information et qu'on ne parle jamais pour ne rien dire, ... même quand on semble ne rien dire. Une telle confiance dans le bon fonctionnement de la communication verbale présente pourtant certains inconvénients; elle dispense le sujet d'avoir une attitude métalinguistique: on se pose rarement la question de savoir si on a dit exactement ce qu'on voulait dire, si l'interlocuteur a dit ce qu'il souhaitait dire, et, encore moins souvent, la question de savoir si on a bien interprété ce qui était dit. De là, bon nombre de malentendus! Un autre inconvénient réside dans le goût pour les «langues de bois» qui sont sécurisantes et le fait que, si on tresse des couronnes à la poésie, on lit fort peu de textes poétiques.

Nos résultats montrent d'autre part qu'il y aurait des mécanismes suffisamment solides pour qu'ils fonctionnent même dans des situations anormales comme celle-ci, de telle manière que l'interprétation ne serait jamais aléatoire. La première attitude de refus pourrait s'expliquer par le fait que le sujet, dans de telles situations, doit prendre une attitude métacognitive pour mobiliser des stratégies d'interprétation qui, normalement, ne font pas l'objet d'une prise de conscience. Nos résultats montrent l'existence de deux grandes stratégies d'interprétation: la stratégie sémantique et la stratégie phonétique. En réalité, nous pensons que si elles sont apparues ici conjointement, c'est en raison du caractère particulier de notre texte qui pouvait être traité comme un poème. La stratégie phonétique doit être plus particulièrement utilisée dans des textes où les mots peuvent avoir une valeur en eux-mêmes (context free) : la langue est aussi une musique. En outre, les mots sont chargés d'affectivité; pour chacun d'entre nous, il y a des mots dont la signification est particulièrement riche en raison de notre vécu et les mots qui sont proches phonétiquement peuvent être munis de la même charge affective. Mais la stratégie sémantique est probablement la plus courante et la plus naturelle. Il faut remarquer néanmoins que, dès 11 ans, les sujets ont une assez forte conscience linguistique qui les amène, dans un grand nombre de cas à essayer de maintenir les mots, tout extravagants qu'ils soient, dans la catégorie grammaticale qui convient, en raison de leur place dans la phrase ou de certaines marques morphologiques. Mais, on a vu aussi que c'était, le plus souvent, le sens général donné au poème qui guidait les sujets dans le sens qu'ils donnaient aux néologismes. Nos résultats montrent comment la signification d'un texte s'élabore progressivement dans une interaction constante entre le macrocontexte et le microcontexte. D'une part, les objets du texte ne sont jamais complètement définis dès le départ, et ils s'enrichissent de significations tout au long du texte (cf. J.B. Grize, 1982). D'autre part l'environnement syntagmatique ne peut donner aux mots qu'une valeur probable; c'est le contexte qui leur donne leur sens. C'est pourquoi, comme le dit Wiggins (1971), «jusqu'à ce que nous ayons compris le sens, nous ne savons pas ce qui est dit».

NOTE

[1] Cette étude a été réalisée à l'Ecole Alsacienne. Les auteurs tiennent à remercier la directrice de cet établissement ainsi que Madame Anne-Marie Béasse-Arnaud, qui leur ont offert la possibilité de travailler avec les enfants.

Bibliographie

BERKO, J. (1958), The child's learning of english morphology. *Word, 14*, 150-177.
BERTHOUD-PAPANDROPOULOU, I. (1978), An experimental study of children's ideas about language. In A. Sinclair, R.J. Jarvella et W.J.M. Levelt (Eds), *The child conception of language*. Berlin: Springer-Verlag.
CARROLL, L. (1871), *Through the Looking-Glas and What Alice found there*. Londres, Tenniel. In M. Gardner, *The Annotated Alice*, 1960. New York, Bramball House.
CLARK, E. (1982), The young word maker: a case study of innovation in the child's lexicon. In E. Wanner & L.R. Gleitman (Eds), *Language Acquisition*. Cambridge, Cambridge University Press.
EBBINGHAUS, H. (1885), *Uber das Gedächtnis*, Leipzig, Von Veit.
FRANCOIS, F. (1985), Séminaire sur la Psycholinguistique, Université René Descartes.
GARDNER, M. (1960), *The Annotated Alice*. New York: Bramball House.
GRIZE, J.B. (1982), *De la logique à l'argumentation*, Genève-Paris, Droz.
HAKES, D. (1980), *The development of metalinguistic abilities in children*. New York: Springer-Verlag.
KINTSH, W. & VAN DIJK, T. (1978), Toward a model of text comprehension and production, *Psychological Review, 85*, 363-394.
LE NY, J.F. (1979), *La sémantique psychologique*. Paris, PUF.
PATEMAN, T. (1982), Communicating with computer programs'. *Journal of Pragmatics, 6*, 225-240.
PIAGET, J. (1948), *Le langage et la pensée chez l'enfant*. Neuchâtel-Paris: Delachaux & Niestlé.
WIGGINS, D. (1971), On sentence-sense, word-sense and difference of word-sense. In D.D. Steinberg & L.A. Jacobovits (Eds), *Semantica*, Cambridge: Cambridge University Press.
WOODS, W.A. (1981), Procedural semantics as a theory of meaning. In J.A. Fodor & J.J. Katz (Eds), *The Structure of language*, Englewood Cliffs, N.J., Prentice-Hall.

Stratégies d'interprétation d'énoncés chez l'enfant

D. BASSANO

Nous aborderons ici quelques-unes des questions relatives à l'étude des stratégies d'interprétation — les stratégies mises en œuvre par des enfants pour interpréter des énoncés de leur langue maternelle. Nous en proposons une approche qui s'appuiera sur deux expériences où nous analysons les processus de traitement impliqués par deux épreuves différentes, et dont les résultats nous paraissent apporter des éléments convergents ou complémentaires sur les opérations en jeu dans la compréhension.

PERSPECTIVE ADOPTEE: STRATEGIES ET OPERATIONS DE TRAITEMENT

L'objectif général auquel répond la recherche des stratégies d'interprétation peut se formuler de la façon suivante : il s'agit de déterminer par quels procédés un sujet, engagé dans une situation ou une tâche de compréhension, parvient à établir le sens de la suite verbale entendue à partir des diverses données linguistiques qui lui sont fournies. On voit que le terme de « stratégie » — que nous reprenons parce que l'usage en est consacré dans la littérature psycholinguistique — est d'une pertinence discutable, dans la mesure où il suggère de la part du sujet la mise en œuvre de calculs conscients. L'étude porte plus généralement sur des ensembles de procédures, ou processus de traitement, à travers lesquels on tentera de dégager les principes régissant la compréhension des énoncés, et de définir éventuellement les déplacements ou les évolutions que peuvent subir ces principes au cours du développement.

Un tel propos s'inscrit ainsi assez bien parmi les objectifs de la psycholinguistique souvent dite «de troisième génération», qui, depuis une quinzaine d'années, se propose d'étudier les processus en jeu dans les activités langagières effectives des sujets, et d'élaborer de la sorte «un véritable modèle de la performance» ou un «modèle psycholinguistique du locuteur» (Noizet, 1980) relativement autonome par rapport aux théories linguistiques.

Toutefois, si les préoccupations qui conduisent à s'intéresser aux stratégies d'interprétation paraissent claires, les analyses qui en sont faites peuvent être très diverses.

Dans un article de 1970 où il remarquait certaines insuffisances du modèle transformationnel, Bever suggérait d'examiner comment l'enfant met en relation le sens d'un énoncé et sa forme de surface. Dans le prolongement de ces propositions initiales, la question du repérage des stratégies est le plus souvent formulée en termes de repérage des indices utilisés dans l'interprétation. Par «indices» («cues») on entend les différents moyens formels dont disposent les langues naturelles pour exprimer les divers aspects de l'information : items lexicaux, ordre des mots, marques morphologiques, contours intonatifs, etc. Le problème est alors de définir sur quels types d'indices se fonde l'enfant pour interpréter l'énoncé, d'en évaluer la part respective dans le traitement et de déterminer si certains sont utilisés de façon privilégiée. (Pour la formulation des problèmes, cf. notamment, avec des modèles théoriques différents, Bates *et al.*, 1982, ou Slobin & Bever, 1982).

Depuis les années 70 les analyses de stratégies se sont largement développées, et on a examiné le traitement de phrases de types divers : phrases déclaratives simples, actives ou passives, dites phrases N V N (nom, verbe, nom), mais aussi phrases comportant des relatives, des compléments de lieu, des éléments coréférés par exemple. Cependant c'est l'interprétation des phrases N V N — dont la compréhension suppose l'identification de l'agent de la phrase et de la relation de base agent/patient — qui a constitué jusqu'à présent le domaine privilégié de ce type d'analyse, notamment par le développement de comparaisons inter-langues très précises. Sans entrer dans le détail des nombreux résultats obtenus sur ce thème, on peut considérer qu'ils conduisent de plus en plus à relativiser le rôle des indices proprement syntaxiques et surtout de l'ordre des mots, que les études en langue anglaise avaient tendance à surestimer. Avant de maîtriser les formes linguistiques, les jeunes enfants se servent, pour identifier l'agent de la phrase, d'autres types d'indices: indices sémantiques, comme le caractère animé ou inanimé, indices non linguistiques, relevant de leur savoir factuel (estimation de la probabilité de l'événement par exemple) (cf. Sinclair & Bronckart, 1972; Chapman & Kohn, 1978; Bridges, 1980; 1984; Bates et al., 1984). Les aspects sémantiques et pragmatiques semblent d'autant plus privilégiés dans le traitement que la langue-cible est une langue où l'ordre des mots est moins contraignant, comme l'italien par exemple.

Certaines lignes de force semblent maintenant ressortir des recherches effectuées dans les divers domaines. Si l'on se fonde pour définir le traitement sur la nature des indices utilisés, on doit admettre que le sujet peut mettre en œuvre différents types de stratégies pour interpréter un énoncé. Il peut prendre en compte des indicateurs tels que l'ordre des mots, ou bien les structures et marques syntaxiques proprement dites: on estime alors qu'il utilise une «stratégie positionnelle» dans le premier cas, ou strictement «syntaxique» dans le second. Mais la stratégie syntaxique peut se trouver court-circuitée, le sujet fondant sa compréhension sur les caractéristiques sémantiques de certaines unités lexicales, sur ses savoirs quotidiens, ou d'autres indices de ce type: sa stratégie peut être dite en ce cas «sémantique», ou «pragmatique», ou encore «lexico-pragmatique». Les facteurs qui décident de la mise en œuvre de telle ou telle stratégie sont divers, et agissent en interaction. Le rôle de l'âge en tout cas est manifeste et a souvent été mis en évidence: avant que l'enfant n'ait la maîtrise des savoirs syntaxiques, les autres indices sont pour lui déterminants (pour une synthèse sur ces questions, on peut consulter notamment, Noizet, 1977; 1980; Noizet & Vion, 1983; Bronckart, 1983 (a), (b); Sinclair & Berthoud, 1983; Kail, 1983 (a); 1983 (b); Bates et al., 1984).

Ainsi l'étude des stratégies a-t-elle le plus souvent consisté à repérer les indices utilisés par le sujet dans l'interprétation. On peut cependant concevoir l'analyse dans une perspective un peu différente, quoique complémentaire. Nous formulerons quant à nous la question en termes de repérage des opérations de traitement: nous voudrions déterminer certaines des opérations par lesquelles le sujet traite le matériel verbal, et nous avons choisi des techniques permettant la mise en évidence de ces opérations ou de leurs défaillances.

Nous avons proposé à des enfants des énoncés complexes, tous constitués — quelles que soient leurs caractéristiques linguistiques particulières sur lesquelles nous allons revenir — de deux informations principales facilement repérables et données sous la forme d'assertions. Il s'agit par exemple de suites verbales comme «Pierre voit, il a une bille», ou «Pierre voit qu'il a une bille», ou «Pierre ne voit pas que Marie a une bille», etc.; chaque suite énoncée comporte donc deux sous-assertions — ou propositions —, constituées chacune d'un sujet et d'un prédicat, affirmé ou nié.

Notre propos est d'examiner, sur des exemples simples de ce type, comment l'enfant traite les informations données par l'énoncé pour en établir la signification d'ensemble. Cela implique par exemple que l'on repère les «procédures d'attaque» adoptées par le sujet: Par quelle information le traitement de l'énoncé est-il abordé? Y a-t-il des informations privilégiées qui feraient l'objet d'une focalisation particulière, indiquant qu'une hiérarchisation implicite est effectuée parmi les éléments sémantiques à prendre en compte? D'autres procédures, également à repérer, sont celles qui concernent le passage d'une information à une autre, et permettent l'intégration des informations les unes aux autres. On voit qu'en posant de tels problèmes, nous ne visons ici qu'une part limitée des opérations de traitement: il s'agit des opérations effectuées sur les composants sémantiques, et, qui plus est, les composants sémantiques marqués dans l'énoncé (ce que nous appelons les informations). Il est certain que l'interprétation dans les situations de discours réelles ne se fait pas uniquement à partir des unités de sens de la phrase, et qu'elle intègre aussi des éléments situationnels, intonatifs, etc. Cependant le traitement des composants sémantiques de la phrase nous paraît mettre en œuvre des processus en eux-mêmes suffisamment complexes pour être étudiés de façon intrinsèque.

Cet examen répondra à deux objectifs principaux:

- déterminer comment de telles stratégies ou procédures varient avec les données linguistiques à traiter. L'analyse devra mettre en évidence les caractéristiques de traitement entraînées par telle forme ou conjonction de formes, ou par la présence de tel opérateur linguistique dans l'énoncé. Ainsi notre hypothèse centrale touchant les énoncés dont il sera question ici concerne la forme subordonnée de type «X voit que P» ou «X sait que P», dite forme modale: nous pensons que l'interprétation d'une telle forme implique de la part du sujet une réorganisation sémantique particulière — à préciser par l'analyse —, et qu'en conséquence le traitement devrait être différent de celui effectué dans le cas d'informations juxtaposées. L'autre hypothèse concerne le rôle de la négation, dont la présence dans des énoncés de ce type

— « X ne voit pas que P » et « X voit que non P » — devrait entraîner des effets particuliers.

- déterminer si les stratégies ou procédures se transforment avec l'âge des sujets, et si certaines sont propres à certains moments du développement.

Nous avons utilisé deux méthodes, relativement classiques en psycholinguistique. L'une s'appuie sur une épreuve de « construction » : l'enfant doit réaliser les informations de l'énoncé au moyen d'un matériel mis à sa disposition. L'autre repose sur une épreuve de « sélection » : l'enfant doit cette fois identifier, parmi une combinatoire de situations, celle qui satisfait aux informations de l'énoncé. Dans les deux cas l'analyse est destinée à faire apparaître, non des performances de compréhension, mais le déroulement du processus de traitement, avec ses caractéristiques et ses étapes successives. L'épreuve de construction doit essentiellement mettre en évidence, de façon systématique, l'ordre dans lequel sont traitées les informations. L'épreuve de sélection quant à elle engage un processus plus complexe, et l'analyse sera plus riche et plus diversifiée : le repérage de l'ordre est moins systématique (parce que moins contraint) que dans l'épreuve de construction, mais d'autres aspects du traitement apparaissent, notamment au niveau de la coordination des informations.

Les deux études sont présentées ailleurs de façon détaillée (Bassano, 1984; Bassano, 1985). Nous retenons ici les aspects et les résultats principaux de chacune d'entre elles, que nous reprendrons ensuite pour tenter une synthèse, bien évidemment limitée et provisoire, sur les opérations de traitement que nous aurons pu dégager.

EPREUVE DE CONSTRUCTION

Au moyen de cette épreuve on compare l'ordre dans lequel sont traitées les deux sous-assertions de la phrase, selon qu'elles sont énoncées dans une structure de subordination, ou simplement juxtaposées.

On a donc proposé aux sujets des énoncés de structure subordonnée, tels que « Pierre voit qu'il a une bille », et des suites verbales où des informations objectivement identiques sont données en parataxe, tels que « Pierre voit, il a une bille » et « Pierre a une bille, il voit » (deux ordres étant alors possibles). Dans tous les cas, le verbe « voir » pouvait être affirmatif ou négatif (« voit » ou « ne voit pas »), et les prédicats se rapporter à la même personne ou à des personnes distinctes (par exemple « Pierre voit que Marie a une bille »).

On demande à l'enfant de réaliser chacun des énoncés au moyen du matériel mis à sa disposition : deux poupées identifiées par leur nom (Pierre et Marie), deux séries de « masques » — des bandeaux de papier bristol, les uns avec une plage transparente permettant de voir, les autres opaques —, et différents objets (billes, poissons, oiseaux en plastique). Pour construire la situation correspondant à l'énoncé, l'enfant a deux actions à effectuer : placer un « masque », transparent ou opaque selon le cas, sur les yeux de la poupée concernée (proposition « X voit », ou « X ne voit pas »), et poser l'objet mentionné dans la boîte de la poupée concernée (proposition « X a un x »).

Pour établir l'ordre dans lequel sont traitées les informations (« X voit, ne voit pas » et « X a un x »), on regarde l'ordre dans lequel sont réalisées les deux actions, nécessairement successives (placement d'un masque, placement d'un objet). L'hypothèse de base de l'épreuve est donc que l'ordre des actions traduit l'ordre de traitement des informations de l'énoncé. On verra à l'analyse des résultats que cette hypothèse de correspondance paraît bien se vérifier, puisque, pour un même sujet utilisant toujours le même matériel, l'ordre des actions varie selon les énoncés à traiter.

L'intérêt de l'ordre de traitement est de faire apparaître d'éventuels privilèges sémantiques. En effet la priorité accordée dans le traitement à l'une des informations — si elle se trouve traitée en premier lieu indépendamment de sa position dans la suite énoncée — pourra être considérée comme un indice du privilège particulier qu'elle revêt, en tant que composant sémantique, dans la reconstitution du sens. Dans les exemples qui nous occupent ici, on verra notamment si des différences affectent l'ordre de traitement selon le mode de formulation, juxtaposé ou subordonné, des informations.

L'analyse du traitement dans cette épreuve a été effectuée sur une quarantaine de sujets, appartenant à deux groupes d'âge, l'un de 6-7 ans et l'autre de 8-9 ans. Les performances en tant que telles (correction des réalisations) sont très bonnes pour l'ensemble des énoncés, ce qui indique que la tâche ne présente pas de réelle complexité. Mais l'analyse de l'ordre de traitement montre que celui-ci n'obéit pas aux mêmes règles selon que les informations sont présentées juxtaposées ou dans la structure subordonnée.

Lorsque les assertions sont présentées juxtaposées, elles sont traitées conformément à l'ordre dans lequel elles sont énoncées par la grande

Tableau 1. Epreuve de construction.
Ordre de traitement des informations présentées juxtaposées, ou dans une structure de subordination.

		6-7 ans		% de sujets posant d'abord :	8-9 ans	
		Le masque	/ La bille	La bille	Le masque	/ La bille
INFORMATIONS JUXTAPOSEES	X voit, il a une bille	.83	.17	.17	.94	.06
	X ne voit pas, il a une bille	.77	.23	.23	.77	.23
	X voit, Y a une bille	.61	.39	.39	.83	.17
	X ne voit pas, Y a une bille	.72	.28	.28	.72	.28
	X a une bille, il voit	.28	.72	.72	.17	.83
	X a une bille, il ne voit pas	.39	.61	.61	.34	.66
	Y a une bille, X voit	.17	.83	.83	.00	1.00
	Y a une bille, X ne voit pas	.23	.77	.77	.12	.88
INFORMATIONS SUBORDONNEES	X voit qu'il a une bille	.17	.83	.83	.77	.22
	X ne voit pas qu'il a une bille	.72	.28	.28	.83	.19
	X voit que Y a une bille	.55	.45	.45	.78	.22
	X ne voit pas que Y a une bille	.67	.33	.33	1.00	0.00

majorité des sujets, et cela de plus en plus nettement, semble-t-il, lorsqu'ils avancent en âge : par 74 % des enfants de 6 ans, et 83 % des enfants de 8 ans (sur les 8 énoncés parataxiques examinés ici). On constate en effet que les suites verbales où l'assertion « X voit/ne voit pas » est énoncée en première position (comme « Pierre voit, il a une bille ») sont très généralement traitées par la séquence masque-objet, tandis que les suites d'ordre inverse (comme « Pierre a une bille, il voit ») sont traités par la séquence objet-masque.

Les inversions qui se produisent dans le traitement par rapport à l'ordre d'énonciation sont peu nombreuses, mais leur localisation atteste certaines régularités qui ont vraisemblablement une signification. En comparant les taux d'inversion, on peut ainsi faire l'hypothèse d'une légère priorité de l'un des prédicats sur l'autre; cette priorité semble d'ailleurs varier selon que les prédicats sont rapportés au même sujet ou à des sujets différents. Pour les énoncés où les assertions ont deux sujets différents et donc peuvent être considérées comme strictement indépendantes (« Pierre voit, Marie a une bille » par exemple), les inversions se produisent plus fréquemment en faveur de l'assertion « Y a un x », qui tend plus souvent que « X voit/ne voit pas » à être traitée en premier lieu. Cela indiquerait qu'en ce cas de parfaite indépendance des assertions, un léger privilège est accordé au prédicat concernant l'identification et l'attribution de l'objet x. Ce privilège ne se retrouve plus pour les énoncés à sujet unique (« Pierre voit, il a une bille »). On peut relever, dans le traitement des assertions juxtaposées, une autre priorité relative, elle aussi à peine marquée : les inversions se produisent plus fréquemment en faveur de la forme négative du prédicat « X ne voit pas » qu'en faveur de sa forme affirmative « X voit », ce qui suggère que la forme négative dans la phrase à traiter attire davantage l'attention. Mais il reste que les diverses priorités que nous avons retenues ne sont que très légèrement marquées; lorsqu'il s'agit pour le sujet de traiter des informations données en parataxe, les privilèges accordés à l'une ou l'autre demeurent de toute façon insuffisants pour contrebalancer l'effet de l'ordre d'énonciation.

En revanche le traitement des informations dans la structure subordonnée donne lieu à de très nets phénomènes de priorité.

Le traitement de l'énoncé affirmatif « X voit qu'il a un x » (« Pierre voit qu'il a une bille » par exemple) fait apparaître de façon manifeste le privilège donné par les plus jeunes enfants à l'information dite subordonnée « il a un x ». En effet 83 % des enfants de 6 ans réalisent l'énoncé par la séquence objet-masque, posant d'abord l'objet x pour ne placer qu'ensuite le masque, adoptant ainsi une stratégie inverse à celle qu'ils utilisent pour traiter « X voit, il a un x ». Certains des enfants (30 % environ) semblent même estimer inutile, quand ils traitent l'énoncé « X voit qu'il a un x », de placer le masque, et ne l'ajoutent que dans un deuxième temps et sur insistance de l'expérimentateur — ce qui ne se produisait pas dans le cas des assertions juxtaposées. La priorité systématique du prédicat « a un x » et l'omission éventuelle du prédicat « voit » s'accordent donc pour montrer le privilège donné, dans le traitement de cet énoncé, à l'information subordonnée au détriment de l'assertion « X voit... ». La priorité de la proposition « a un x » est fortement amoindrie chez les sujets plus âgés, puisqu'on ne l'observe plus que chez 22 % des enfants de 8 ans.

Elle est amoindrie aussi — dans les deux groupes d'âge — si les deux assertions ont des sujets différents, comme c'est le cas des phrases de forme « X voit que Y a un x ». On tend alors vers une répartition à peu près égale des deux stratégies, privilège de l'assertion subordonnée ou privilège de l'assertion « X voit », l'importance respective des deux informations se trouvant sans doute rééquilibrée par le fait qu'elles sont rapportées à deux sujets distincts.

Enfin, lorsque l'énoncé est négatif (« X ne voit pas qu'il a un x »), l'information « il a un x » perd totalement sa priorité. La stratégie est ici inversée : c'est le masque qui est posé d'abord — et donc l'assertion « X ne voit pas » qui est traitée — par une très large majorité des sujets dans les deux groupes d'âge.

L'analyse du traitement obtenu au moyen de cette technique, qui demande au sujet une suite d'actions correspondant à la prise en compte des différentes informations de l'énoncé, permet donc bien de mettre en évidence des variations dans l'ordre de traitement des informations. Ainsi apparaissent des procédures que nous appellerons de « focalisation », par lesquelles le sujet privilégie certains des composants sémantiques dans la reconstruction du sens. Nous reviendrons dans la conclusion sur la nature et l'origine possible de ces phénomènes.

EPREUVE DE SELECTION

Cette deuxième étude est centrée sur le traitement des énoncés de structure subordonnée, que la technique « par sélection » doit permettre d'analyser plus précisément. Trois énoncés ont été retenus ici : « X sait qu'il a une bille», «X ne sait pas qu'il a une bille», «X sait qu'il n'a pas de bille». L'épreuve de sélection a l'avantage de permettre l'introduction du troisième énoncé (à subordonnée négative), dont le traitement n'était pas possible dans la tâche de construction. Les énoncés sont analogues à ceux de l'épreuve de sélection, à ceci près que le verbe «voir» y est remplacé par le verbe «savoir», que l'on considère en linguistique comme un verbe modal de pure tradition. L'utilisation ici du verbe «savoir» n'a pas d'autre raison. Il est, dans les conditions où nous l'employons, strictement équivalent au verbe «voir», et nous avons vérifié dans d'autres expériences qu'il était compris ainsi par les sujets.

Pour cette épreuve l'enfant est placé face à un dispositif de six poupées, qui figurent des situations différentes correspondant à une combinatoire complète: certaines ont les yeux ouverts, d'autres les yeux fermés par un bandeau; certaines ont devant elles une boîte ouverte, tandis que pour d'autres la boîte est fermée; deux des boîtes ouvertes contiennent une bille tandis que les autres sont vides.

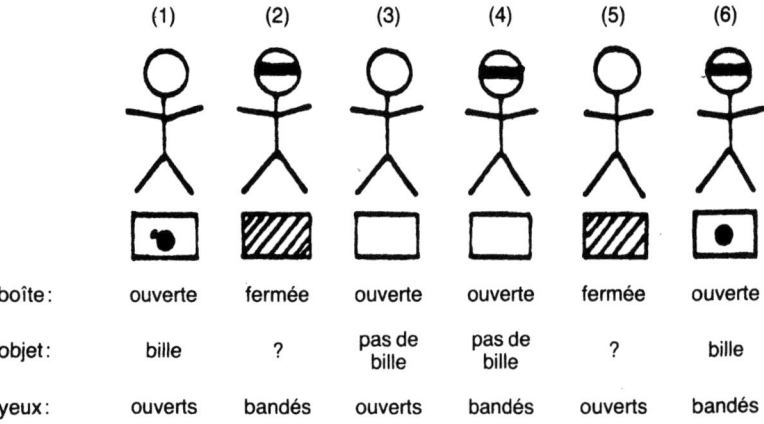

	(1)	(2)	(3)	(4)	(5)	(6)
boîte:	ouverte	fermée	ouverte	ouverte	fermée	ouverte
objet:	bille	?	pas de bille	pas de bille	?	bille
yeux:	ouverts	bandés	ouverts	bandés	ouverts	bandés

Fig. 1. Epreuve de sélection: dispositif

Les poupées sont présentées d'abord avec les yeux ouverts ou fermés, et les boîtes fermées; puis on ouvre certaines des boîtes, qui contiennent ou non une bille. Il est d'autre part bien admis par l'enfant que les poupées ne savent que ce qu'elles voient.

Le sujet doit choisir, pour chacune des phrases qu'on lui soumet, la ou les poupées correspondant à la situation décrite dans l'énoncé.

Ainsi les trois énoncés retenus correspondent chacun à une seule poupée du dispositif:
- « Elle (la poupée) sait qu'elle a une bille » à la poupée 1 qui a les yeux ouverts et une bille dans sa boîte.
- « Elle sait qu'elle n'a pas de bille » à la poupée 3 qui a les yeux ouverts et dont la boîte est vide.
- « Elle ne sait pas qu'elle a une bille » à la poupée 6 qui a les yeux bandés et une bille dans sa boîte.

On voit que le traitement demande ici un repérage des propriétés qui, dans le dispositif, correspondent aux deux informations de chaque énoncé («sait/ne sait pas» et «bille/pas de bille»), et l'identification de la situation qui combine ces deux informations. La tâche est donc passablement délicate et s'est avérée en effet plus difficile que celle de construction. Le choix de la «bonne poupée» ne se fait généralement pas d'un seul coup: l'enfant a une première réaction, mais il peut ensuite se repentir, hésiter, modifier son choix en ajoutant ou enlevant des poupées, etc. avant d'arriver à ce qu'on jugera être l'état final de sa réponse. C'est la complexité de ce déroulement qui fait l'objet de l'analyse; à travers le déroulement de chaque réponse nous avons cherché à dégager la démarche suivie par le sujet, et les propriétés du traitement pour chacun des trois énoncés.

L'analyse a été effectuée sur une soixantaine d'enfants, regroupés en trois groupes d'âge: 6-7 ans, 8-9 ans, et 10-11 ans.

Nous avons de la sorte identifié deux types de démarches nettement différentes: un mode de traitement systématique, où l'enfant procède en constituant des classes correspondant strictement à chacune des informations de l'énoncé, et un mode de traitement beaucoup plus tâtonnant où il semble procéder par ajustements locaux. Les démarches de type systématique ne sont elles-mêmes pas homogènes, et nous en avons distingué plusieurs formes.

La forme exemplaire du traitement est celle où l'enfant identifie du premier coup la seule poupée pertinente et se tient strictement à ce choix tout au long de l'entretien. Il dit par exemple, pour «Elle sait qu'elle a une bille», «C'est seulement la verte (1), parce qu'elle voit dans sa boîte, et qu'il y a bien une bille». Le sujet a dans ce cas coordonné immédiatement les deux informations données par l'énoncé. La coordination immédiate, encore rare chez les plus petits (22 % à 6 ans, cf. tableau 2), devient le mode de réponse dominant, à plus de 60 %, à partir de 8 ans. On s'aperçoit que ce mode de traitement n'est cependant pas également utilisé pour tous les énoncés: on le

Tableau 2. Epreuve de sélection.
Les démarches dans le processus de traitement.

	Mode de traitement systématique									Mode de traitement non systématique		
	coordination immédiate des informations			coordination différée des informations			traitement d'une seule information			traitement par tâtonnement		
	6 ans	8 ans	10 ans	6 ans	8 ans	10 ans	6 ans	8 ans	10 ans	6 ans	8 ans	10 ans
X sait qu'il a une bille	.33	.75	.70	.50	.25	.30	.12	0	0	.04	0	0
X sait qu'il n'a pas de bille	.20	.65	.88	.18	.05	.05	.20	0	0	.42	.30	.06
X ne sait pas qu'il a une bille	.12	.45	.44	0	.05	0	.54	.40	.31	.34	.10	.25
	.22	.62	.68	.22	.12	.12	.29	.13	.10	.27	.13	.10

trouve pour les deux énoncés où le verbe modal est affirmatif (X sait qu'il a une bille, X sait qu'il n'a pas de bille), beaucoup moins pour l'énoncé à verbe modal négatif (X ne sait pas qu'il a une bille).

Si la coordination immédiate est exemplaire du point de vue de la performance, elle reste peu explicite quant au processus engagé. Des démarches que l'on peut estimer intermédiaires par rapport à la coordination immédiate sont beaucoup plus instructives : dans un certains nombre de réponses en effet, le sujet paraît bien traiter systématiquement, mais successivement, les deux informations de l'énoncé. Nous avons pu distinguer deux cas :

– L'enfant traite d'abord l'une des deux information, puis intègre l'autre dans une seconde étape. Cela se traduit dans la réponse par un choix initialement trop large, correspondant exactement à la classe définie par l'une des propriétés (par exemple toutes les poupées qui ont une bille, ou toutes les poupées qui ne voient pas); ensuite seulement le choix est restreint à la seule situation combinant les deux propriétés.

Ainsi, pour la phrase « Elle sait qu'elle a une bille », l'enfant répond : « C'est la bleue et la verte (6 et 1). Ah, non ! la bleue ça marche pas, elle a les yeux fermés. C'est seulement la verte ». On voit que dans ce cas l'enfant a d'abord isolé les deux poupées qui ont une bille (traitement de l'information « elle a une bille »), puis a supprimé celle qui ne voyait pas (intégration de l'information « elle sait »). Ce mode de traitement successif des informations est assez fréquent avant 8 ans, puis décroît, sans doute au profit de la coordination immédiate. Ici encore ce sont les deux énoncés où le verbe modal est affirmatif qui sont concernés par cette procédure.

– L'enfant ne traite qu'une des informations, sans jamais lui intégrer la seconde. Le choix des situations est donc trop large — il est ici aussi parfaitement défini par l'une des propriétés — et le reste jusqu'au bout. Par exemple, pour « Elle ne sait pas qu'elle a une bille », le sujet désigne les quatre poupées en situation d'ignorance, sans tenir compte du fait qu'il y ait ou non une bille dans leur boîte. Il traite alors uniquement l'information « elle ne sait pas ». Ce mode de traitement réducteur est assez fréquent avant 8 ans. Il concerne surtout l'énoncé « X ne sait pas qu'il a une bille », pour lequel on le retrouve jusqu'à 10 ans. Pour les deux autres énoncés il reste localisé chez les plus jeunes enfants.

Que l'information seconde soit intégrée de façon différée au cours du traitement, ou qu'elle ne soit jamais intégrée, il ressort de l'examen de ces réponses que l'une des informations données par l'énoncé est « dominante » et revêt un statut privilégié pour le sujet dans la reconstruction du sens. On voit nettement, en examinant le choix initial effectué par le sujet, quelle est pour lui l'information privilégiée. Pour les énoncés où le verbe modal est affirmatif (« X sait qu'il a une bille », « X sait qu'il n'a pas de bille »), c'est, dans la quasi-totalité des cas où l'observation peut être faite, l'information subordonnée « a/n'a pas de bille » qui est privilégiée : l'enfant sélectionne d'abord l'ensemble des poupées qui ont une bille ou qui n'ont pas de bille, selon l'énoncé, pour ne prendre en compte l'information donnée par le verbe principal, s'il la prend en compte, que dans l'étape ultérieure. En revanche lorsque le verbe est négatif, dans « X ne sait pas qu'il a une bille », la stratégie est inversée : c'est « X ne sait pas » qui devient l'information privilégiée, et même souvent exclusivement traitée.

Le processus de sélection n'a cependant pas toujours le caractère systématique qu'on vient de lui voir jusqu'ici. Il arrive que la procédure soit beaucoup plus tâtonnante, le critère de choix variant de proche en proche au cours de la réponse. L'enfant commence alors par choisir une situation qui lui paraît correspondre à l'énoncé, puis ajoute progressivement d'autres poupées, éventuellement en enlève, au gré des variations locales que subit son critère. Ainsi un enfant à qui on propose la phrase « Elle sait qu'elle n'a pas de bille » choisit d'abord la poupée (3) en justifiant correctement « parce que ses yeux sont pas bandés et y a pas de bille », et refuse en bonne logique les poupées (2), (4) et (5) qui se trouvent en situation d'ignorance. Mais quand on lui demande d'examiner la poupée (6), qui a une bille et les yeux bandés, son critère de sélection s'inverse : « Oui ça va, parce qu'elle a les yeux bandés... alors elle peut pas savoir ». Une fois effectué ce passage de « savoir que non... » à « ne pas savoir que... », il en vient à accepter aussi les autres poupées qui se trouvent en état d'ignorance (4, 2 et 5), et admet finalement « toutes sauf la (1) ».

L'exemple que nous avons rapporté fait bien apparaître les caractéristiques de la procédure, qui repose sur la constitution d'équivalences locales. Ainsi au fur et à mesure du traitement « elle sait qu'elle n'a pas de bille » devient équivalent à « elle ne sait pas qu'elle a une bille », qui devient lui-même équivalent à « elle ne sait pas (si elle a une bille) ». Les glissements ainsi effectués montrent que les jeunes enfants peuvent avoir d'assez grandes difficultés à combiner de façon pertinente et stable les informations de l'énoncé. Ils mettent d'autre part en évidence les confusions qui peuvent affecter pour eux le traitement d'un énoncé. De fait les démarches de ce type sont fréquentes surtout avant 8 ans, et elles affectent presque exclusivement les deux énoncés comportant une négation. C'est dire que le traitement de la négation dans ce type d'énoncés soulève des difficultés particulières, tout à fait explicites dans les glissements. Enoncer un savoir sur un événement négatif est difficilement concevable pour l'enfant, qui tend à l'interpréter comme une ignorance; mais l'énoncé d'une ignorance sur un événement déterminé est encore plus difficilement déchiffrable : l'ignorance prend pour l'enfant un caractère général et indéterminé.

CONCLUSIONS: QUELQUES ASPECTS DES OPERATIONS DE TRAITEMENT

L'analyse du traitement des énoncés dans les deux épreuves que nous venons de rapporter fait apparaître un certain nombre de difficultés rencontrées par les plus jeunes enfants, ou met en évidence des propriétés de ce traitement. Une partie de ces difficultés ou de ces propriétés se rapportent au mode de recueil ou de saisie des informations, tandis que d'autres indiquent que la combinaison ou la coordination de ces informations ne se fait pas sans problèmes. Ainsi le traitement mettrait en jeu, outre les opérations d'identification et de codage des unités lexicales ou sémantiques — dont il ne sera pas question ici —, au moins deux ordres d'opérations : les opérations de saisie des informations, et les opérations par lesquelles est effectuée leur combinaison.

Nous allons reprendre successivement ces deux aspects — saisie, combinaison des informations — et tenter d'en dégager les principales propriétés, telles qu'elles ressortent du moins de nos épreuves.

S'agissant des opérations de saisie ou de recueil des informations, c'est l'ordre de traitement qui constitue l'indicateur le plus instructif. En effet l'examen de l'ordre de traitement montre que les informations données par la suite verbale ne sont pas traitées dans un ordre arbitraire, et qu'elles ne sont pas non plus systématiquement traitées — c'est évidemment l'aspect important — dans l'ordre où elles sont énoncées, ni dans l'ordre inverse. Des focalisations se produisent sur certains composants sémantiques, indiquant que le sujet attribue à tel ou tel élément de la phrase entendue un statut privilégié dans sa réorganisation du sens. C'est dire que le recueil de l'information linguistique s'accompagne d'une hiérarchisation implicite des éléments de sens, où certains prennent une part privilégiée. Cependant les focalisations que nous avons pu repérer — d'ailleurs inégalement marquées — nous paraissent de nature ou d'origine diverses.

Certaines des focalisations dans la prise en compte des informations semblent liées aux propriétés sémantiques intrinsèques des objets ou événements référés. C'est alors la mention d'un objet ou d'un prédicat donné qui attire plus particulièrement l'attention de l'auditeur. C'est ainsi que nous croyons pouvoir interpréter le privilège tout relatif que nous avons constaté au profit de l'assertion «Y a un x» dans le traitement des suites d'assertions juxtaposées avec sujets différents (cf. épreuve de construction, phrases comme «Pierre voit, Marie a une bille»). Dans les phrases de ce type, l'auditeur a en effet à traiter deux propositions tout à fait indépendantes et équivalentes du point de vue formel, puisque se rapportant chacune à un sujet propre. S'il ne reproduit pas dans son traitement l'ordre de l'énonciation, c'est vraisemblablement que la priorité ainsi accordée traduit les rapports de prégnance des prédicats et leurs poids sémantiques respectifs. Sans doute est-ce, pour les exemples utilisés, la fonction d'identification d'un objet familier qui retient l'intérêt de l'enfant.

Les valorisations liées aux propriétés sémantiques internes des prédicats ou des objets restent peu marquées — au moins dans les phrases que nous avons utilisées — puisqu'elles sont marginales par rapport au mode de traitement dominant où l'ordre est conforme à celui de l'énonciation. Elles semblent d'autre part assez peu stables, puisque susceptibles de se modifier dès lors que d'autres opérations linguistiques entrent dans la constitution de l'énoncé. C'est ainsi que la valorisation du prédicat «a une bille» n'est pas conservée dans le traitement de «Pierre voit, il a une bille» — où la simple présence du pronom anaphorique établit une relation entre les deux propositions et rompt de ce fait la situation d'indépendance.

Mais ce sont des focalisations d'un autre type qui nous paraissent les plus intéressantes: celles qui sont impliquées par la forme linguistique de l'énoncé, en l'occurrence ici la forme modale telle qu'on la trouve dans les expressions de type «X sait que...» ou «X voit que...». Les deux expériences que nous avons rapportées convergent en effet pour montrer, d'une part que l'énoncé de forme «X voit qu'il a un x» n'est pas traité comme la suite «X voit, il a un x» (épreuve de construction) et d'autre part que les deux énoncés «X voit qu'il a un x» et «X sait qu'il a un x» sont quant à eux traités de façon strictement analogue, même à travers deux épreuves différentes. Les formes «X sait que...» ou «X voit que...» nous paraissent donc bien renvoyer, au moins dans les conditions où elles sont employées ici, à une même structure ou opération linguistique, la modalisation. La formulation modale a pour caractéristique, par le biais du verbe modal «savoir»/ «voir» et de la structure de subordination, d'instaurer deux plans d'information ou d'énonciation : celui de l'événement décrit dans la deuxième assertion (le *dictum*) et celui du point de vue du sujet sur cet événement, point de vue qui dans le cas de la modalité «savoir» ou «voir» présente l'événement comme un fait certain (pour une description plus précise de cette modalité, cf. Bassano & Champaud, 1983).

Or les résultats obtenus aux deux épreuves font apparaître que la formulation modale entraîne dans le traitement des effets de focus tout à fait remarquables. Pour traiter l'énoncé à verbe modal affirmatif de type «X sait (voit) que P» (ou «X sait que non P», le sujet focalise sur le *dictum* de l'énoncé, ou en d'autres termes sur la proposition dite subordonnée; en revanche quand il traite l'énoncé négatif «X ne sait pas (ne voit pas) que P», le focus porte sur le verbe modal négatif. Rappelons la convergence des deux expériences sur ce double aspect du focus. Dans l'épreuve de construction, plus de 80 % des sujets à 6 ans traitent la phrase «Pierre voit qu'il a une bille» en posant d'abord la bille et seulement ensuite le masque (alors que la procédure est inverse pour «Pierre voit, il a une bille»). Dans l'épreuve de sélection, la quasi-totalité des sujets chez qui on peut repérer un traitement successif des informations (60 % pour cet énoncé) traitent la phrase «Elle sait qu'elle a une bille» en retenant d'abord les deux poupées qui possèdent une bille, et en éliminant seulement ensuite celle qui ne voit pas. C'est donc bien dans les deux cas l'information du *dictum* «a une bille» qui est prioritaire. L'adoption de la stratégie inverse dans le traitement de l'énoncé négatif est également patente dans les deux épreuves : les enfants (72 % à 6 ans) posent d'abord le masque dans l'une, et choisissent d'abord l'ensemble des quatre poupées qui ne voient pas dans l'autre. L'information «X ne sait pas (ne voit pas)» est dans les deux cas prioritaire, traitée avant l'information du *dictum*.

Le traitement des énoncés modaux comporte donc des effets de focus très marqués, qui nous paraissent instructifs quant à l'organisation sémantique impliquée par ce type de forme linguistique. Dans la formulation modale affirmative, c'est le *dictum* — l'événement décrit dans la subordonnée — qui est l'information considérée comme importante et sur laquelle se centre l'intérêt de l'auditeur; le verbe modal est quant à lui relégué au second plan du point de vue de sa valeur informative. La formulation négative inverse le rapport : du fait de sa forme négative le verbe modal récupère ses propriétés informatives, et s'avère être l'élément important de l'énoncé.

La focalisation sur la partie négative de l'énoncé modal peut s'interpréter de diverses manières, et traduire un phénomène de plus ou moins grande généralité. S'agit-il d'un effet caractérisant les formes négatives en général, qui bénéficieraient ainsi d'un focus particulier par rapport aux formes affirmatives? Ou bien l'effet est-il plus restreint, concernant seulement certaines classes de verbes (de type «voir», «savoir»), ou même seulement ces verbes dans leur emploi strictement modal (avec une proposition subordonnée)? Nous ne sommes pas pour l'instant en mesure de donner une réponse satisfaisante à cette question. Cependant l'observation dans le traitement des suites parataxiques d'un léger privilège de la forme négative par rapport à la forme affirmative nous conduit à penser que la focalisation sur les formes négatives pourrait être un phénomène assez général, mais plus ou moins sensible, et qu'il se trouve porté à l'extrême dans certaines conditions, notamment dans la forme modale où l'inversion des focus entre valeur affirmative et valeur négative devient patente.

Les phénomènes de focalisation peuvent prendre une forme dérivée «limite»: l'omission dans le traitement de l'information non focalisée. Jusqu'à 6 ou 7 ans il arrive, assez fréquemment pour qu'on puisse le souligner, que seule l'information focalisée soit prise en compte, l'information non focalisée étant alors purement et simplement transparente. Cette forme de traitement réducteur apparaît elle aussi de manière convergente dans les deux épreuves, à des degrés divers. Ainsi, pour traiter l'énoncé modal affirmatif, il arrive que, dans l'épreuve de construction, l'enfant oublie de placer le masque sur la poupée (environ 20 % des sujets), et dans l'épreuve de sélection qu'il ne revienne pas sur le choix initial des poupées (1-6) (12 % des sujets). S'agissant de l'énoncé modal négatif, l'omission du *dictum* est très générale dans l'épreuve de sélection, puisque 50 % des enfants de 6 ans — et bon nombre encore plus tard — ne réduisent pas leur choix de poupées; en revanche l'omission n'apparaît pas dans le traitement par construction — les sujets mettent toujours l'objet x dans la boîte — la tâche de manipulation des objets minimisant sans doute en ce cas le phénomène d'omission. L'omission de la modalité ou du dictum ne semblent donc pas symétriques au regard des tâches demandées pour le traitement. Quoiqu'il en soit le traitement réducteur existe bien pour les deux énoncés. On peut l'apparenter aux stratégies d'omission dont l'existence chez les jeunes enfants a été remarquée par de nombreux auteurs dans différents domaines. Nous voudrions cependant souligner ici la relation entre ces stratégies d'omission et les processus de focalisation, qui nous paraissent plus généraux et déterminants.

L'établissement de la signification globale de l'énoncé suppose d'autre part que les informations retenues soient mises en relation les unes avec les autres, et coordonnées de façon pertinente. Etant donnée la relative simplicité des énoncés que nous avons utilisés, nous n'avons encore que peu d'éléments sur ces opérations de combinaison. Certains de nos résultats suggèrent cependant que la coordination des informations doit s'opérer à différents niveaux au cours du traitement de l'énoncé, et qu'elle engage à ces différents niveaux des processus d'inégale complexité.

Ainsi l'attribution d'un prédicat à un sujet est déjà une combinaison d'unités sémantiques. Pour interpréter par exemple «Pierre voit qu'il a une bille», l'auditeur doit associer les deux propriétés «voir» et «avoir une bille» au même sujet Pierre, tandis que pour «Pierre voit que Marie a une bille» il doit les associer distinctement l'une à Pierre et l'autre à Marie. Aux âges que nous avons examinés, soit à partir de six ans, les enfants ne se trompent guère dans ces attributions. Cela permet de penser que la relation prédicat-sujet constitue un niveau assez élémentaire de la combinaison. Cela est toutefois à nuancer. Nous avons en effet observé, dans l'épreuve de construction, que les enfants de six ans commettaient quelques erreurs de codage quand il s'agissait de traiter des phrases comportant l'attribution des deux prédicats à deux sujets différents, alors que le traitement des phrases à sujet unique ne présentait à cet égard aucune difficulté. L'attribution de deux prédicats à deux sujets différents dans la même suite verbale semble ainsi mobiliser des opérations plus complexes que leur attribution à un même sujet. Il faudrait donc sur ce point examiner chez des enfants plus jeunes quels types de problèmes peut poser la relation sujet-prédicat.

En revanche nous avons constaté que les enfants de six ans pouvaient rencontrer des difficultés assez sérieuses pour coordonner les deux assertions dans le traitement des énoncés modalisés (par exemple pour coordonner «elle sait» et «elle n'a pas de bille» dans «Elle sait qu'elle n'a pas de bille»). Ces difficultés apparaissent à l'analyse de l'épreuve de sélection, dans laquelle le critère de choix, pour une partie des sujets (25 % environ), donnait lieu à des variations et des ajustements successifs. Les glissements dans l'interprétation manifestent que pour ces sujets la coordination des significations n'est pas effectuée de manière stable et univoque. Les problèmes de coordination dans les cas que nous avons relevés sont imputables à la présence de la négation dans la structure modale: les enfants à six ans ne différencient pas de manière pertinente «savoir que non-P» et «ne pas savoir que P». Il s'agit là, à nos yeux, d'un problème paradigmatique de coordination : une marque linguistique, dont la place est pertinente pour le sens de l'énoncé, se trouve dans le traitement déplacée d'une information à une autre. C'est en l'occurrence la négation qui se trouve déplacée du *dictum* au verbe modal. Un autre aspect du rôle particulier de la négation dans le traitement est donc ici mis en évidence : son effet perturbateur dans la combinaison des informations.

Nous voudrions pour conclure aborder un problème qui nous paraît central pour l'interprétation des diverses procédures de traitement ainsi établies. Ce problème est celui de l'évolution des stratégies avec l'âge, problème qui conduit à poser la question du statut des stratégies employées par l'enfant et de leurs rapports avec les opérations générales — éventuellement adultes — de traitement du langage.

En effet les différents phénomènes de traitement que nous avons commentés — focalisations, omissions, déplacements de marques — n'ont été repérés que chez les enfants les plus jeunes parmi ceux que nous avons examinés, ceux de 6 à 7 ans. Cela signifie-t-il qu'ils sont caractéristiques de ces jeunes enfants, et n'ont plus aucune pertinence par la suite ? Il nous semble en réalité que les phénomènes de traitement observés n'ont pas tous le même statut. Il nous paraît nécessaire de distinguer entre des procédures qui sont propres à certains moments du développement où l'enfant rencontre des difficultés particulières et met en œuvre des parades appropriées, et d'autres qui pourraient renvoyer à des stratégies ou des propriétés du traitement d'ordre général. Cela revient à distinguer entre les modalités générales des opérations de traitement, et les déviances qui traduisent un certain dysfonctionnement de ces opérations et sont éventuellement relatives à une étape du développement.

Ainsi, il est clair que les modes de coordination aberrants observés chez les enfants de moins de huit ans — le déplacement de la négation par exemple — sont des dysfonctionnements qui témoignent *a contrario* de la complexité des processus de combinaison. Les procédures d'omission — qui consistent à ne prendre en compte que l'information focalisée — sont elles aussi de tels dysfonctionnements, surtout caractéristiques des enfants de moins de huit ans, bien qu'on puisse les retrouver plus tardivement si le traitement de l'énoncé présente des difficultés particulières.

En revanche les procédures de focalisation nous paraissent avoir un autre statut, même si elles aussi ne sont pratiquement plus observables au-delà de huit ans. Et il est vrai que, dans notre épreuve de construction, les effets de focus disparaissent chez les enfants les plus grands au profit d'un traitement qu'on pourrait dire plus systématique ou plus économique, où le sujet suit l'ordre de l'énonciation. Dans l'épreuve de sélection, elles disparaissent aussi, en même temps que le mode de traitement successif des informations qui permettait de les mettre en évidence. Mais l'affaiblissement des focalisations nous paraît lié aux tâches utilisées, et à l'amélioration des stratégies développées pour répondre à la tâche, plus qu'à une évolution dans le traitement de l'énoncé. En gagnant en efficacité pour la réalisation de la tâche, la procédure de traitement masque les focalisations et les valorisations sémantiques spontanées, mais cela n'implique pas que ces focalisations n'existent plus ; un autre type de tâche, moins analytique par exemple, devrait, nous semble-t-il, permettre de les faire apparaître même chez des adultes. Nous ferions ainsi volontiers l'hypothèse que les focalisations sont des phénomènes généraux dans le traitement des énoncés, et que celles que nous avons pu repérer ne sont pas spécifiques à un âge donné. Toutefois elles peuvent chez le jeune enfant prendre une importance telle que, s'ajoutant à d'autres caractéristiques ou insuffisances des capacités de traitement, elles entraînent de véritables dysfonctionnements tels que les omissions.

L'analyse des processus de traitement telle que nous l'avons menée ici reste évidemment limitée. Elle nous a cependant permis de faire apparaître certaines caractéristiques des opérations qui permettent au sujet de reconstruire la signification d'un énoncé à partir de ses composants sémantiques, et de repérer les éventuelles défaillances de ces opérations. Il faudrait évidemment pour compléter ces éléments étendre l'étude à des énoncés plus complexes, et recourir à des techniques d'analyses plus fines ou plus précises.

Bibliographie

BASSANO, D. & CHAMPAUD, C. (1983), L'interprétation d'énoncés modaux de type assertif (savoir que...) chez l'enfant de 6 à 11 ans. *L'Année Psychologique, 83*, 53-73.

BASSANO, D. (1984), Procédures de traitement dans une épreuve psycholinguistique d'interprétation d'énoncés. *Archives de Psychologie, 52*, 1-15.

BASSANO, D. (1985), Focusing in statement interpretation. *Journal of Psycholinguistic Research*, 15, 4, 345-367.

BATES, E., McNEW, S., MacWHINNEY, B., DEVESCOVI, A. & SMITH, S. (1982), Functional constraints in sentence processing: a crosslinguistic study on the development of sentence interpretation strategies. *Cognition, 11*, 245-299.

BATES, E., MacWHINNEY, B., CASELLI, C., DEVESCOVI, A., NATALE, F. & VENZA, V. (1984), A cross-linguistic study of the development of sentence interpretation strategies. *Child Development, 55*, 341-354.

BEVER, T.G. (1970), The cognitive basis for linguistic structure. In: J.R. Hayes (Ed.), *Cognition and the Development of Language*. New York: Wiley.

BRIDGES, A. (1980), SVO comprehension strategies reconsidered: the evidence of individual patterns of response. *Journal of Child Language, 7*, 89-104.

BRIDGES, A. (1984), Preschool children's comprehension of agency. *Journal of Child Language, 11*, 593-610.

BRONCKART, J.P. (1983a), La compréhension des structures à fonction casuelle. In J.P. Bronckart, M. Kail & G. Noizet (Eds), *Psycholinguistique de l'enfant*. Neuchâtel: Delachaux et Niestlé, 19-50.

BRONCKART, J.P. (1983b), Les relations fonctionnelles dans la phrase simple: Problèmes et perspectives. In J.P. Bronckart, M. Kail & G. Noizet (Eds), *Psycholinguistique de l'enfant*. Neuchâtel: Delachaux et Niestlé, 91-99.

CHAPMAN, R.S. & KOHN, L.L. (1978), Comprehension strategies in two and three-year-olds: animate agents or probable events? *Journal of Speech and Hearing Research, 21*, 746-761.

KAIL, M. (1983a), Le traitement des phrases complexes. Problèmes et perspectives. In J.P. Bronckart, M. Kail & G. Noizet (Eds), *Psycholinguistique de l'enfant*. Neuchâtel: Delachaux et Niestlé, 249-259.

KAIL, M. (1983b), L'acquisition du langage repensée: les recherches interlangues. *L'Année Psychologique, 83*, 225-258.

NOIZET, G. (1977), Les stratégies dans le traitement des phrases. *Cahiers de Psychologie, 20*, 3-14.

NOIZET, G. (1980), *De la perception à la compréhension du langage: Un modèle psycholinguistique du locuteur*. Paris: P.U.F.

NOIZET, G. & VION, M. (1983), Les stratégies de compréhension dans le traitement des relations fonctionnelles de base. In J.P. Bronckart, M. Kail & G. Noizet (Eds), *Psycholinguistique de l'enfant*. Neuchâtel: Delachaux et Niestlé, 51-72.

SINCLAIR, H. & BERTHOUD, I. (1983), Essai d'interprétation de quelques procédés langagiers chez l'enfant. *Archives de Psychologie, 51*, 139-144.

SINCLAIR, H. & BRONCKART, J. (1972), SVO — a linguistic universal? A study in developmental psycholinguistics. *Journal of Experimental Child Psychology, 14*, 329-348.

SLOBIN, D. & BEVER, T. (1982), A cross-linguistic study of sentence comprehension. *Cognition, 12*, 229-265.

Pour une approche psycholinguistique de l'argumentation

J. CARON

> *Si tout le monde il dirait la vérité, eh ben personne dirait jamais « Non ». On dirait : « Oui, c'est ça — Oui, c'est ça ».*
> Jérôme (6 ans 1/2).

I. 1. Depuis une dizaine d'années, les travaux psycholinguistiques — notamment en psycholinguistique de l'enfant — ont mis l'accent de façon croissante sur les aspects *fonctionnels* du langage, en réaction contre l'approche structurale directement inspirée des modèles formels empruntés à la linguistique (et plus précisément, à la grammaire générative et transformationnelle). Cette approche fonctionnelle ne va pas, toutefois, sans quelque ambiguïté : elle suppose, en effet, une conception préalable de ce qu'est la fonction primaire du langage. Or cette fonction, au premier examen, paraît double : d'une part le langage est instrument de représentation, c'est-à-dire de codage d'informations en vue de leur traitement cognitif; d'autre part il est instrument de communication, c'est-à-dire d'une interaction sociale développée dans une situation donnée, en vue d'une certaine fin. A se centrer sur le premier aspect (comme le fait, par exemple, une bonne part des travaux de l'école de Genève), on met, à juste titre, l'accent sur l'insertion des processus psycholinguistiques dans le cadre général des activités cognitives; mais c'est au risque de réduire le langage à un support d'informations, et la cognition au tête-à-tête d'un sujet isolé avec un mode d'objets [1]. En privilégiant la fonction de communication (comme le font la majorité des recherches d'inspiration « fonctionnaliste »), on met l'accent sur les caractères intersubjectifs de l'activité de parole, sur son orientation vers un but, sur sa dépendance par rapport au contexte, etc.; mais on court alors le danger de négliger l'enjeu même de l'interaction, qui est de construire, par le langage, une *représentation commune*.

Un type d'activité verbale qui nous paraît particulièrement intéressant, en ce qu'il combine de façon équilibrée ces deux fonctions, est *l'argumentation*. Nous voudrions, dans ce qui suit, montrer d'abord la possibilité et l'intérêt d'une étude psycholinguistique (et génétique) de l'argumentation; ensuite, à partir de quelques exemples, esquisser les grandes lignes d'une problématique.

2. La notion d'argumentation n'est, à vrai dire, pas très clairement définie, tant en ce qui concerne le domaine qu'elle recouvre que le type d'approche dont elle relève.

En un sens restreint, l'argumentation désigne une activité de raisonnement: argumenter, c'est fournir des preuves à l'appui d'une conclusion explicitement posée. Il s'agit d'une activité de type logique.

En un sens large, on pourra considérer comme argumentation tout processus visant à agir sur autrui par l'intermédiaire du langage. On en vient alors à assimiler à l'argumentation toute activité de parole[2].

Il n'y a pas lieu de discuter ici la pertinence de ces définitions: elles sont solidaires de problématiques théoriques différentes. Celle que nous proposerons — et qui vise simplement à délimiter un champ d'étude — se situe entre ces deux extrêmes.

Nous entendrons par argumentation une *utilisation du langage comme moyen de modifier les croyances et/ou le comportement d'un ou plusieurs auditeurs*.

Un bref commentaire sera utile. En premier lieu, nous insistons sur le fait que l'argumentation est une activité de langage[3], proposant, par les moyens de celui-ci, une certaine *représentation* à l'adhésion du partenaire; représentation construite par et dans le discours (et non simple donné préalable auquel le discours ferait référence).

En second lieu, il s'agit d'introduire une modification d'un état de choses; c'est-à-dire que la production d'une argumentation présuppose, chez le destinataire, l'existence d'une autre croyance ou d'un autre comportement que celui que désire le locuteur. En d'autres termes, une résistance du partenaire est, soit effective, soit envisagée comme possible. L'argumentation suppose une *différence*, et l'utilisation du langage (plutôt que de la violence) pour réduire cette différence[4].

3. Avant d'aborder un examen des problèmes qu'aurait à traiter

une étude psycholinguistique de l'argumentation, il convient de justifier la possibilité d'une telle approche.

On peut en effet, on l'a vu, considérer l'argumentation comme une activité essentiellement *logique*. Persuader ou convaincre un partenaire du bien-fondé d'une proposition, ou de la valeur d'un comportement, c'est organiser un faisceau de preuves aussi contraignantes que possible; la forme idéale étant la démonstration rationnelle. L'argumentation ne sera qu'une forme imparfaite de celle-ci, soit par insuffisance des informations disponibles, soit par maladresse ou incompétence de l'orateur. Que le langage intervienne n'est qu'une circonstance accessoire: il a pour rôle de coder et de transmettre des «idées»; ce sont ces idées que l'argumentation présente, organise, et confronte.

On peut également l'aborder par un autre biais: celui des mécanismes entrant en jeu dans la *persuasion*. Par quels processus une croyance peut-elle être modifiée? Qu'est-ce qui rend un argument persuasif pour un auditoire donné? Comment la valeur — positive ou négative — accordée au départ à un objet, à une proposition ou à une attitude, va-t-elle se trouver transférée à un autre? On est ici dans le domaine des processus d'influence sociale, et de la psychologie des attitudes.

Ces deux types d'approche sont également légitimes, et abordent des problèmes importants. Mais tous deux laissent de côté un aspect tout à fait spécifique de l'activité argumentative, qui est de s'exercer *par le moyen du langage*; c'est-à-dire par l'intermédiaire de procédures psycholinguistiques, sélectionnant et mettant en œuvre des moyens lexicaux, morphologiques et syntaxiques[5] dans le cadre d'un certain projet d'interaction.

L'évolution de la psycholinguistique au cours des dernières années amène à penser que l'étude du discours argumentatif non seulement peut bénéficier de quelques-uns des résultats acquis en ce domaine, mais peut en retour apporter à l'étude des processus psycholinguistiques et de leur genèse des informations essentielles.

a) Les langues naturelles ne comportant pas seulement un ensemble de règles syntaxiques et sémantiques de codage verbal de l'information; elles disposent aussi d'un ensemble de moyens (absents des langages formels) pour repérer l'énoncé par rapport à la situation et aux partenaires de la communication, pour orienter les processus interprétatifs, pour définir la fonction de l'énoncé dans le procès de communication. Ces divers procédés linguistiques font partie du système de la langue: deixis, pronoms personnels, temps verbaux, organisation thème-commentaire, présuppositions, etc. Leur étude psycholinguistique a donné lieu déjà à de nombreux travaux[6].

b) Le cadre de l'énoncé isolé s'est avéré insuffisant pour l'étude des mécanismes de production et de compréhension. Une psycholinguistique du discours se développe, autour de plusieurs thèmes majeurs. D'abord, il s'agit de replacer les processus psycholinguistiques dans le *contexte* (linguistique) dont ils ne peuvent être considérés comme indépendants: les procédures mises en jeu dans la compréhension et la production des énoncés ne peuvent qu'exceptionnellement être considérées comme des sous-routines modulaires intervenant de façon identique quel que soit le contexte où elles sont appelées; nous ne citerons comme exemples que les phénomènes de flexibilité sémantique (Bransford & al., 1976); ou les résultats contradictoires concernant le traitement des requêtes indirectes selon que celles-ci se trouvent ou non insérées dans un contexte (cf. Clark et Lucy, 1975; Gibbs, 1983). En second lieu, l'*organisation séquentielle* du discours met en jeu des déterminations qui ne sont pas seulement d'ordre logique, mais linguistique: un énoncé s'enchaîne plus facilement sur le commentaire que sur le thème de l'énoncé précédent (Yekovich & al., 1979); certaines questions sont plus probables que d'autres après telle ou telle forme d'énoncé négatif (Carey et Boysson-Bardies, 1974), etc. Enfin, la *structuration* du discours, sa cohérence (cf. Garnham, Oakhill et Johnson-Laird, 1982), les inférences qu'il suggère (par exemple Clark, 1975) supposent un jeu complexe entre marques linguistiques et organisation de la mémoire sémantique.

Les conditions sont donc réunies pour une approche psycholinguistique du discours argumentatif et de sa genèse.

4. Peu de travaux ont abordé directement l'étude des activités argumentatives chez l'enfant. Les données dont on peut disposer à cet égard ont été recueillies à l'occasion de recherches orientées, soit vers l'étude des structurations cognitives, soit vers l'acquisition de la «compétence communicative».

a) Dans la première direction, on trouve évidemment les travaux de Piaget et de son école. La méthode «clinique» de Piaget vise en effet essentiellement, à l'occasion de tâches cognitives diverses, à faire produire par l'enfant des «arguments» à l'appui de ses réponses. Mais le but de l'entretien est d'explorer la représentation que l'enfant se fait du problème, en lui faisant expliciter les motifs de ses réponses, en lui suggérant d'autres situations comparables, en lui présentant d'autres réponses possibles, etc. Il n'y a pas tant *argumentation* proprement dite, qu'*explicitation* par l'enfant de sa réponse au problème. On le voit bien, par exemple, dans un travail d'A. Papert-Christofides (1972) consacré à la « psychogenèse de l'argumentation démonstrative ». L'auteur s'y intéresse, en fait, à la capacité des enfants à trouver (mentalement ou expérimentalement) un « antécédent » fondant la validité de leur réponse; c'est-à-dire à la capacité logique à *démontrer* une assertion. Ni les procédés argumentatifs (en tant qu'ils s'adressent à un auditeur, répondent à une question ou à une objection, ou anticipent sur elle), ni les procédés linguistiques utilisés pour la formulation des arguments, ne font l'objet d'un examen particulier.

D'une façon générale, les travaux de l'école piagétienne ont largement négligé l'aspect *verbal* de l'argumentation. Leur préoccupation est ailleurs: dans la psychogenèse des structures opératoires (et, plus récemment, des procédures cognitives), conçues comme indépendantes du langage, qui n'en fournit, au mieux, qu'un reflet.

b) C'est plutôt dans les recherches portant sur le développement de la « compétence communicative » chez l'enfant qu'on pourrait chercher des indications sur l'activité argumentative. Mais, ici encore, le problème n'est pas directement abordé. Deux types de questions constituent l'essentiel de la thématique en ce domaine:

- d'une part, les recherches, nombreuses, sur la communication référentielle: comment les enfants parviennent-ils à établir, au cours d'une communication, un référent commun? (Cf. à ce sujet Beaudichon, 1982);

- d'autre part, des études variées portant sur la « compétence conversationnelle », et plus généralement sur les conversations entre enfants, ou entre enfants et adultes (cf. une revue dans Slama-Cazacu, 1977). La problématique s'étend ici depuis les effets des contraintes conversationnelles sur l'acquisition des règles grammaticales (par exemple Bates et McWhinney, 1979), jusqu'à l'acquisition des règles de l'échange verbal: alternance des prises de parole, couples question-réponse, etc. (cf. par exemple le recueil d'Ervin-Tripp et Mitchell-Kernan, 1977).

Ces études n'abordent pas, en général, l'argumentation elle-même. Elles fournissent cependant des indications intéressantes concernant l'aptitude des jeunes enfants à participer de façon adaptée à un échange verbal. Deux types de résultats nous paraissent ici particulièrement pertinents.

En premier lieu, la mise en question de la notion piagétienne d'égocentrisme enfantin[7] a amené à mettre en évidence, dans le comportement verbal, des capacités de *décentration* assez précoces (et jusque là sous-estimées) : adaptation du contenu et de la forme du message aux capacités présumées de l'interlocuteur (Gelman et Shatz, 1977), utilisation de formes indirectes (Bates, 1976), interprétation de l'énoncé en fonction de l'intention du locuteur (Ackermann, 1978, 1979). D'une façon générale, l'aptitude à participer à l'échange verbal en tenant compte (en production comme en compréhension) du point de vue du partenaire, apparaît plus précoce qu'on n'aurait pu le penser : on en trouve des manifestations dès 4 ans (Gelman et Shatz, Bates, *loc. cit.*), voire même plus tôt (Dore, 1977).

En second lieu, l'aptitude à *anticiper* sur la suite de l'échange, et à mettre en œuvre une ébauche de planification, s'observent également très tôt. Dès l'âge de 3 ans, le maniement de l'interrogation par exemple (Dore, 1977; Garvey, 1979) témoigne de la capacité de l'enfant à introduire des «sous-buts» au sein de la conversation, sans interrompre la cohérence séquentielle de celle-ci.

Cette double possibilité, de décentration et de planification, doit permettre à l'enfant, assez tôt, d'organiser des procédures argumentatives au moins rudimentaires. Nos propres observations nous ont permis de constater qu'elles étaient loin d'être exceptionnelles chez des sujets de 3-4 ans. C'est d'ailleurs vers cet âge que les observateurs signalent — outre la maîtrise, que nous venons de noter, des procédés conversationnels — la capacité des enfants à organiser une interaction fondée sur le seul langage (cf. par exemple Camaioni, 1979).

Il reste que ce type d'activité verbale a été jusqu'ici, à notre connaissance, peu étudié. Un travail, d'orientation socio-linguistique, de Brenneis et Lein (1977) analyse des discussions d'enfants (dans les conditions, quelque peu artificielles il est vrai, d'un jeu de rôles) pour en dégager les procédés argumentatifs utilisés; mais les auteurs se bornent à une typologie des énoncés (menaces, promesses, insultes, etc.), des types de séquences (répétition, escalade, inversion) et des procédés stylistiques (volume, rapidité, accentuation), qui n'éclaire guère les processus psychologiques mis en jeu.

Une étude systématique de l'argumentation reste à faire. Avant de définir quelques-uns des problèmes qu'elle aura à aborder, nous voudrions illustrer notre propos par l'analyse d'un exemple.

II. La séquence que nous analyserons est empruntée à une recherche sur le raisonnement expérimental chez des élèves de 6ᵉ et 5ᵉ (Cauzinille, Mathieu et Weil-Barais, 1983, p. 71)[8]. Un groupe d'élèves de 5ᵉ tente d'élaborer une procédure expérimentale pour expliquer la moisissure du pain. Ils envisagent — au moment que nous considérons — deux facteurs: la température, et le contact entre les morceaux de pain. La discussion suivante a alors lieu entre un élève (noté E1) et ses camarades:

1	E1	:	On peut mélanger.
2a	-	:	Non, il faut pas tout mélanger,
b			on peut pas tout faire ensemble.
3	E1	:	Mon idée est de faire tout ensemble, le contact avec la température.
4	-	:	Tu feras ça tout seul.
5	-	:	Il n'y a pas de rapport entre la choucroute et les raviolis.
6a	E1	:	Il vaut mieux faire tout de suite le contact et la température,
b			on verra tout.
c			Si on met le contact avec la température, le contact peut ne pas jouer le même rôle avec la température.
7a	-	:	Moi je ne suis pas d'accord,
b			le contact c'est pas la même chose que la température,
c			il faut faire chacun séparément.
d			Pourquoi le faire en même temps?
8a	E1	:	Ça va plus vite.
b			Tu fais pas deux expériences, une sur le contact et une sur la température.
c			Moi, je vais faire qu'une expérience,
d			vous, vous en aurez deux.
e			Une expérience sur le contact ne sert à rien, elle est incluse dans l'autre.
9	-	:	Nous on fait le contact.
10a	E1	:	Vous êtes des cons,
b			on le fait ensemble.
c			Dans une seule expérience on peut tout faire.

L'enjeu de la discussion est clair. L'élève E1 envisage (et réalisera d'ailleurs effectivement) un plan factoriel à deux facteurs, alors que ses camarades ne veulent faire varier qu'un seul facteur à la fois. L'argumentation, de part et d'autre, vise à une prise de décision commune.

Son schéma général est simple: E1 propose de «faire tout ensemble, le contact avec la température» [3] et fournit deux arguments: l'un théorique, celui d'une interaction possible entre les deux facteurs [6c], l'autre pratique, celui d'une économie de temps et d'effort [8]. Ses camarades refusent la suggestion [4, 9], en se fondant sur l'argument d'une différence de nature entre les deux facteurs [5, 7b]. A partir de ces arguments, le déroulement de la discussion construit tout un jeu stratégique, mettant en œuvre un ensemble de moyens linguistiques.

1. La sémantique des objets et prédicats[9]

Au niveau le plus simple, on peut d'abord dégager une opération élémentaire de prédication. Deux «objets»: le contact et la température; un prédicat: faire. (Prédicat à deux places, mais dont l'un des arguments — l'agent — est le groupe lui-même: «on»; nous verrons plus loin les transformations que subit cet agent). Sur ces éléments du discours, deux démarches différentes s'affrontent.

La démarche de E1 comporte deux aspects complémentaires:

- d'une part, construire un objet unique «contact + température», marqué verbalement par «avec» [3, 6c], «et» [6a], «tout» [3, 6b, 10c], «ensemble» [3, 10b]; l'unicité de l'objet se transférant sur la prédication: «faire tout ensemble» = «mélanger» [1], «pas deux» [8b], «faire qu'une» [8c], «incluse dans l'autre» [8e], «une seule» [10c];

- d'autre part, «mobiliser» objets et prédicat, en explicitant leur sémantique *par rapport à la situation*, c'est-à-dire en développant la signification des termes en fonction de ce qu'on pourrait appeler l'«ensemble de pertinence»[10] de la tâche. Cette démarche se manifeste à trois reprises. D'abord, en [3], par la reprise du «tout ensemble» énoncé par les opposants: l'expression (volontairement très générale) est reformulée dans le cadre du domaine de travail: «le contact et la température». Ensuite, la procédure d'explicitation se centre sur le prédicat: il s'agit de *faire* pour *voir* [6b]; pour voir si les facteurs étudiés *jouent un rôle* [6c], c'est-à-dire de faire une *expérience* [8b, c, e; 10c]. Enfin, l'explicitation du prédicat se répercute sur les objets: le contact prend un statut d'agent possible, il *peut jouer un rôle* [6c]; et l'objet «température» devient une variable: le locuteur joue sur l'ambiguïté de «avec» qui, dans ses deux occurrences successives en [6c], signifie d'abord «en même temps que (la température)», et ensuite «selon (la température)».

En résumé, on contaste d'abord un effort pour constituer un nouvel objet de discours (et de pensée) complexe; d'autre part un jeu sur les relations sémantiques liées à l'ensemble de pertinence défini par la tâche, visant à la fois à justifier l'unité du nouvel objet et à en construire les propriétés.

De la part des contradicteurs, la démarche est beaucoup plus simple: elle consiste à maintenir fermement la distinction des deux objets [5, 7b], en prenant comme domaine de référence (comme «ensemble de pertinence») non pas celui de la tâche, mais celui de la connaissance générale du monde, et des règles qui y prévalent. Règles pratiques:

«il faut pas tout mélanger» [2a], le «tout» restant non qualifié (et la maxime est alors irréfutable!); règles sémantiques: un x est un x, et pas un y, quel que soit l'objet dont on parle [5, 7b].

Quant au prédicat «faire», il reste également identique à lui-même, sans aucun glissement de sens [2b, 4, 7c, d, 9].

En somme, l'enjeu de la discussion est — à ce niveau d'analyse — d'ordre sémantique: les termes employés renvoient bien, pour les partenaires, aux mêmes référents; mais — pour reprendre la distinction de Frege — s'ils ont la même *dénotation*, ils n'ont pas le même *sens*; ils s'inscrivent dans des domaines représentatifs (des ensembles de pertinence) différents. Ce qui fonde la possibilité de l'argumentation — et la rend en même temps inévitable — c'est la *flexibilité sémantique* des termes de la langue (cf. Barclay & al., 1974).

2. Les modalités

On peut noter l'usage assez fréquent d'assertions modalisées: E1 utilisant exclusivement *pouvoir* [1, 6c, 10c], ses camarades *falloir* [2a, 7c] et *ne pas pouvoir* [2b].

Notons d'abord que ces expressions modales ne donnent guère lieu à une exploitation de type logique, sauf peut-être dans la paraphrase de [2a] en [2b], qui pourrait se ramener à l'équivalence: $\Box\,(\sim p) \equiv\, \sim \Diamond\,(p)$. Nous y reviendrons dans un instant.

Plutôt qu'un calcul logique, ce qui se développe dans la discussion, c'est une exploitation fonctionnelle des valeurs modales. E1 joue sur la modalité du possible, ses adversaires sur celle du nécessaire (ou de l'impossible). Pour le premier, il s'agit d'ouvrir le champ des décisions à envisager, en sélectionnant l'une d'entre elles pour l'évaluer [6a, b], la comparer aux autres [8], et déployer à nouveau les possibilités de la situation envisagée, en focalisant l'une de ces possibilités [6c]. Pour les autres élèves, la décision est présentée comme déterminée de façon unique [7c] en fonction d'une règle générale [2a] qui en même temps disqualifie la proposition de leur camarade [2b].

On voit que la fonction des termes modaux, comme instruments argumentatifs, est multiple:
- *pouvoir* a pour effet premier de neutraliser l'assertion, la présentant non comme prise de position du sujet, mais comme objet d'examen[11]; en second lieu, de poser la situation comme ouverte, permettant

des opérations de comparaison et d'évaluation; enfin, de focaliser l'une des variantes de la situation pour en faire l'objet du discours;

— *il faut* pose, au contraire, la situation comme déterminée de façon unique; et présente par ailleurs cette détermination comme contrainte objective, indépendante du locuteur.

Les deux opérations ne sont donc, en ce qui concerne leur fonction discursive, nullement symétriques. Mais leur articulation se fait par *ne pas pouvoir*, qui joue à la fois comme paraphrase possible de *il faut*, et comme négation de *pouvoir*. Sans doute cette articulation est-elle, formellement, correcte; mais au niveau de son fonctionnement dans le discours elle entraîne une distorsion de sens. L'équivalence logique:

VRAI [NECESSAIRE (non-p)] ≡ VRAI [NON POSSIBLE (p)] ≡ FAUX [POSSIBLE (p)] ne vaudrait que dans un système formel. Or, on se trouve ici devant un cas analogue à la «flexibilité sémantique» notée précédemment. En premier lieu, les modalités employées sont-elles *de re* ou *de dicto*? En second lieu, s'agit-il de modalités aléthiques, déontiques, épistémiques? En fait, toute l'argumentation joue sur un glissement perpétuel entre ces différents niveaux. Pour ne prendre qu'un exemple, la suggestion de E1 en [1] exprime une possibilité d'ordre pratique («il est faisable de...»), la réponse de son camarade en [2b] exprime en revanche une modalité déontique («il n'est pas permis de...»). Par ailleurs, la suggestion de [1] semble exprimer une possibilité *de re*, mais elle est paraphrasée immédiatement [3a] en *de dicto*. Pluralité de niveaux[12] que le langage permet, et sur laquelle se fonde la dynamique du discours, — mais qui ne peut être ramenée au formalisme des logiques modales.

Ces remarques visent simplement à suggérer la complexité des mécanismes mis en œuvre, sans prétendre en rendre compte de façon complète. Une psycholinguistique des modalités reste à faire.

3. Les repérages énonciatifs

La prise en charge des énoncés par les sujets ne s'effectue pas seulement au niveau des modalités. Elle s'exprime aussi par tout un jeu de relations établies entre les contenus propositionnels, les locuteurs et la situation. Pronoms personnels, temps verbaux, modes illocutoires, ont pour fonction de constituer ces relations.

Sans procéder à une analyse détaillée, nous nous bornerons à quelques remarques.

Les *pronoms personnels* sont employés de façon complexe. On peut noter, d'abord, l'opposition entre personnels proprement dits (*je, tu, nous, vous*) et impersonnels (*on, il*)[13]. Un second système d'oppositions est évidemment celui qui s'établit entre *je* (ou *nous*) et *tu* (ou *vous*). Il est facile de suivre, dans le texte, le jeu de ces oppositions. La référence au sujet collectif (et quelconque) «on», à laquelle E1 tente de se maintenir [1, 6, 10] est contestée à trois reprises, soit par exclusion de l'adversaire [4], soit par retrait du locuteur [7], soit par redéfinition à partir d'une référence personnelle («Nous on» [9]). L'autre démarche de E1, en [8], vise à placer l'un de ses interlocuteurs (*tu*) dans son propre camp, en le dissociant du *vous*, et en renforçant l'opposition («moi je...; vous, vous...»).

On peut envisager deux niveaux d'interprétation de ce «jeu de langage». Le premier serait d'ordre psycho-social: présenter ou contester une certaine image du groupe, jouer sur le désir de cohésion et la réduction des «dissonances cognitives», etc. A un autre niveau, d'ordre cognitif, une hypothèse de recherche intéressante serait celle d'une assignation à des registres différents (locuteur, partenaire, sujet impersonnel de l'opinion générale, etc.)[14] des différentes prises en charge de contenus propositionnels, les stratégies argumentatives ayant pour but d'assurer des transferts d'un registre à l'autre. Mais il ne s'agit que d'une direction de recherche possible.

Mentionnons deux autres points, pour terminer. D'abord, le jeu des *temps verbaux*. Dans une discussion qui se situe au présent, on note plusieurs intrusions du futur [4, 6b, 8c, d]. Il est visible qu'il ne s'agit pas de relations temporelles entre événements dans le temps chronologique; les temps ont ici, pour la plupart, une valeur essentiellement modale: présent intemporel des assertions générales, futur hypothétique des possibles envisagés.

Enfin, l'*interrogation* de [7d] n'a sans doute pas (comme le contexte le montre bien) valeur d'une demande d'information, mais de procédé (rhétorique) visant à mettre l'adversaire dans l'incapacité de répondre. (En fait, celui-ci répond, et prend par là l'avantage, qu'il exploite, on l'a vu, en tentant de dissocier son interlocuteur — présumé coopératif — de la masse des contradicteurs).

«Jeu de langage» en somme — non pas au sens d'activité ludique, mais de jeu de stratégie, soumis à des règles, et donnant lieu à des procédures au moins aussi riches et complexes que les jeux (échecs, go, ...) auxquels se sont intéressés jusqu'ici les chercheurs en psychologie cognitive.

4. Les liaisons entre énoncés

A ce niveau, on aura peu de remarques à faire. La discussion est incontestablement cohérente, mais d'une cohérence assurée par des moyens essentiellement sémantiques: reprise des termes (objets et prédicats) soit directement, soit par anaphore. Les liaisons entre propositions ne sont marquées qu'une seule fois par un connecteur: si [6c].

La seule remarque — mais qui nous paraît importante — qu'on puisse faire sur cette utilisation de *si* est qu'elle n'a rien de logique (que l'on essaye, par exemple, la contraposition!). A moins de rétablir, de façon purement *ad hoc*, une proposition «sous-entendue»: «Si on met... (alors on pourra constater que)...». Il nous semble plus pertinent de voir dans ce *si* une illustration excellente de l'analyse proposée par Ducrot (1972): «Si p, q» propose à l'interlocuteur une situation possible, et dans ce cadre, fournit une information. Utilisation pragmatique, et non logique.

En conclusion, l'argumentation que nous venons d'analyser (un peu longuement peut-être, et néanmoins sommairement) met en jeu un ensemble de procédés d'ordre essentiellement verbal :

- exploitation de la flexibilité sémantique des termes, pour déployer à partir des objets et prédicats un ensemble d'associations, au sein de domaines de savoir préalables («préconstruits», pour reprendre le terme de Grize), mais divers;

- jeu de prises en charges, portant à la fois sur les modalités de l'assertion et sur les repérages par rapport aux sujets et à la situation d'énonciation, et dont nous avons essayé de dégager quelques-unes des fonctions;

- plus généralement, utilisation d'opérateurs verbaux (nous reviendrons plus loin sur le cas, particulièrement intéressant, des connecteurs) comme instructions de traitement pour la construction et la transformation d'objets de discours.

L'exemple proposé n'est évidemment qu'un exemple isolé, et l'analyse que nous en avons proposée ne prétend donner qu'une idée, et de la complexité des mécanismes mis en jeu, et de quelques-uns des problèmes qu'aurait à aborder une étude psychologique des procédures argumentatives. Nous la conclurons par deux remarques.

En premier lieu, on peut, à son propos, saisir la différence profonde qui sépare une argumentation (discursive) d'une démonstration (logique). Les objets et les prédicats ne sont pas stables et bien définis, mais flexibles et susceptibles d'enrichissements, de transformations, de glissements; les opérations jouent simultanément à plusieurs niveaux, passent d'un niveau à l'autre; il n'y a pas calcul formel, mais construction et ajustement progressifs d'une représentation qui cherche à être partagée. Activité qui s'exerce par le langage et s'appuie sur ses ressources.

En second lieu, l'exemple étudié provenait, on s'en souvient, d'élèves de 5e. A ce niveau d'âge, on peut constater le caractère complexe, voire sophistiqué, des procédures argumentatives utilisées. Comment ces procédures se sont-elles construites? Quel est leur devenir dans l'accès à l'âge adulte? Ce n'est que dans cette perspective génétique que pourront être résolus quelques-uns des problèmes que nous avons soulevés chemin faisant.

Dans la dernière partie de cet article, nous voudrions définir maintenant, de façon plus générale, quelques-uns des aspects essentiels de la problématique ainsi ouverte, tout en les situant par rapport à quelques acquis actuels de la recherche en psycholinguistique génétique.

III. Une étude systématique de la genèse et du développement des procédures argumentatives peut, comme on vient de le voir, être abordée — dans la perspective psycholinguistique qui nous intéresse — à trois niveaux: celui des opérations (sémantiques) de construction et de transformation des objets et prédicats; celui des opérations (pragmatiques) de prise en charge des énoncés; enfin, celui des mises en relations des énoncés entre eux.

Nous ne pourrons ici que formuler brièvement quelques-uns des problèmes essentiels qui se présentent à chacun de ces niveaux.

1. Objets et prédicats

Même sous ses formes les plus simples, l'argumentation vise à proposer, par le moyen du langage, une certaine représentation à l'adhésion de l'interlocuteur. A cette fin, elle met d'abord en œuvre des opérations de nature sémantique. Nous en signalerons trois aspects.

a) En premier lieu, comme nous l'avons signalé en analysant l'exemple précédent, la signification des termes (des «objets de discours») ne renvoie pas à des concepts stables et bien définis, mais dépend de l'«ensemble de pertinence» considéré. Nous avons suggéré, à ce propos, un rapprochement avec le phénomène de *flexibilité sémantique*. Un des procédés fondamentaux de l'argumentation pourrait consister à exploiter cette détermination contextuelle des significations, en proposant des contextes susceptibles d'induire, chez le partenaire, ce que Bransford & al. (1976) appellent une « activation sélective et flexible des associations ».

On dispose, pour l'instant, de peu de données directes sur la flexibilité sémantique dans le langage enfantin. L'étude des procédures argumentatives pourra apporter à cet égard des indications utiles : d'abord sur le fonctionnement, et l'évolution avec l'âge, des déterminants contextuels de la signification; ensuite, sur la capacité de l'enfant à passer d'un « ensemble de pertinence » à un autre; enfin, sur l'aptitude à exploiter argumentativement cette flexibilité sémantique [15].

b) En second lieu, objets et prédicats renvoient à des savoirs acquis — ou à des « préconstruits », selon l'expression de Grize. En d'autres termes, leur utilisation dans le discours suppose l'activation (ou l'évocation) d'un ensemble de relations stockées dans ce qu'il est convenu d'appeler « mémoire sémantique ».

Sur l'organisation de cette mémoire sémantique chez l'enfant, les travaux ne manquent pas [16]. Mais la plupart des résultats dont on dispose ont été obtenus à l'occasion d'épreuves de compréhension, et sur des phrases isolées. Une étude attentive des productions d'enfants, ayant à mettre en œuvre à des fins pratiques cette « mémoire sémantique », apporterait des indications précieuses sur l'organisation et le fonctionnement de celle-ci.

Nous ferons deux remarques à ce sujet.

La première, c'est qu'il existe actuellement un décalage — que les recherches dont nous parlons devraient permettre de combler — entre les données dont on dispose sur la sémantique du langage enfantin, et les modèles actuels de la mémoire sémantique (souvent conçus dans la perspective d'une simulation informatique), qui sont généralement incapables de rendre compte des processus d'acquisition [17].

La seconde, c'est que les liaisons sémantiques mises en œuvre dans les activités discursives ne sont sans doute pas à concevoir sur un modèle logique (du type emboîtement des classes, par exemple). La « logique » des relations sémantiques — qui fonde la « logique » du discours — réclame des modèles à la fois plus souples et plus complexes. Sans entrer dans le détail, rappelons que J.B. Grize emprunte à Lesniewski, pour décrire le fonctionnement des objets dans le discours argumentatif (adulte) la notion de « classe méréologique »; et que les travaux de Wermus (1976) sur la notion de « prédicats amalgamés» et sur les opérations auxquelles ils donnent lieu, pourraient fournir des suggestions intéressantes.

c) Enfin, un aspect qui nous paraît essentiel dans la construction et le traitement des représentations, est la délimitation des unités sur lesquelles s'effectue le traitement: construction d'unités nouvelles à partir d'unités plus simples, ou au contraire décomposition d'unités en leurs éléments constituants. Le rôle des instruments linguistiques nous paraît ici essentiel. Nous avons vu, dans l'exemple de la section précédente, comment un élève s'efforçait de construire ainsi un objet de discours nouveau pour en explorer les propriétés possibles. Le langage offre ici un ensemble d'instruments: le plus simple étant la dénomination de l'objet nouveau (rappelons, par exemple, comment cette dénomination de l'objet collectif facilite le traitement de l'inclusion — par exemple Markman, 1973); on peut citer encore les termes de liaison (cf. dans notre exemple «et» et «avec»), les quantificateurs (on pourrait examiner, dans le procole cité, le fonctionnement du pronom «tout»), pronoms anaphoriques, etc.

Ce qui est à retenir à ce propos, c'est que les instruments verbaux ne servent pas seulement à «activer» des liaisons ou des concepts préexistant en mémoire permanente (ou en «mémoire sémantique»); ils servent aussi (et peut-être surtout) à les organiser en «mémoire de travail»: soit qu'on les considère (en production) comme *traces* du traitement cognitif, soit qu'ils jouent le rôle (en compréhension) d'*instructions* de traitement. Nous reviendrons sur ce point dans un instant.

2. La prise en charge

Les énoncés ne se réduisent pas à de simples contenus propositionnels. Ils font l'objet d'une «prise en charge» que Grize (1983) définit comme une «polyopération» consistant simultanément à:
- assigner (explicitement ou implicitement) une source à l'énonciation;
- spécifier le type d'acte effectué par cette source;
- affecter une certaine modalité à l'énoncé.

Ici encore, nous nous en tiendrons à quelques remarques concernant ces trois aspects.

a) La représentation proposée par le discours (ou, pour employer le terme de Grize, la «schématisation») n'est pas le simple tableau d'un «état de choses»: elle contient aussi l'«image» des partenaires du discours (et éventuellement, d'autres partenaires possibles). En d'autres termes, les énoncés sont rapportés à des énonciateurs divers, comme produits d'actes d'énonciation qui peuvent à leur tour faire l'objet d'autres énonciations... Cette «polyphonie» (Ducrot) du discours n'a guère fait l'objet d'études psycholinguistiques[18]. L'argumentation en fait un usage constant. Nous ferons, à ce sujet, deux observations.

Tout d'abord, on peut trouver, même chez des enfants assez jeunes, un recours parfois très complexe à ce jeu des prises en charge énonciatives.

Ainsi, Julie (4;8) à qui son père vient de reprocher de ne pas s'être lavé les dents, lui oppose la protestation véhémente:
«Tu peux le dire à maman, que je m'ai pas lavé les dents, elle te dira que je m'ai lavé les dents. Et en plus, c'est vrai. Et en plus, je mens pas. Et c'est toi qui mens». Cette combinaison d'énonciations actuelles et virtuelles, référées à trois énonciateurs distincts, compliquée d'énonciations sur l'énonciation, se développe, on le notera, dans un ordre qui n'est nullement quelconque, pour aboutir à renvoyer au partenaire la charge de la preuve.

D'autre part, cette assignation des énoncés à des sujets distincts permet, dans le cadre du dialogue, la mise en œuvre précoce de procédures de «raisonnement» généralement attestées beaucoup plus tard dans des épreuves individuelles. C'est le cas, par exemple, de démarches comme le *modus tollens* ou le contre-exemple, couramment utilisés par des enfants, même jeunes, comme procédures de réfutation. La considération d'une hypothèse, la prise de conscience d'une contradiction, posent sans doute à l'enfant des problèmes cognitifs important s'il en reste à une représentation individuelle de la situation (les travaux de l'école de Genève l'ont bien montré); mais ils sont monnaie courante dans le dialogue.

Deux exemples, tirés d'observations sur le même enfant.

1. Julie (5;3) observe son frère qui vient de tomber et à qui son père a dit: «Tu aurais pu te casser quelque chose». Comme il cesse peu à peu de pleurer, elle remarque: «Si t'aurais quelque chose cassé, tu pleurerais toujours». La conditionnelle contrefactuelle (induite par l'énoncé précédent) exprime bien une démarche du type *modus tollens*.
2. La même fillette, plus jeune (4;3) a beaucoup remarqué, dans un livre d'images, un «zombie», personnage aux ongles longs et pointus. Comme elle refuse de se laisser couper les ongles, sa mère lui dit: «Si tu as les ongles longs, tu seras un zombie». Elle répond aussitôt: «Ben, Annick elle a les ongles longs, et c'est pas un zombie». Formellement, on peut voir là une réfutation parfaite de la règle «Si p, alors q» par le contre-exemple «p et non-q»[19].

L'élaboration d'un modèle psycholinguistique de ces opérations de «prise en charge» pose un problème difficile, mais capital. L'étude des opérations argumentatives aura sans doute beaucoup à apporter en ce sens, puisque l'argumentation se fonde précisément sur la différence entre les énonciateurs, pour tenter de réduire cette différence.

b) Un second aspect de la prise en charge est la spécification du type d'acte (illocutoire) effectué. Sur ce point, les données génétiques sont abondantes, qu'elles portent sur la typologie des *speech acts* utilisés par l'enfant (par exemple Dore, 1977), ou sur la compréhension d'actes de langage indirects (par exemple Bates, 1976). Mais on sait encore peu de choses[20] sur la genèse et le fonctionnement des contraintes discursives exercées par ces différents types d'actes, et sur les stratégies qui peuvent s'y fonder. L'intérêt que présenteront des données et des modèles psychologiques à ce sujet est renforcé par le fait que, de leur côté, les chercheurs travaillant en Intelligence Artificielle sur la compréhension du langage expriment le besoin d'une «logique illocutoire» permettant un «calcul des actes de langage» (Winograd, 1981).

c) Enfin, sur les *modalités*, nous avons émis plus haut quelques suggestions, et noté surtout que le problème restait à peu près entièrement à aborder. Si le développement des notions modales chez l'enfant a donné lieu déjà à des travaux remarquables (G. Piéraut-Le Bonniec, 1974), la psycholinguistique des expressions modales n'a guère été étudiée[21].

3. Les enchaînements d'énoncés

Enfin, l'argumentation se déroule dans le temps: démarche orientée vers une fin, elle suppose des «stratégies» plus ou moins complexes, organisant moyens et sous-buts, et s'appuyant sur divers procédés linguistiques.

Les travaux de Ducrot et Anscombre (cf. Ducrot, 1980; Anscombre et Ducrot, 1983) ont tout particulièrement mis en évidence, au niveau de l'analyse linguistique, le phénomène d'*orientation argumentative* qui fait qu'un énoncé donné impose, par sa forme même, certaines contraintes sur les énoncés qui peuvent le suivre. La structure thème-commentaire[22] (ou la relation présupposé-posé, qui lui est apparentée) joue un rôle de ce genre. De nombreux opérateurs verbaux (*presque, même, d'ailleurs*, etc.) ont également pour fonction de marquer cette orientation. L'étude génétique de l'utilisation et de la compréhension de ces procédés linguistiques a déjà été abordée par certains chercheurs (notamment M. Kail, 1979). Elle pourra apporter des éléments importants à la compréhension des procédures argumentatives de l'enfant.

Une catégorie d'instruments linguistiques qui assure une fonction essentielle dans cet enchaînement des énoncés — et dans la «logique naturelle» du discours — est constituée par les *connecteurs*. Sans en aborder ici une étude détaillée, nous mentionnerons simplement quelques-uns des problèmes qu'ils soulèvent.

Il est bien connu que les connecteurs de la langue n'ont, avec les opérateurs de la logique mathématique, que des rapports très lointains. Les études génétiques ont amplement montré que la maîtrise des opérations logiques, par exemple, de conjonction, de disjonction et d'implication, était très tardive — alors que l'enfant utilise très tôt, et de façon correcte, *et, ou, si*. Sans doute peut-on relever, dans les énoncés spontanés d'enfants, des formulations qui ressemblent à s'y méprendre à un raisonnement formel:

«Il pleure, Jérôme. Si Jérôme il pleure, alors c'est un bébé. C'est un bébé, Jérôme» (Julie, 4;1).

ou qui manipulent des combinaisons complexes de connecteurs:

«Si j'ai fait quelque chose et que je dis à maman que je l'ai pas fait, c'est un mensonge; ou si je dis à papa» (Jérôme, 6;1).

Faut-il voir, dans le premier exemple, l'expression (impeccable) d'un *modus ponens*; et paraphraser le second sous la forme $[p \wedge (q \vee r)] \Rightarrow s$? Il est pour le moins vraisemblable que l'enfant ne manipule pas ici des valeurs de vérité pour les combiner déductivement. On ne peut, pensons-nous, chercher à comprendre le sens de ces connecteurs si l'on n'y voit que l'expression de relations entre contenus propositionnels: leur fonction doit d'abord s'interpréter dans le cadre de la communication, c'est-à-dire de l'interaction verbale. Les données — encore très fragmentaires — dont on dispose invitent à explorer cette fonction dans plusieurs directions:

1. Cette fonction est d'abord liée à des opérations de *prise en charge* de l'énoncé. Nous avons, dans un travail antérieur (Caron, 1979), tenté de montrer que l'usage de *si*, par exemple, mettait en jeu (de façon variable selon les contextes) une distribution des opérations assertives entre les interlocuteurs[23]. La modalisation de la proposition introduite par *si* (éventuel, incertain, etc.) a donné lieu de son côté à des recherches assez nombreuses (Bates, 1976; Jakubowicz, 1978; Champaud et Jakubowicz, 1978; Berthoud et Sinclair, 1978; Piéraut-Le Bonniec, 1980; Wing et Scholnick, 1981; Scholnick et Wing, 1982). D'autres connecteurs ont commencé à faire l'objet d'investigations analogues (les deux derniers articles cités, par exemple, étudient de même *because, although* et *unless*). Il ne paraît pas suffisant toutefois, comme le font certains de ces travaux, d'assimiler ces aspects de la compréhension des connecteurs à la notion (passe-partout) de «présupposition» — elle-même ramenée à de l'information implicite.

2. Un second aspect du fonctionnement des connecteurs est à chercher dans la *délimitation des unités de traitement* en mémoire de travail: il s'agirait ici, soit de construire de nouvelles unités («chunks») sur lesquelles un certain type de procédure pourra s'effectuer, soit au contraire de distinguer, pour un traitement séparé, les éléments d'une représentation. Ainsi, en analysant les instructions verbales données par des enfants pour exécuter une tâche, J. Caron-Pargue (1982) a pu définir la fonction distincte de trois connecteurs (*et, puis* et *après*) en termes d'effacement ou de maintien du contenu de la mémoire de travail, et de rattachement à ce contenu d'une ou de plusieurs des unités qui suivent. Dans une expérience (non publiée) de rappel indicé, nous avons nous-même constaté un effet différent des conjonctions *mais* et *et*: le rappel tend à porter sur une seule des deux propositions conjointes par *et*, et sur l'ensemble des deux propositions conjointes par *mais*. Il serait intéressant d'explorer plus systématiquement ce phénomène.

3. Il y aurait lieu également d'étudier les effets de *focalisation* liés aux connecteurs. Ceux-ci ne se bornent pas à établir une relation sémantique entre les énoncés, ils leur attribuent une fonction différente dans le discours, centrant l'attention sur l'un ou l'autre des énoncés (éventuellement, sur tel ou tel élément de l'énoncé). Il existe peu de travaux à ce sujet: citons toutefois les performances différentes observées par Evans (1977) dans des raisonnements à partir de prémisses logiquement équivalentes, comportant *if* ou *only if*. Dans une expérience de rappel libre d'un texte (cf. Caron, 1983b), nous avons nous-même observé d'importantes différences dans le rappel des phrases, suivant qu'elles comportaient ou non certains connecteurs.

4. Enfin, il est possible que certains connecteurs jouent un rôle dans les transformations de ce que nous avons appelé «ensemble de pertinence» du discours. Dans une épreuve de complètement de phrases avec *mais* (Caron, 1983b, c), nous avons pu constater que cette conjonction était fréquemment utilisée dans un sens qui n'avait rien de «contrastif», mais tendait plutôt à compléter l'énoncé précédent, en y ajoutant une information supplémentaire, à prendre en compte en même temps que la précédente[24].

En conclusion, les connecteurs des langues naturelles nous paraissent jouer essentiellement le rôle d'*instructions procédurales* dans la construction d'une représentation; représentation qui, rappelons-le, n'est pas le simple tableau d'un état de choses, mais (au moins dans le cas de l'argumentation) celui d'une *situation d'interlocution*, dans laquelle divers énonciateurs (réels ou virtuels) se voient attribuer diverses prises de position. Un modèle psycholinguistique du locuteur reste à construire, susceptible de rendre compte de cette représentation, et de ses transformations possibles.

IV. L'activité argumentative a commencé depuis quelques années[25] à attirer l'attention des philosophes, des linguistes, des logiciens. Elle n'a guère préoccupé jusqu'ici les psychologues[26], peut-être à cause de son statut ambigu: ni tout à fait logique, ni tout à fait linguistique. C'est précisément cette situation intermédiaire qui nous paraît lui conférer un intérêt particulier.

Pour la psycholinguistique, d'abord. L'argumentation met en évidence, nous l'avons vu, des aspects importants du fonctionnement du langage assez peu abordés jusqu'ici. Rappelons-en quelques exemples: les transformations (enrichissements, spécifications, etc.) des objets et prédicats du discours mettent en jeu des opérations sémantiques qui soulèvent d'importants problèmes concernant l'organisation et le fonctionnement de la mémoire sémantique (et notamment l'articulation entre lexique interne et base de connaissances); les contraintes séquentielles liées à l'organisation de l'énoncé et au choix de certains lexèmes («orientation argumentative») invitent à concevoir la représentation sémantique comme une organisation fonctionnelle et dynamique; les opérations de prise en charge introduisent dans cette représentation un système de repérages énonciatifs dont dépend le traitement ultérieur des informations... Un modèle adéquat des opérations psycholinguistiques (et de leur ontogenèse) aura à rendre compte de ces divers phénomènes.

Plus généralement, c'est sur des démarches de type argumentatif que se fonde la «pensée naturelle». Elle ne se meut pas, en son exercice quotidien, au sein d'un univers d'idées claires et distinctes, et de vérités bien établies, sur lesquelles fonder des certitudes logiques et des décisions rationnelles. Dans un tel univers, l'accord des esprits irait de soi — comme le rappelle la pertinente réflexion d'un jeune philosophe de six ans, que nous citons en épigraphe de cet article. L'argumentation n'est pas une forme bâtarde de la pensée: elle en est la forme habituelle. Analyser les procédures élémentaires qui la constituent, et les stratégies qui la dirigent, c'est donc explorer les fondements mêmes de l'activité cognitive — la «logique naturelle» de la pensée.

Deux questions se posent alors, sur lesquelles nous conclurons. Tout d'abord, l'argumentation verbale n'est sans doute qu'une des formes d'actualisation de la «pensée naturelle». Même si — comme nous le pensons — l'activité cognitive ne peut se passer d'un support symbolique, le langage n'est qu'un des systèmes symboliques dont elle dispose. Et l'on peut alors chercher à définir la pensée comme activité extralinguistique, existant «avant et sans le langage» (Wermus, 1983). Mais les opérations psycholinguistiques ne sont vraisemblablement pas de nature différente des procédures intervenant dans d'autres activités cognitives: la richesse et la densité temporelle des indices comportementaux fournis par les productions verbales font de celles-ci un moyen d'accès privilégié à l'étude des processus fondamentaux de la pensée. On peut aller plus loin, et se demander si les caractères spécifiques du langage (liés à sa fonction de communication) n'exercent pas un effet en retour sur le fonctionnement des autres formes de représentation.

Ce qui ouvre la voie à une seconde question. Sans doute la «logique naturelle» de l'argumentation est-elle distincte de la logique formelle (mathématique); mais, dans une perspective génétique, elle ne lui est pas forcément étrangère. Qu'entre les régulations propres à l'interaction argumentative et les structures logiques de la pensée (idéalement) achevée, existent certains liens de filiation, c'est une hypothèse qui mérite, au moins, d'être explorée.

NOTES

[1] L'utilisation, par les Genevois, d'un modèle «énonciatif» comme celui de Culioli se borne souvent à y chercher un moyen de traitement des problèmes de référenciation.
[2] Ainsi, P. Bange (1981), se référant au linguiste allemand G. Ungeheuer, définit l'argumentation comme «l'ensemble des activités du producteur pour anticiper et guider l'interprétation du récepteur».
[3] Parti-pris méthodologique, sans plus. On peut, si l'on s'intéresse aux processus de persuasion, par exemple, admettre l'existence d'arguments non verbaux (l'affiche publicitaire, ou Phryné devant l'Aréopage, peuvent être effectivement de bons «arguments»). Mais notre problème se situe ailleurs.
[4] «Le recours à l'argumentation suppose l'établissement d'une communauté des esprits qui, pendant qu'elle dure, exclut l'usage de la violence» (Perelman et Olbrechts-Tyteca, 1970, p. 33).

[5] Et prosodiques, également. Nous n'en parlerons pas ici, mais il y a aurait certainement lieu de les prendre en compte dans une étude plus complète (cf. par exemple Kreckel, 1981).
[6] Pour une revue de ces travaux, cf. Caron (1983a).
[7] Souvent interprétée, il est vrai, de façon un peu simpliste.
[8] Nous remercions les auteurs pour nous avoir autorisé à utiliser ce fragment de protocole.
[9] Nous utilisons largement — et librement — dans l'analyse qui suit, et dans tout cet article, les notions proposées par Grize (1983), et son cadre général d'analyse du discours argumentatif. C'est à ses travaux, et à ceux de son équipe, que nous devons beaucoup des idées directrices de notre propre recherche.
[10] Nous empruntons cette notion aux travaux en cours de J. Caron-Pargue.
[11] On notera, en ce sens, la paraphrase de [3] : «Mon idée est de...». Par la suite, E1 reprend, cette fois sous forme assertive, sa proposition [6a, b], mais c'est pour poser la base d'une nouvelle opération de modalisation [6c]. Enfin, en [8] et [10], il s'en tient à l'assertion.
[12] Cf. un article de J.B. Grize (1973) qui signale ce «principe des niveaux variables» dans le discours naturel, et l'utilisation de l'«ambiguïté» des termes modaux comme «charnières mobiles entre familles modales».
[13] Le pronom *on* (en français) est ambigu : substitut courant de *Nous*, ou sujet collectif impersonnel. Mais cette ambiguïté n'est pas fortuite : elle marque une sorte d'effacement de l'énonciateur.
[14] Nous revenons plus loin sur cette «polyphonie» analysée par Ducrot (Ducrot & al., 1980 ; Anscombre et Ducrot, 1983).
[15] Les recherches sur la sensibilité des enfants à l'ambiguïté d'un énoncé (par exemple Robinson et Robinson, 1983) peuvent apporter des informations intéressantes à ce sujet.
[16] Cf. pour une revue d'ensemble G. Bramaud du Boucheron (1981).
[17] Cf. par exemple Denhière (1975).
[18] Les recherches (d'ailleurs pleines d'intérêt) sur la compréhension des «intentions du locuteur» (par exemple Ackermann, *loc. cit.*; Clark et Murphy, 1982) s'en tiennent à la notion d'inférences portant sur le contenu informationnel des énoncés; il en est de même, en général, des travaux sur la présupposition — notion d'ailleurs souvent assez mal définie (cf. la revue de Kail et Plas, 1979). Le paradigme expérimental d'identification du locuteur parmi plusieurs locuteurs possibles (utilisé par Clark et Garnica, 1974 et souvent repris depuis) tire parti de ces procédures d'assignation à l'énonciateur, mais n'en rend pas compte.
[19] Bien entendu, nous ne prétendons nullement que l'enfant manifeste par là une «compétence logique», et maîtrise la table de vérité de l'implication... Il reste que ces procédures de réfutation, dont on pourrait citer de nombreux exemples, réclameraient une étude approfondie.
[20] A part quelques travaux, cités plus haut (Dore, Garvey) sur les couples question-réponse.
[21] Citons cependant quelques travaux récents : Hirst et Weil (1982), Bassano (1982), Bassano et Champaud (1983).
[22] Elle a fait, depuis quelques années, l'objet de nombreux travaux, concernant soit ses origines (Greenfield, 1978 ; Bates, 1976), soit son rôle dans la construction de la syntaxe (Bates et McWhinney, 1979), soit les activités inférentielles auxquelles elle donne lieu dans la compréhension (Haviland et Clark, 1974, et les nombreuses recherches qui s'en sont inspirées).
[23] Dans un travail ultérieur (Caron, 1982), nous avons pu noter que les sujets plus jeunes apparaissent plus sensibles que les adultes à cette fonction pragmatique de *si*.
[24] L'expérience citée un peu plus haut va dans le même sens. Ajoutons que cette fonction

de « mais » apparaît d'autant plus fréquente que les sujets sont plus jeunes (une recherche non publiée, sur des enfants de 6 à 11 ans confirme cette tendance).

[25] Ou plutôt recommencé, car d'Aristote aux derniers traités de rhétorique du siècle dernier, la liste serait longue. Pour les travaux récents, on pourra trouver dans Oléron (1983) une bibliographie sommaire.

[26] Il faut toutefois mentionner — dans une perspective assez différente de celle que nous avons adoptée ici — les nombreux travaux de psychologie sociale sur la « communication persuasive ». Pour une revue de ces travaux, cf. par exemple Bautier (1981).

Bibliographie

ACKERMANN, B.P. (1978), Children's comprehension of presupposed information: logical and pragmatic inferences to speaker's belief. *Journal of Experimental Child Psychology, 26*, 92-114.
ACKERMANN, B.P. (1979), Children's understanding of definite descriptions: pragmatic inferences to the speaker's intent. *Journal of Experimental Child Psychology, 28*, 1-15.
ANSCOMBRE, J.C., DUCROT, O. (1983), *L'argumentation dans la langue.* Bruxelles: Mardaga.
BANGE, P. (1981), Argumentation et fiction. In: *L'Argumentation*, Lyon: Presses Universitaires de Lyon, 91-108.
BARCLAY, J.R., BRANSFORD, J.D., FRANKS, J.J., McCARRELL, N.S., NITSCH, K. (1974), Comprehension and semantic flexibility. *Journal of Verbal Learning and Verbal Behavior, 13*, 471-481.
BASSANO, D. (1982), Etude sur la modalité *croire*: L'interprétation d'énoncés avec « croire que... » chez des enfants de six à onze ans. *Archives de Psychologie, 50*, 165-190.
BASSANO, D., CHAMPAUD, C. (1983), L'interprétation d'énoncés modaux de type assertif (... savoir que...) chez l'enfant de 6 à 11 ans. *L'Année Psychologique, 83*, 53-73.
BATES, E. (1976), *Language and context: The Acquisition of Pragmatics.* New York: Academic Press.
BATES, E., Mc WHINNEY, B. (1979), A functionalist approach to the acquisition of grammar. In Ochs & Schieffelin, 176-211.
BAUTIER, R. (1981), Recherches expérimentales américaines sur la « communication persuasive ». In: *L'Argumentation*. Lyon: Presses Universitaires de Lyon, 203-218.
BEAUDICHON, J. (1982), *La communication sociale chez l'enfant.* Paris: P.U.F.
BERTHOUD, I., SINCLAIR, H. (1978), L'expression d'éventualités et de conditions chez l'enfant. *Archives de Psychologie, 46* (179), 204-233.
BRAMAUD DU BOUCHERON, G. (1981), *La mémoire sémantique de l'enfant.* Paris: P.U.F.
BRANSFORD, J.D., Mc CARRELL, N., NITSCH, K. (1976), Contexte, compréhension et flexibilité sémantique: quelques implications théoriques et méthodologiques. In: EHRLICH, S. & TULVING, E. (Ed.): *La Mémoire Sémantique* (N° spécial du *Bulletin de Psychologie*).

BRENNEIS, D., LEIN, L. (1977), «You fruithead»: A sociolinguistic approach to children's dispute settlement. In Ervin-Tripp & Mitchell-Kernan, 49-65.
CAMAIONI, L. (1979), Child - adult and child - child conversations: An interactional approach. In Ochs & Schieffelin, 325-337.
CAREY, P., BOYSSON-BARDIES, B. de (1974), What is the scope of negation? In: BRESSON, F. (Ed.) *Problèmes actuels en psycholinguistique*. Paris: CNRS.
CARON, J. (1979), La compréhension d'un connecteur polysémique: la conjonction «Si». *Bulletin de Psychologie, 32* (341), 791-801.
CARON, J. (1982), Différences inter-individuelles dans l'interprétation de «Si p, q». Comm. au Congrès International de Psychologie Appliquée. Edimbourg, Juillet 1982.
CARON, J. (1983a), *Les régulations du discours. Psycholinguistique et pragmatique du langage.* Paris: P.U.F.
CARON, J. (1983b), Représentation verbale et logique naturelle. In: *Actes du 2ᵉ Congrès de Psychologie du Travail de Langue Française*. Paris: E.A.P., 189-198.
CARON, J. (1983c), Langage et argumentation: Etude d'enchaînements d'énoncés. In: *La pensée naturelle*. Paris, P.U.F., 229-240.
CARON-PARGUE, J. (1982), Comment faire un nœud: l'organisation verbale des unités de traitement en mémoire de travail. Comm. au 20th International Congress of Applied Psychology, Edinburgh, 25-31 juillet 1982.
CAUZINILLE, E., MATHIEU, J., WEIL-BARAIS, A. (1983), *Les savants en herbe*. Berne: P. Lang.
CHAMPAUD, C., JAKUBOWICZ, C. (1979), Situation hypothétique et conditions de production des énoncés avec «si»: étude génétique. *Bulletin de Psychologie, 32* (341), 773-790.
CLARK, E., GARNICA, O.K. (1974), Is he coming or going? On the acquisition of deictic verbs. *Journal of Verbal Learning and Verbal Behavior, 13*, 559-572.
CLARK, H.H. (1975), Bridging. In: P.N. Johnson-Laird & P.C. Wason (Ed.). *Thinking: Readings in Cognitive Science*. Cambridge: Cambridge University Press, 1977, 411-420.
CLARK, H.H., LUCY, P. (1975), Understanding what is meant from what is said: A study of conversationally conveyed requests. *Journal of Verbal Learning and Verbal Behavior, 14*, 56-72.
CLARK, H.H., MURPHY, G.L. (1982), La visée vers l'auditoire dans la signification et la référence. *Bulletin de Psychologie, 35* (356), 767-776.
DENHIERE, G. (1975), Mémoire sémantique, conceptuelle ou lexicale? *Langages, 40*, 41-73.
DORE, J. (1977), «Oh them sheriff»: A pragmatic analysis of children's responses to questions. In: Ervin-Tripp & Mitchell-Kernan (1977), 139-163.
DUCROT, O. (1972), *Dire et ne pas dire*. Paris: Hermann.
DUCROT, O., & al. (1980), *Les mots du discours*. Paris: Ed. de Minuit.
ERVIN-TRIPP, S., MITCHELL-KERNAN, C. (1977), (Ed.), *Child Discourse*. New York: Academic Press.
EVANS, J. St. B.T. (1977), Linguistic factors in reasoning. *Quarterly Journal of Experimental Psychology, 29*, 297-306.
GARNHAM, A., OAKHILL, J., JOHNSON-LAIRD, P.N. (1982), Referential continuity and the coherence of discourse. *Cognition, 11*, 29-46.
GARVEY, C. (1979), Contingent queries and their relation in discourse. In Ochs & Schieffelin, 363-372.
GELMAN, R., SHATZ, M. (1977), Appropriate speech adjustments: the operation of conversational constraints on talk to two-years-olds. In Lewis & Rosenblum, 63-93.
GIBBS, R.W. (1979), Contextual effects in understanding indirect requests. *Discourse Processes, 2*, 1-10.

GREENFIELD, P. (1978), Informativeness, presupposition, and semantic choice in single - word utterances. In Ochs & Schieffelin (1979), 159-166.
GRIZE, J.B. (1973), Logique et discours pratique. *Communications, 20*, 92-100.
GRIZE, J.B. (1983), Opérations et logique naturelle. In: Borel, M.J., Grize, J.B., Mieville, D. *Essai de logique naturelle*. Berne: P. Lang.
HAVILAND, S.E., CLARK, H.H. (1974), What's new? Acquiring new information as a process in comprehension. *Journal of Verbal Learning and Verbal Behavior, 13*, 530-538.
HIRST, W., WEIL, J. (1982), Acquisition of epistemic and deontic meaning of modals. *Journal of Child Language, 9*, 659-666.
JAKUBOWICZ, C. (1978), Fait actuel ou fait virtuel? La compréhension d'énoncés conditionnels chez l'enfant. *L'Année Psychologique, 78*, 105-128.
KAIL, M. (1979), Compréhension de «seul», «même» et «aussi» chez l'enfant. *Bulletin de Psychologie, 32* (341), 763-771.
KAIL, M., PLAS, R. (1979), Psycholinguistique des présuppositions. Eléments pour une critique. *Semantikos, 3* (2), 1-26.
KRECKEL, M. (1982), *Communicative acts and shared knowledge in natural discourse*. New York: Academic Press.
LEWIS, M., ROSENBLUM, L.A. (1977), (Eds.), *Interaction, Conversation and the Development of Language*. New York: J. Wiley & Sons.
MARKMAN, E.M. (1973), The facilitation of part — whole comparisons by the use of the collective noun «family». *Child Development, 44*, 837-840.
OCHS, E., SCHIEFFELIN, B. (1979), (Ed.), *Developmental Pragmatics*. New York: Academic Press.
OLERON, P. (1983), *L'argumentation*. Paris: P.U.F.
PAPERT-CHRISTOFIDES, A. (1972), *La preuve: étude expérimentale sur la genèse de l'argumentation démonstrative*. Genève: Ed. Médecine et Hygiène.
PERELMAN, C., OLBRECHTS-TYTECA, L. (1970), *Traité de l'Argumentation*. Paris: P.U.F.
PIERAUT-LE BONNIEC, G. (1974), *Le raisonnement modal*. Paris-La Haye: Mouton.
PIERAUT-LE BONNIEC, G. (1980), Développement de la compréhension des phrases conditionnelles. *L'Année Psychologique, 80*, 65-79.
ROBINSON, E.J., ROBINSON, W.P. (1983), Children's uncertainty about the interpretation of ambiguous messages. *Journal of Experimental Child Psychology, 36*, 81-96.
SCHOLNICK, E.K., WING, C.S. (1982), The pragmatics of subordinating conjunctions: a second look. *Journal of Child Language, 9*, 461-479.
SLAMA-CAZACU, T. (1977), Les échanges verbaux entre les enfants, et entre adultes et enfants. In: Bronckart & al., *La genèse de la parole*. Paris: P.U.F., 179-246.
WERMUS, H. (1976), Essai de représentation de certaines activités cognitives à l'aide de prédicats à composantes contextuelles. *Archives de Psychologie, 44* (171), 205-221.
WERMUS, H. (1983), Modélisation de certaines activités de la pensée à l'aide des prédicats amalgamés. In: *La pensée naturelle*. Paris: P.U.F., 53-63.
WING, C.S., SCHOLNICK, E.K. (1981), Children's comprehension of pragmatic concepts expressed in «because», «although», «if» and «unless». *Journal of Child Language, 8*, 347-365.
WINOGRAD, T. (1981), What does it mean to understand language? In: Norman, D.A. (Ed.), *Perspectives on Cognitive Science*. Norwood: Ablex, 231-264.
YEKOVICH, F.R., WALKER, C.H., BLACKMANN, H.S. (1979), The role of presupposed and focal information in integrating sentences. *Journal of Verbal Learning and Verbal Behavior, 18*, 535-548.

TROISIEME PARTIE
COMPREHENSION ET PRODUCTION TEXTUELLES

« Il y a bien longtemps... »
Genèse de la compréhension et de la mémorisation de récits

G. DENHIERE

Ces dix dernières années ont vu se développer toute une série de recherches consacrées à l'étude expérimentale de la compréhension et de la mémorisation de textes. Comme nous avons eu l'occasion de le souligner (Denhière, 1983a), ces études ont surtout utilisé des textes aux caractéristiques bien définies, des récits, et ce n'est que depuis peu que les chercheurs se tournent vers des textes descriptifs (Waters et Lomenick, 1983) ou didactiques (Le Ny et Denhière, 1982).

Le but de ce chapitre consiste à présenter les résultats d'un certain nombre de recherches que nous avons réalisées avec des enfants de différents âges et des adultes dans le domaine du traitement cognitif des textes. Dans une première partie, nous exposerons l'essentiel du contexte théorique qui a présidé à l'élaboration de ces expérimentations; dans un souci de clarté nous exposerons successivement les hypothèses relatives aux textes puis aux individus en distinguant, pour ces derniers, ce qui relève des structures cognitives et des processus de traitement. La présentation des résultats expérimentaux, qui fait l'objet de la deuxième partie, sera ordonnée en fonction des tâches demandées aux enfants: résumé, rappel immédiat et différé, jugement explicite d'importance, reconnaissance immédiate et différée. La troisième partie présentera quatre expériences menées dans le but de tester des hypothèses explicatives concurrentes des principaux résultats obtenus aux épreuves précédentes. Pour terminer, nous esquisserons à grands traits le type de modèle cognitif qui rend le mieux compte des données enregistrées en mettant l'accent sur la genèse des diverses composantes du modèle.

PREMIERE PARTIE: LE CONTEXTE THEORIQUE

1.1. Le texte

De notre point de vue, on peut se contenter de définir un texte comme un ensemble de structures mentales linéarisées selon les règles d'usage de la syntaxe et de la sémantique et du genre littéraire auquel il appartient. Cette caractérisation très générale, qui néglige tous les facteurs qui font d'une œuvre littéraire un objet unique, convient à notre propos: elle laisse entrevoir la problématique que nous adopterons pour étudier la compréhension d'un texte en suggérant que la tâche du lecteur/auditeur consistera à délinéariser le flux d'information pour construire des structures mentales plus ou moins analogues à celles du scripteur/narrateur. Cette activité de construction de la signification d'un texte (Denhière et Legros, 1983) peut naturellement se révéler plus ou moins difficile selon les genres littéraires et la nature des textes. Dans tout ce qui suit, nous nous en tiendrons à un cas simple, celui des récits.

1.1.1. Récit et texte narratif

Dès maintenant nous introduirons une distinction entre récit et texte narratif: à la suite de Brémond (1973), nous entendons par récit, «une couche de signification autonome dont la structure est indépendante des techniques qui la prennent en charge» (pp. 11-12). Le sujet d'un roman peut être porté à la scène ou à l'écran ou encore servir d'argument à un ballet. Cette distinction entre le raconté et les racontants est utile car nous mentionnerons par la suite des recherches réalisées par Langevin (1980, 1983), Baudet (1983) et Cession, Kilen, Denhière et Rondal (1983) qui ont comparé la compréhension et la mémorisation du même récit présenté soit sous une forme verbale, soit sous une forme picturale (Denhière et Langevin, 1981).

Comme on le sait, le récit a fait l'objet de multiples études de la part des linguistes structuralistes qui ont repris et développé les travaux de Propp (1928, 1965) sur le conte populaire russe. Propp a isolé des invariants de la structure des contes, les fonctions, définies comme des actions qui concourent au déroulement de l'intrigue; ces fonctions, en nombre limité, se répartissent toujours dans le même ordre de succession le long de l'axe syntagmatique du discours. En s'inspirant de la linguistique des années 60 (et non plus de la morphologie), l'Ecole structuraliste française a introduit la notion de proposition narrative, définie comme un processus-prédicat et un personnage sujet (Brémond, 1973; Todorov, 1969). A la différence de Propp, la fonction n'est plus l'énoncé d'une action sans agent ni patient déterminé. Une autre différence majeure entre les conceptions de Propp et de ses héritiers réside dans le fait que ces derniers n'envisagent plus la succession des actions le long d'un seul axe et qu'ils ajoutent le concept d'intégration à celui de distribution. Ainsi, Barthes (1966) souligne que l'on doit considérer le récit comme une hiérarchie d'instances. Passant volontiers sur le versant psychologique, il écrit: «comprendre un récit, ce n'est pas seulement suivre le dévidement de l'histoire, c'est y reconnaître des «étages», projeter les enchaînements horizontaux du «fil» narratif sur un axe implicitement vertical. Lire (écouter) un récit, ce n'est pas seulement passer d'un mot à l'autre c'est aussi passer d'un niveau à l'autre» (p. 5). De même qu'il existe une hiérarchie d'instances, à l'intérieur d'un même niveau de structure, toute l'information ne revêt pas la même importance. Ainsi, Barthes (1966) distingue les fonctions cardinales des fonctions catalyses: alors que les premières jouent le rôle de noyaux et font avancer l'intrigue, les secondes gravitent autour des premières et remplissent l'espace narratif séparant deux fonctions cardinales. Tels sont, très rapidement évoqués, les apports de la linguistique structurale que nous considérons comme directement pertinents par rapport à nos objectifs de recherche.

1.1.2. La superstructure narrative

Nous emprunterons aux travaux de Labov et Waletzky (1967) (voir Gambier et Adam, 1981) et de Kintsch et van Dijk (1975) la définition de la superstructure narrative minimale du récit. Nous considérons qu'un récit minimal (un épisode) comporte les catégories suivantes:

a) *une exposition* qui comprend la description du (des) agent(s), de ses (leurs) caractéristiques, du lieu, du temps, et de la situation initiale;

b) *une complication*, ou nœud de l'intrigue, qui, en référence à la situation initiale, décrit un ou plusieurs événements inattendus ou remarquables;

c) *une résolution*, ou dénouement de l'intrigue, qui rapporte les actions subséquentes du (des) agent(s) en réaction aux événements de la complication et le résultat auxquelles elles aboutissent.

d) *une évaluation*: l'épisode entier peut être suivi d'une évaluation qui précise les réactions mentales de l'agent/narrateur de l'épisode;

e) *une morale*: cette catégorie, comme la précédente, n'est qu'optionnelle.

Des grappes de propositions (du type prédicat-argument(s), voir Denhière, 1983b) seront affectées à chacune de ces cinq catégories selon le rôle qu'elles remplissent dans le récit. Cette analyse peut bien sûr être raffinée (Denhière, 1982a) et prendre la forme d'une série de règles de réécriture pour devenir une grammaire de récit (Johnson et Mandler, 1980; Mandler, 1982; Mandler et Johnson, 1977; Rumelhart, 1975, 1977; Thorndyke, 1975). Le but de ces grammaires de récit est le même que celui des grammaires de phrases, « développer un système de règles qui fournisse un modèle théorique de la connaissance conventionnelle d'un sujet, émetteur ou récepteur, sur des phrases d'une part, sur des récits d'autre part» (Johnson et Mandler, 1980, pp. 54-55). Cette façon de voir n'a pas connu tout le succès qu'elle escomptait (De Beaugrande, 1981; Black et Bower, 1980) et nous ne la reprendrons pas à notre compte. Si nous acceptons l'idée que, pour une culture donnée, de nombreux récits peuvent partager des structures de contenu semblables, il demeure que cela peut exprimer deux possibilités:

— soit que les auteurs de ces récits ont des structures mentales communes, ce qui les conduit à produire des récits structurés de la même manière;

— soit que les récepteurs (lecteurs/auditeurs) de ces récits possèdent des structures mentales communes, ce qui les conduit par tout un jeu de régulations sociales complexes à favoriser la production de récits structurés de cette manière, ou à ne conserver en mémoire que les récits qui se conforment à leurs structures mentales (Denhière et Le Ny, 1980).

1.1.3. *Macrostructures cognitives et schémas*

En tant que psychologue, la seconde possibilité nous intéresse davantage que la première : elle nous amène à considérer que des structures mentales communes à la plupart des individus d'une société donnée gouvernent la compréhension et la mémorisation des récits. Sans qu'il soit nécessaire de détailler davantage, ceci permet de supposer que si les énoncés constitutifs d'un récit (et de tout texte en général) ont une structure propositionnelle, « c'est parce que les énoncés sont des objets physiques élaborés par un locuteur dans le but de produire des significations psychologiques, qui ont elles-mêmes une structure propositionnelle » (Le Ny et Denhière, 1982, p. 197). Ces propositions peuvent être organisées en unités — cognitives ou textuelles — de taille supérieure et certains dispositifs textuels, la division en paragraphes, par exemple (Denhière, 1982b, Le Ny, 1982), peuvent être utilisés pour signaler au lecteur que le développement correspondant à une telle unité est terminé et qu'un autre va commencer. Ces grosses unités de signification ont reçu des appellations variables selon les auteurs: cadres (Minsky, 1975), macrostructures sémantiques (van Dijk, 1980), scripts (Abelson, 1981; Bower, Black et Turner, 1979; Schank et Abelson, 1977) selon les objectifs poursuivis.

1.2. Les individus

1.2.1. Les structures cognitives

Nous n'évoquerons que pour mémoire les structures affectives et émotionnelles des individus (Bower, 1981; Legros, 1981; Le Ny, 1982b; Martins, 1981, 1982) et nous nous limiterons aux structures cognitives. La plupart des auteurs postulent trois niveaux de structures organisés de manière hiérarchique: les signifiés de lexèmes ou concepts, les propositions (relation entre un prédicat et un ou n arguments) et les assemblages de propositions ou schémas (Anderson, 1980; Kintsch, 1980; Thorndyke et Yekovich, 1980). Un exemple d'un tel schéma cognitif peut être fourni par la représentation d'événements fréquemment rencontrés dans la vie courante qui se déroulent de matière stéréotypée comme par exemple, «aller au restaurant», «fumer une pipe», «réparer une roue», etc, ... Ce type de schéma, «qui décrit des séquences d'événements appropriés dans un contexte particulier» (Schank et Abelson, 1977, p. 41) et a fait l'objet de nombreuses recherches dans le but d'étudier son mode d'organisation (Galambos et Rips, 1982, par exemple). Un autre type de schéma est invoqué par Rumelhart (1977) pour rendre compte de la compréhension des récits: il suppose qu'un récit est la trace d'une activité de résolution de problème et que le but final poursuivi par le protagoniste principal (obtenir de la nourriture, par exemple) constitue l'élément superordonné d'une structure hiérarchique dont les éléments subordonnés sont constitués par les épisodes correspondant aux tentatives de résolution des buts intermédiaires (trouver de l'argent, trouver une épicerie, etc, ...). Un tel schéma peut activer divers scripts et, en ce sens, il peut être considéré comme un type de schéma plus général que le précédent. Des auteurs comme Anderson, Pichert et Shirey (1983) ou Pichert et Anderson (1977) utilisent le terme de schéma pour décrire le point de vue qu'ils demandent aux individus d'adopter lors de la lecture d'un texte (par exemple, le point de vue d'un acheteur ou d'un cambrioleur alors que le texte décrit une luxueuse habitation). Certains auteurs ont recours au terme de schéma de récit pour désigner la connaissance implicite des individus à propos de la structure des récits, que cette structure soit définie à l'aide d'une grammaire (Glenn, 1978; Nezworski, Stein et Trabasso, 1982; Stein et Glenn, 1979) ou que l'accent soit mis davantage sur le contenu — les macrostructures sémantiques — que sur la forme — la superstructure narrative — (Poulsen, Kintsch, Kintsch et Premack, 1979). Aussi diverses que soient les connaissances qui entrent dans la composition des divers types de schémas évoqués, leurs caractéristiques communes sont d'ordre structural et fonctionnel : ils regroupent en une entité structurée un ensemble de propositions et, d'autre part, ces unités sont supposées intervenir dans la compréhension et la mémorisation en permettant une catégorisation et une intégration des informations nouvelles lues/entendues aux connaissances antérieures de l'individu. Dans ce qui suit, nous parlerons de schéma de récit pour désigner une structure mentale supposée représenter la structure formelle d'un récit — la connaissance implicite des principales catégories narratives — et de macrostructures cognitives pour décrire des représentations mentales correspondant à des unités de signification constituées formées d'ensembles de propositions organisées autour d'un thème.

1.2.2. *Les processus*

La compréhension et la mémorisation d'un récit ne peuvent évidemment se réduire à la seule mise en œuvre des unités de signification les plus «grosses». Tout au long du traitement psychologique d'un texte, un lecteur/auditeur doit coordonner des informations issues de deux types d'activités puisque d'une part :

a) il identifie et construit des mini-unités de signification au fur et à mesure des stimulus-signes qu'il rencontre dans son exploration progressive du texte et que, d'autre part ;

b) il mobilise des structures de contenu plus globales qui le conduisent, par exemple ;

- à activer des connaissances en rapport avec le personnage principal (il s'agit d'un géant et non d'un ourson ou d'une princesse) et avec le cadre spatio-temporel du récit (l'action se déroule au bord de la mer et non dans la forêt) ;
- à développer des attentes (que va faire le géant ? que va-t-il lui arriver ?) et à formuler des anticipations (comme le géant est bon et qu'il rencontre une vieille dame qui peine, il va l'aider ?) ;
- à produire des inférences (à l'intérieur de la macro-unité de signification activée) ;
- etc, ...

Ces deux types de traitement, généralement qualifiés de «traitement dirigé par les données» ou «bas-haut» (de la lettre ou du phonème vers des unités de taille supérieure) et de «traitement dirigé par les concepts» ou «haut-bas» (des structures de contenu les plus vastes vers les unités plus petites) doivent interagir: à tout moment, l'issue d'une opération exécutée par l'un des deux types de traitements peut modifier le cours de l'autre. Si l'on ne connaît pas encore dans le détail la part respective de ces deux types de traitement dans la compréhension, la plupart des auteurs y incluent les opérations suivantes :
- la saisie active de l'information perceptive;
- l'identification des mots ou morphèmes, ainsi que des relations de surface présents dans le message;
- le recouvrement en mémoire des signifiés des mots concernés;
- la construction de la signification du tronçon en cours de traitement par l'organisation des signifiés en propositions;
- l'intégration de la signification locale ainsi construite à la signification d'unités plus vastes telles que des textes ou des discours (voir Le Ny, Carfantan et Verstiggel, 1982).

Cette énumération ne doit pas inciter à croire que toutes ces opérations se déroulent nécessairement en série, les unes à la suite des autres. Il est plus probable que, dans une mesure qui reste à déterminer, ces activités se déroulent en parallèle: le lecteur mène de front des traitements perceptif, syntaxique et sémantique et le produit cognitif des uns est utilisé par l'autre en même temps qu'ils sont commandés par lui (voir De Beaugrande, 1981, 1982).

Dans les expériences décrites ci-dessous, seuls les aspects sémantiques du traitement de texte sont pris en compte. Pour cette raison, nous présenterons brièvement le modèle de Kintsch et van Dijk (1978) qui a inspiré certaines de nos recherches. Ces auteurs considèrent que :

a) les individus, qui disposent d'une capacité limitée de traitement, segmentent un texte (en s'aidant de repères syntaxiques) en fragments comportant un nombre relativement fixe (+ ou − 2) de propositions qu'ils organisent en un graphe cohérent, c'est dire avec une proposition superordonnée et n propositions à différents niveaux de subordination selon la nature de l'argument répété;

b) quand le nombre de propositions contenues dans un segment traité excède l'empan de la mémoire à court terme de l'individu, certaines des propositions construites sont transférées en mémoire à long terme alors que les autres sont gardées en mémoire à court terme pour assurer la liaison avec des propositions du ou des segments antérieurement traités;

c) le lecteur doit décider quelles propositions il va maintenir en mémoire à court terme; Kintsch et van Dijk privilégient la stratégie dite du « bord d'attaque » qui consiste à sélectionner en premier les propositions du niveau le plus élevé puis à descendre progressivement dans les niveaux de subordination en tenant compte de la récence des propositions traitées;

d) si les propositions retenues en mémoire à court terme ne peuvent être reliées aux propositions des segments traités antérieurement, une activité de recherche en mémoire à long terme est engagée et, en cas d'échec, c'est-à-dire d'impossibilité à établir une liaison cohérente, le lecteur/auditeur doit produire des inférences pour suppléer les chaînons manquants;

e) le choix des propositions à placer au sommet du graphe, les recherches en mémoire à long terme, la production d'inférences, s'effectuent sous le contrôle du ou des schémas mis en œuvre lors de la lecture/audition du récit;

f) au moment du rappel, le sujet est supposé utiliser le(s) même(s) schémas que ceux qu'il a employés à l'entrée: il commencera par rechercher l'information superordonnée et descendra progressivement dans la hiérarchie pour retrouver l'information subordonnée.

DEUXIEME PARTIE: LES RESULTATS EXPERIMENTAUX

Les expériences dont on va maintenant rapporter les principaux résultats peuvent être regroupées de diverses manières. Plutôt que de suivre les trois étapes que l'on s'accorde généralement à reconnaître dans tout acte de mémorisation: entrée, conservation et sortie, nous avons préféré une présentation qui privilégie la mise en évidence des aspects génétiques de la compréhension et de la mémorisation des récits. Les performances de groupes d'enfants dont les âges moyens vont de 7 à 11 ans et parfois d'adultes sont comparées dans quatre types de tâches: résumé, rappel, jugement explicite d'importance et reconnaissance.

2.1. Rappel et résumé par des enfants de 9, 10 et 11 ans

Dans cette expérience on utilisait deux versions d'un même récit intitulé « Araignée ».

La version courte, composée de 450 mots, comportait 3 épisodes (soit 160 propositions et 41 arguments différents) alors que la version longue comportait un épisode supplémentaire (soit 600 mots et 53 arguments différents). Frappé à la machine, le texte du récit occupé environ une page pour la version courte. La quantité d'information véhiculée par l'une ou l'autre des deux versions excède largement les capacités de mémorisation à court terme des trois groupes d'enfants. Dans ce cas, la question qui se pose est la suivante : quelles propositions vont être gardées en priorité ? Selon quels critères ?

Les mêmes critères de sélection sont-ils à l'œuvre dans le rappel et le résumé ? En fonction de ce qui a été dit dans la première partie, on s'attend à ce que les propositions les plus souvent rappelées expriment la macrostructure sémantique du récit lu, autrement dit, mises bout à bout les propositions les plus souvent rappelées devraient reproduire la structure des épisodes du récit. Les rappels des trois groupes d'âge (9, 10 et 11 ans) devraient nous permettre de suivre la construction de la capacité des enfants à ne garder que les informations les plus importantes d'un récit. Une trace plus directe de la mise en place de cette capacité devrait nous être fournie par les performances à la tâche de résumé. On peut en effet imaginer que les activités de rappel et de résumé ne se différencient que progressivement; l'activité de résumé demande en effet non seulement le maintien en mémoire de l'information mais également un traitement supplémentaire de réduction de cette information à l'aide de diverses opérations telles que : suppression, sélection, généralisation (van Dijk, 1980).

La figure 1 ci-dessous reproduit les nombres moyens de propositions redonnées par plus de la moitié des enfants de chaque groupe (N = 25; au rappel et au résumé de la version courte du récit.

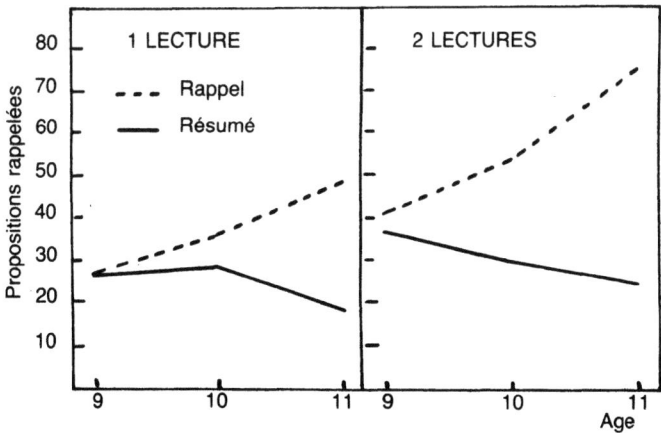

Figure 1: Nombres moyens de propositions redonnées par les enfants de 9, 10 et 11 ans aux épreuves de rappel et de résumé après une et deux lectures du récit « Araignée » (version courte).

Les principaux résultats sont les suivants :

1. le nombre de propositions rappelées croit avec l'âge, la longueur du récit et le nombre de présentations ;

2. la différence entre les performances moyennes au rappel et au résumé augmente avec l'âge des enfants et avec le nombre de présentations : après une lecture cette différence est égale à 0, 7 et 30 propositions pour les enfants de 9, 10 et 11 ans alors qu'elle est égale à 5, 24 et 50 propositions après deux lectures.

3. plus de 90 % des propositions présentes dans les résumés se retrouvent dans les protocoles de rappel et, avec l'augmentation de l'âge, le nombre de propositions qui ne se trouvent pas dans le récit mais qui constituent des condensations, des résumés de séquences de propositions augmente.

Il apparaît donc que la capacité à résumer un récit se différencie progressivement de la possibilité de rappeler le même récit ; dans le cas présent, le résumé des enfants de 11 ans est plus court que le rappel (et le résumé) des enfants de 9 ans (18 vs 28 après une lecture, 29 vs 41 après deux lectures, pour la version courte). La difficulté à résumer un texte ne semble donc pas résider essentiellement dans les activités de stockage et de récupération de l'information mais plutôt dans les opérations à effectuer sur l'information stockée et récupérée en mémoire pour en extraire les propositions les plus importantes. Cette conclusion est en accord les travaux récents de Brown et Day (1983) qui ont pu tracer l'évolution génétique des règles de condensation de l'information.

Cette difficulté des enfants de 9 ans (au-dessous de cet âge la majorité des enfants ne « comprend pas » les consignes de résumé) à travailler sur des traces mnésiques et à établir un hiérarchisation des informations en fonction de leur importance relative pour ne sélectionner que les plus importantes ne doit pas laisser croire que ces enfants sont insensibles à l'importance relative des propositions : en règle générale, au-delà des aspects idiosyncrasiques propres à chaque sujet, les informations les plus souvent rappelées appartiennent à la macrostructure sémantique du récit et comptent donc parmi les plus importantes. Dans le cas présent, la longueur et la complexité du récit ne permettent pas de se prononcer sur la capacité des enfants à reproduire la macrostructure minimale d'un récit. Ce point est abordé dans les expériences qui suivent.

2.2. Le rappel de récits par des enfants de 7 à 11 ans

2.2.1. Etude génétique du rappel immédiat

Dans cette expérience 5 groupes de 25 enfants, âgés en moyenne de 7, 8, 9, 10 et 11 ans, étaient invités à mémoriser un récit composé de deux épisodes indépendants relatant les aventures du même personnage principal, «Gargantua» (voir Denhière, 1979). Chaque épisode comportait la description d'une situation initiale («le géant était assis sur la falaise et se trempait les pieds»), d'une complication («il fait chaud, il a soif et il n'a rien à boire»), une résolution («il prend de l'eau de mer et, en même temps qu'il boit, il avale une barque») et d'une évaluation («il se dit qu'il avait avalé une poussière»). Les questions auxquelles nous voulons répondre sont les suivantes :

1. les propositions les plus fréquemment rappelées par les enfants sont-elles celles qui correspondent à la macrostructure sémantique des deux épisodes?

2. Deux épisodes indépendants d'un même récit, différents par le contenu mais semblables par la structure sont-ils également retenus?

3. A quel âge moyen la macrostructure sémantique des épisodes du récit est-elle reproduite?

4. Si les enfants les plus jeunes ne rappellent pas la macrostructure sémantique d'un ou des épisodes du récit au terme d'une première lecture, en sont-ils capables après une seconde lecture?

La figure 2, qui reproduit le nombre moyen de propositions rappelées par les enfants et acceptées par l'expérimentateur permet une constatation intéressante : si les performances augmentent significativement avec le nombre de lectures et avec l'âge des enfants, on note une coupure nette entre les deux groupes les plus jeunes (7-8 ans) et les trois autres; après une seule lecture, les performances des enfants de 9, 10 et 11 ans (qui ne diffèrent pas significativement) sont égales au double de celles des enfants de 7 et 8 ans.

Pour répondre aux questions posées ci-dessus, nous avons défini a priori une macrostructure sémantique minimale pour chaque épisode, soit une quinzaine de propositions par épisode (pour plus de détails, voir Denhière, 1980a) et nous avons recensé les propositions rappelées par plus de la moitié des sujets de chaque groupe : si l'ensemble de propositions ainsi obtenu contient les propositions qui définissent la macrostructure sémantique minimale de l'épisode considéré, on conclut au rappel de la macrostructure par la majorité des enfants du groupe considéré. La confrontation des propositions rappelées par la

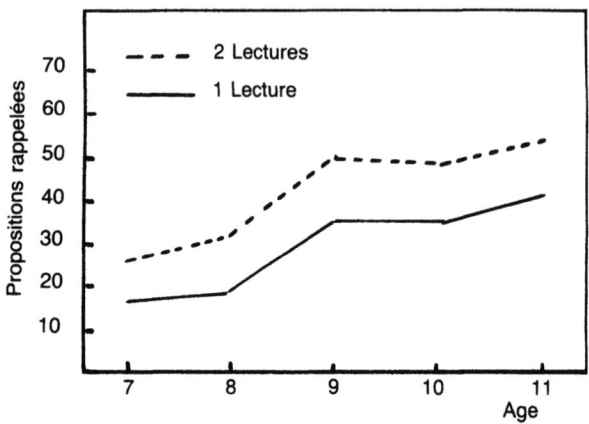

Figure 2: Nombres moyens de propositions rappelées par les enfants de 7, 8, 9, 10 et 11 ans après une et deux lectures du récit «Gargantua» (Denhière, 1979, p. 810).

moitié au moins des enfants de chaque groupe aux propositions qui constituent la macrostructure minimale permet d'apporter les réponses suivantes :

1. les propositions les plus fréquemment rappelées appartiennent à la macrostructure des deux épisodes : de 100 % pour les deux groupes les plus jeunes on passe à environ 70 % pour les deux groupes les plus âgés ;

2. un des deux épisodes («géant sur la falaise») est significativement moins bien rappelé que l'autre («géant dans la forêt») ;

3. conséquence du rappel inégal des deux épisodes, l'âge moyen auquel on peut considérer que la macrostructure sémantique est rappelée varie avec la nature des épisodes ;

4. les performances évoluent de manière similaire en fonction des variables âge et nombre de lectures : la quasi-totalité des propositions présentes au 2e rappel — et absentes du premier rappel — des enfants les plus jeunes sont des propositions présentes au 1er rappel des enfants plus âgés. Après deux lectures du récit, on peut considérer que la macrostructure sémantique d'un des épisodes est rappelée par les enfants de 7 ans alors qu'il faut attendre 8-9 pour l'autre épisode.

2.2.2. *Le rappel immédiat de récits à un seul épisode*

La variabilité du rappel de la macrostructure sémantique des épisodes du récit précédent pourrait être attribuée au fait que le récit était composé de plusieurs épisodes ; on pourrait en effet imaginer que le dépassement des capacités de traitement des plus jeunes enfants provoque des interférences qui aboutissent à une déstructuration de l'information traitée et, par là, accroisse la difficulté de récupération de l'information stockée. Dans le but d'étudier l'influence de ce facteur, nous avons réalisé une expérience dans laquelle le matériel à mémoriser était constitué de 4 récits à un seul épisode qui avaient été égalisés par le nombre de propositions et d'arguments différents pour la structure sémantique et pour le nombre de signes linguistiques, de mots et de phrases pour la structure de surface.

Les enfants, âgés de 7 ans en moyenne, devaient mémoriser deux récits différents à une semaine d'intervalle; chaque récit faisait l'objet de deux lectures et chaque lecture était suivie d'un rappel libre immédiat. Pour la moitié des enfants (N = 30), les récits relataient les aventures d'un même personnage principal («Gargantua sur la falaise» et «Gargantua dans la forêt»), alors que pour les autres, les héros des deux récits étaient différents («Ourson» et «Camion»). Les résultats obtenus confirment ceux de la précédente expérience:

1. en dépit de la parenté de structure formelle, de l'égalisation du nombre de propositions et d'arguments différents, les différences de rappel entre les quatre récits sont significatives;

2. après une seule lecture, la macrostructure sémantique de deux des quatre récits («Gargantua dans la forêt» et «Ourson») peut être considérée comme rappelée par la majorité des enfants de 7 ans; une seconde lecture permet le rappel de l'essentiel de la macrostructure du récit «Camion» mais non du second récit «Gargantua».

3. Un troisième résultat pertinent pour notre propos, montre que les quatre récits sont mieux retenus quand, huit jours auparavant, un autre récit a été mémorisé et rappelé, l'amplitude de cet effet de facilitation n'étant pas affectée par la nature des relations sémantiques entre les deux récits restitués.

Conclusions

A lumière des résultats obtenus aux deux expériences de rappel immédiat que nous venons de relater, il est difficile d'admettre que la compréhension et la mémorisation de récits soient sous la dépendance d'un SCHEMA DE RECIT, correspondant à une intériorisation progressive de la structure canonique DU récit, structure formelle qui pourrait être décrite sous la forme d'un ensemble de règles de réécriture ainsi que le proposent des auteurs tels que Johnson et Mandler (1980) ou Stein et Glenn (1979). L'interprétation de la variabilité des performances de rappel, alors que la structure formelle des récits est semblable, fait nécessairement appel à des facteurs sémantiques. De plus, l'homogénéisation progressive des protocoles de rappel avec l'âge peut être due à l'acquisition de règles de hiérarchisation de l'information en fonction de son importance relative dans le récit et, probablement, à l'utilisation de plus en plus experte de ces règles en liaison avec les activités de traitement, de stockage et de récupération de l'information (Waters, 1983).

A cela, peut-être convient-il d'ajouter une remarque d'ordre méthodologique. La technique que nous avons utilisée et qui consiste à prendre en compte les propositions rappelées par plus de la moitié des enfants d'un groupe pour décider du rappel ou non de la macrostructure sémantique d'un récit présente trois inconvénients majeurs :
- elle traite les propositions comme des unités discrètes d'un ensemble amorphe alors qu'elle teste l'hypothèse d'une organisation;
- elle risque d'aboutir, par la sommation de ces unités, à une configuration de rappel de groupe qui ne corresponde, à la limite, à aucun protocole individuel;
- elle condamne le chercheur à ne mettre en évidence qu'une seule macrostructure.

2.2.3. L'analyse typologique des protocoles de rappel immédiat

Afin de pallier ces inconvénients et de cerner au plus près les comportements individuels, nous avons soumis les résultats de l'épreuve de rappel immédiat décrite en 2.2.1. à une analyse typologique (Jambu et Lebeaux, 1978). Le principe général de cette analyse hiérarchique automatique consiste à effectuer des partitions successives sur les données organisées en une matrice dont les entrées sont constituées par les sujets (ici, les 125 enfants des 5 groupes d'âge de 7 à 11 ans) et par les propositions constitutives des deux épisodes du récit («Gargantua sur la falaise» et «Gargantua dans la forêt»). Au terme de cette analyse on dispose de deux typologies :
- l'une relative aux SUJETS, regroupés non pas en fonction de l'âge mais de la similitude des performances (c'est-à-dire la nature des propositions rappelées);
- l'autre relative aux PROPOSITIONS.

Dans l'hypothèse de l'existence d'UN schéma de récit, l'examen de la typologie des sujets devrait nous permettre de :

1. suivre la construction progressive d'un schéma de récit si, d'une part, les classes de sujets s'ordonnent sur une échelle de complexifica-

tion progressive et si, d'autre part, les variables âge et complexité sont positivement corrélées;

2. noter l'évolution consécutive à une seconde lecture;

3. juger la stabilité de ce schéma en comparant les caractéristiques des classes obtenue pour les deux épisodes.

L'examen de la typologie des propositions, toujours dans l'hypothèse d'UN schéma de récit, devrait nous permettre de repérer:

1. une classe de propositions peu ou pas rappelées;

2. une classe de propositions qui expriment le schéma de récit et définissent la macrostructure sémantique minimale;

3. des classes de propositions qui correspondent à des expansions caractéristiques de la complexification progressive du schéma de récit de base.

Nous ne procéderons pas ici à une présentation détaillée des résultats de cette analyse (voir Denhière, 1982) et nous nous contenterons d'énoncer les conclusions générales auxquelles nous avons abouti. A propos de la *typologie des sujets*, on observe que:

1. Les 5 classes de sujets ne coïncident pas avec les 5 classes d'âge;

2. les classes de sujets ne peuvent être décrites par un processus de complexification progressive d'un noyau initial. Ainsi, par exemple, une classe se caractérise par le rappel de la situation initiale, une seconde par celui des fragments de la complication et de la résolution, une troisième par le rappel de l'évaluation.

3. Une seconde lecture ne conduit pas à un «étoffement» des rappels les plus pauvres vers les plus riches dans le sens suggéré par la hiérarchie des classes du premier rappel.

4. Bien que ce soit les mêmes sujets qui aient été soumis à la mémorisation des deux épisodes, on ne note pas de stabilité des caractéristiques des classes de sujets d'un épisode à l'autre.

La *typologie des propositions* permet de conclure que:

1. aucune classe de propositions ne permet à elle seule une expression correcte de la macrostructure sémantique minimale, autrement dit, aucune classe de propositions ne fournit un résumé acceptable;

2. ceci pour les deux épisodes;

3. après une ou deux lectures.

2.2.4. *Rappel immédiat et rappel différé à huit jours*

La dernière situation utilisée pour étudier le rôle d'un schéma de récit a été celle du rappel différé; on peut en effet supposer que le temps jouera à la manière d'un filtre et que les propositions les plus importantes, celles qui expriment la macrostructure sémantique du récit, auront une probabilité d'oubli moindre que les autres. Nous avons donc repris le récit «Gargantua» avec ses deux épisodes égalisés pour leurs caractéristiques de surface (signes linguistiques, mots et phrases) et pour deux variables sémantiques (nombre de propositions sous-jacentes et nombre d'arguments différents) et nous avons permuté l'ordre de présentation des deux épisodes. Nous avons utilisé trois groupes de sujets d'âges différents: 7,6 ans, 8,6 ans et 11 ans; 8-9 ans correspondant à la période charnière pour le rappel de la macrostructure sémantique d'un récit. Les enfants procédaient à un rappel immédiat après la lecture du récit et, huit jours après, sans qu'ils aient été prévenus, on leur demandait un second rappel (voir Denhière et Larget, 1983). Les questions auxquelles répond cette expérience sont les suivantes:

1. Deux épisodes d'un récit égalisés sur le plus grand nombre possible de dimensions seront-ils également retenus?

2. L'ordre de présentation des épisodes exercera-t-il une influence sur leur rappel?

3. La variation du simple au double des performances des enfants de 7 et 8 ans comparés à leurs pairs plus âgés que nous avons observée en rappel immédiat se retrouvera-t-elle ici?

4. Un délai d'une semaine provoquera-t-il une diminution importante et égale des performances des trois groupes d'âge?

5. L'oubli sera-t-il du même ordre pour les propositions qui expriment la macrostructure sémantique de chaque épisode que pour les autres propositions?

Les résultats obtenus confirment ceux enregistrés en rappel immédiat:

1. l'un des deux épisodes est mieux retenu que l'autre, cette différence très significative est égale à 6 propositions en moyenne (chaque épisode contient 55 propositions);

2. l'ordre de présentation des épisodes est sans effet sur leur rappel;

3. les performances moyennes varient du simple au double entre les âges extrêmes considérés, les rappels moyens sont respectivement égaux à 9, 12 et 21 propositions à 7, 6 ans, 8, 6 ans et 11 ans.

4. Le rappel différé à 8 jours est significativement inférieur au rappel immédiat mais cette différence est faible (2 propositions en moyenne) et ne varie pas en fonction de l'âge des enfants;

5. l'oubli affecte de manière égale les propositions qui expriment la macrostructure sémantique des épisodes du récit que les autres.

Enfin, comme dans les précédentes expériences, l'examen des propositions rappelées par la majorité des enfants de chaque groupe conduit à constater, pour le groupe le plus jeune, un rappel de la macrostructure de l'un des deux épisodes, toujours le même («Gargantua dans la forêt»).

2.2.5. Conclusions sur les expériences de rappel

Les résultats des expériences de rappel offrent un tableau cohérent: du point de vue génétique, si les performances augmentent avec l'âge comme on pouvait s'y attendre, on note une coupure nette vers 8-9 ans puisque les nombres moyens de propositions rappelées varient du simple au double de part et d'autre de cette frontière. Deuxième constat, les performances varient en fonction du contenu des récits bien qu'on ait tenté de les rendre aussi proches que possible sur le maximum de dimensions: nombre de signes linguistiques, de mots, de phrases, superstructure narrative, nombre de propositions sous-jacentes et d'arguments différents. Il ne semble pas possible d'expliquer cette variabilité des performances à la nature des lexèmes utilisés bien que ce facteur intervienne probablement pour une part (Ehrlich et Florin, 1981). Langevin (1980) a en effet repris notre récit «Gargantua» et a construit une version figurative de chacun des deux épisodes à l'aide de deux séries de 40 dessins. Il a ensuite étudié la mémorisation des deux versions, verbale et figurative, des deux épisodes du récit. Utilisant comme sujets des enfants de 7 ans et des adolescents déficients mentaux de même âge mental moyen, il a constaté une supériorité significative du rappel de l'épisode «Gargantua dans la forêt» pour les deux modalités de présentation, la présentation dessinée conduisant à de meilleures performances que la présentation verbale. Une confirmation de ce résultat a été obtenue par Baudet (1984) qui a repris le même matériel et l'a utilisé avec des enfants de 5 et 7 ans de milieux socio-culturels différents. Langevin (1983) a également procédé à une analyse typologique des protocoles de rappel et il aboutit à des conclusions semblables aux nôtres: tous les enfants n'utilisent pas le même schéma cognitif pour traiter l'information véhiculée par un récit. Si l'on doit continuer à parler de schéma de récit, il est entendu qu'il ne s'agit pas de la représentation de la structure canonique du récit mais plutôt d'une structure de signification. L'homogénéisation des performances en fonction de l'âge résulterait dans ce cas de la construction progressive de règles de hiérarchisation de l'information sémantique. Selon cette façon de voir, les enfants les plus jeunes ne seraient pas capables, comme leurs aînés, de traiter de manière différentielle les informations en fonction de leur importance dans le récit. Pour tester directement cette hypothèse nous avons réalisé une expérience dans laquelle nous demandions explicitement à des enfants d'âges différents de procéder à des jugements d'importance.

3. Les épreuves de jugement explicite d'importance

Deux groupes de 40 enfants, respectivement âgés de 8 et 11 ans, ainsi qu'un groupe de 24 adultes participaient à cette expérience. Le matériel, repris des expériences précédentes, était constitué de 4 récits composés d'un seul épisode (voir leur description en 2.2.2.). Chaque récit se présentait sous la forme d'une séquence de 22 phrases, numérotées de 1 à 22 et placées les unes à la suite des autres. Après une lecture attentive en temps libre des 22 phrases, les enfants devaient indiquer s'ils avaient bien compris l'histoire qui était racontée. L'expérimentateur répondait à toute demande d'information, quelle qu'elle soit. On demandait alors de «choisir les 8 phrases les plus importantes du récit, celles qui racontent toute l'histoire, avec un début, un milieu et une fin». Une fois cette tâche effectuée, on ramassait les feuilles et on en distribuait de nouvelles en demandant cette fois de choisir «les 8 phrases les moins importantes».

Si comme nous le supposons, les unités de signification que les lecteurs construisent, conservent et reproduisent après avoir lu/entendu un récit sont hiérarchisées en fonction de leur importance relative, on doit s'attendre à ce que l'importance de chaque unité détermine — pour une large part — les jugements que les lecteurs porteront explicitement sur cette unité. Dans ce cas, nous devrions observer:

1. une corrélation élevée entre les distributions des jugements d'importance et des propositions rappelées, ceci à tous les âges.

Si, d'autre part, la différencie observée au rappel entre les enfants de 7-8 ans et leurs pairs plus âgés (variation du simple au double, rappelons-le) est attribuable au fait que ces enfants n'ont pas encore achevé de construire les règles de hiérarchisation adéquates ou ne sont pas encore pleinement capables de les utiliser, alors on devrait observer:

2. une faible corrélation entre les jugements d'importance des enfants de moins et de plus de 8 ans;

3. une faible corrélation entre les distributions des jugements d'importance des enfants de moins de 8 ans et des propositions rappelées par les enfants de plus de 8 ans.

4. Mises bout à bout, les propositions jugées les plus importantes devraient permettre une expression correcte de la macrostructure sémantique des récits pour les enfants de plus de 8 ans mais non pour ceux de moins de 8 ans.

Les résultats: si toutes les phrases étaient jugées également importantes, elles auraient la même probabilité (8/22 dans le cas présent) d'être choisies. En conséquence, chaque phrase devrait être choisie par environ 36 % des sujets de chaque groupe. La figure 3 présente les nombres moyens de propositions les plus et les moins importantes choisies par plus de 36 et 50 % des sujets.

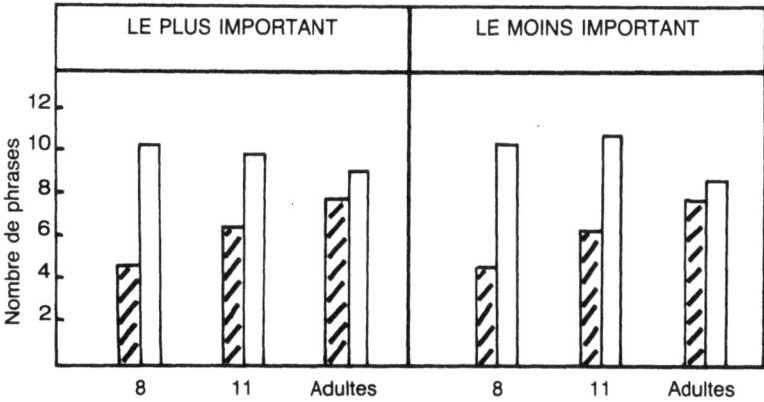

Figure 3: Nombres moyens de phrases choisies comme les plus importantes par plus de 50 % (colonnes hachurées) et par plus de 36 % (colonnes non hachurées) des sujets des trois groupes (Denhière et Le Ny, 1980, p. 155).

On peut observer que:

1. le nombre moyen de phrases choisies par plus de 36 % des sujets ne varie pas significativement avec l'âge (10,5 à 8 ans; 10,25 à 11 ans et 9,25 pour les adultes) alors que le nombre moyen de phrases choisies par au moins 50 % des sujets augmente significativement avec l'âge: 4,75 à 8 ans; 6,75 à 11 ans et 8 chez les adultes.

2. Les corrélations entre les jugements des trois groupes de sujets pris deux à deux — voir le tableau I ci-dessous — permettent deux conclusions principales :

Tableau 1. Valeurs moyennes des corrélations (ρ de Spearman) entre les distributions des jugements (plus et moins importants) des trois groupes pris deux à deux (Denhière et Le Ny, 1980, p. 156) (** : p < .01 * : p < .05).

	Adultes-11 ans	Adultes-8 ans	8-11 ans
Les plus importants	.86**	.49*	.66**
Les moins importants	.81**	.47*	.46*

- les jugements des adultes sont plus proches de ceux des enfants de 11 ans que de ceux de 8 ans : .86 et .81 vs . 49 et .47 pour les jugements les plus et les moins importants;
- l'accord entre les jugements des deux groupes d'enfants est moindre qu'entre celui des adultes et des enfants de 11 ans (.66 et .46 vs .86 et .81).

3. Les corrélations entre les distributions des jugements d'importance et des propositions rappelées aux rappels immédiat et différé des mêmes récits par des enfants de 7 ans; 8,6 ans et 11 ans (voir plus haut) conduisent à deux conclusions :
- la distribution des propositions rappelées par les 3 groupes d'enfants (7; 8,6 et 11 ans) est significativement corrélée avec les jugements d'importance des enfants de 11 ans et des adultes; les résultats sont semblables pour les rappels immédiat et différé;
- le rappel des 3 mêmes groupes de sujets n'est pas corrélé significativement avec les jugements d'importance des enfants de 8 ans.

A titre d'illustration, le tableau 2 ci-dessous reproduit les corrélations obtenues avec le récit «Gargantua dans la forêt».

Quand les phrases jugées les plus importantes par au moins 50 % des sujets sont comparées à la macrostructure sémantique des récits, on observe que les choix des enfants de 8 ans ne correspondent pas au contenu de la macrostructure d'aucun des quatre récits et ne constituent donc pas un résumé acceptable d'aucun d'entre eux. La majorité des enfants de 11 ans sélectionnent des phrases dont l'union fournit un résumé acceptable des quatre récits. Leur choix exprime 4 des 5 catégories principales de la superstructure narrative : exposition, situation initiale, complication et résolution; seule l'évaluation n'est pas représentée dans 3 des 4 récits utilisés. Cette dernière caractéristique

Tableau 2. Valeurs moyennes des coéfficients de corrélation entre les distributions des jugements d'importance effectués par trois groupes de sujets (Enfants de 8 et 11 ans et adultes) et des propositions rappelées par trois autres groupes de sujets (7; 8, 6 et 11 ans) pour le récit «Gargantua dans la forêt» (Denhière et Le Ny, 1980, p. 157) (**: $p < .01$; *: $p < .05$).

	JUGEMENTS LES PLUS IMPORTANTS		
	8 ans	11 ans	Adultes
RAPPELS IMMEDIAT			
7 ans	.30	.53**	.57**
8, 6 ans	.29	.50*	.61**
11 ans	.12	.68**	.65**
DIFFERE			
8, 6 ans	.27	.73**	.75**
11 ans	.18	.75**	.67**

de la performance des enfants de 11 ans est la seule qui différencie ces sujets des adultes.

Conclusions

Les jugements explicites d'importance évoluent avec l'âge en direction d'une plus grande homogénéité interindividuelle et d'un plus grand accord avec le choix des adultes. La comparaison des jugements d'importance et des rappels montre que les enfants de 11 ans et les adultes utilisent les mêmes règles de hiérarchisation de l'information sémantique, ce qui n'est pas le cas des enfants de 8 ans : ces derniers ne rappellent pas en priorité les unités de signification qu'ils ont jugées les plus importantes. Enfin, non seulement ils ne rappellent pas en priorité les unités de signification qu'ils jugent les plus importantes, mais ils rappellent en priorité celles que les enfants plus âgés et les adultes jugent les plus importantes. Prises ensemble, ces deux séries de corrélations montrent que les enfants les plus jeunes disposent d'au moins deux ensembles de hiérarchies ou de règles, l'un déjà similaire à la hiérarchie adulte, et l'autre pas encore. Une explication possible serait que les macrostructures cognitives joueraient déjà un rôle déterminant chez les enfants de 8 ans quand ils doivent *récupérer l'information stockée* en mémoire et produire un récit au moment du rappel. Selon une telle hypothèse, la différence essentielle entre les enfants de 8 ans et leurs aînés ou les adultes tiendrait au fait que les premiers ne sont pas encore capables d'anticiper un tel rappel alors que les consignes les y invitent comme c'est le cas dans cette épreuve (voir Denhière et Le Ny, 1980).

Une manière d'obtenir des informations indirectes sur ce point consiste à comparer les performances d'enfants d'âges différents à des épreuves de reconnaissance qui, comme on le sait, n'impliquent pas de recherche en mémoire au même titre que le rappel.

4. Les épreuves de reconnaissance immédiate et différée

La comparaison du rappel et de la reconnaissance présente un intérêt supplémentaire : alors que le rappel d'une information varie en fonction de son importance relative dans le texte, la reconnaissance ne semble pas également influencée par ce facteur (voir Denhière et Lecoutre, 1983). Deux grands types d'hypothèses explicatives peuvent être avancées selon qu'on situe cet effet de l'importance des informations à l'entrée ou à la sortie. Si cet effet s'exerce à l'entrée et que le sujet procède à un traitement différentiel des énoncés en fonction de l'importance qu'il leur attribue lors de la lecture, le taux de reconnaissance immédiate devrait refléter l'importance relative des informations. Si le stockage en mémoire préservé la hiérarchie résultant du traitement initial, on devrait retrouver le même effet en reconnaissance différée, peut-être amplifié en fonction de la durée du délai.

L'hypothèse concurrente consiste à supposer que l'origine de l'effet de l'importance des informations se situe à la sortie, lors de la récupération de l'information. Au moment du rappel l'individu commencerait par rechercher l'information correspondant à ce qui se passe au début (le contenu de l'exposition, par exemple) et pour celà, descendrait aussi bas que nécessaire dans la hiérarchie; une fois cette information récupérée (le personnage principal, le temps, le lieu, etc, ...) la hiérarchie serait remontée jusqu'à l'embranchement qui permet de redescendre pour atteindre le contenu correspondant à la situation initiale (« au début, le géant se trempe les pieds dans l'eau », par exemple), et ainsi de suite. Si l'effet de l'importance des informations est bien imputable à un processus de récupération du type haut-bas tel que nous venons de le décrire et si, d'autre part, la reconnaissance — à la différence du rappel — ne fait pas ou peu intervenir de recherche en mémoire, alors on ne devrait pas constater d'effet de l'importance en reconnaissance.

Un tel processus ne procède pas de manière aveugle, il est guidé par des macrostructures cognitives, ce que certains auteurs ont appelé un schéma de récit. S'il en est bien ainsi et si, comme nous l'avons supposé au terme des expériences de rappel, la coupure entre les performances des enfants de 7-8 ans et leurs pairs plus âgés tient essentiellement à des différences dans l'élaboration de ces macrostructures cognitives, on est conduit à des prédictions différentes en fonction de l'âge selon que ces macrostructures ont un rôle déterminant à l'entrée ou à la sortie.

- Si les macrostructures cognitives jouent un rôle déterminant à l'entrée, lors de la lecture/audition, non seulement on devrait obtenir un effet de l'importance relative des informations sur la reconnaissance mais, en outre, on devrait enregistrer des différences entre les enfants de 7-8 ans et les enfants plus âgés du même ordre de grandeur en reconnaissance et en rappel;

- Si les macrostructures cognitives jouent un rôle déterminant à la sortie, lors de la récupération de l'information stockée en mémoire, on ne devrait pas observer d'effet de l'importance et les différences entre les groupes d'âge devraient être nettement moindres en reconnaissance qu'en rappel.

Trois groupes de 40 enfants, respectivement âgés de 7; 8 et 10 ans participaient à cette expérience de reconnaissance immédiate et différée (*8 jours de délai*). Trois récits d'un épisode («Gargantua sur la falaise», «Gargantua dans la forêt» et «Ourson»), précédemment utilisés dans les expériences de rappel et de jugement d'importance, étaient ici segmentés en 20 phrases et constituaient les *énoncés originaux*. Ces énoncés originaux se répartissaient en deux catégories selon qu'ils exprimaient la *macrostructure sémantique* du récit ou qu'ils correspondaient à des *expansions* d'importance secondaire par rapport aux premiers. A partir des 20 énoncés originaux, on avait construit 20 énoncés *distracteurs sémantiquement proches* par substitution d'un équivalent ou d'un synonyme au prédicat (verbe ou adjectif) de l'énoncé original et 20 énoncés *distracteurs sémantiquement lointains* par remplacement du second argument de l'énoncé par son complémentaire (le premier argument correspondant à l'agent, «Gargantua» ou «Ourson», n'était jamais modifié).

La comparaison des trois niveaux d'âge fait apparaître une différence significative entre les groupes pris deux à deux dans l'ordre croissant; toutefois les différences sans être négligeables, sont relativement limitées puisque les fréquences de réponses correctes sont respectivement égales à .661, .691 et .723 pour les enfants de 7, 8 et 10 ans, la reconnaissance différée étant inférieure à la reconnaissance immédiate (.663 vs . 721) et l'interaction Age & Délai n'étant pas significative. Enfin, les fréquences d'acceptation correcte des énoncés originaux appartenant à la macrostructure et n'y appartenant pas ne diffèrent pas significativement entre elles (.681 vs .701).

Conclusions

A la différence du rappel, on ne constate pas d'effet de l'importance relative des informations tant en reconnaissance immédiate qu'en reconnaissance différée: les énoncés de la macrostructure ne sont pas mieux retenus que les énoncés expansion. A la différence du rappel, on n'observe pas de variation du simple au double des performances des enfants de 7 et 8 ans comparés à leurs aînés (10 ans); en outre, l'amélioration observée entre les enfants de 8 et 10 ans est ici attribuable à l'argumentation de la fréquence de rejet correct des énoncés distracteurs sémantiquement proches. En reconnaissance comme en rappel, l'introduction d'un délai d'une semaine entre la présentation du récit et de sa restitution s'accompagne d'une diminution modérée des performances et on ne constate pas d'interaction Age & Délai.

Ces résultats, considérés dans leur ensemble, nous conduisent à supposer que les macrostructures cognitives jouent un rôle plus important à la sortie qu'à l'entrée. Cette interprétation est compatible avec l'évolution des performances en fonction de l'âge: si les macrostructures cognitives se mettent progressivement en place pour atteindre une certaine stabilité vers 9 ans en moyenne et si, d'autre part, ces macrostructures jouent un rôle déterminant dans la récupération de l'information stockée, alors on doit effectivement constater des différences importantes entre le rappel des enfants de 7-8 ans et leurs pairs plus âgés; si, à la différence du rappel, la reconnaissance ne fait pas intervenir les mêmes processus de recherche et de récupération de l'information, alors les différences de performances entre les mêmes groupes d'âge doivent être moindres en reconnaissance qu'en rappel. Cette interprétation est également compatible avec l'interprétation que nous avons donnée de l'évolution génétique des jugements explicites d'importance: en fonction de ce qui vient d'être dit, il est plus difficile pour les enfants les plus jeunes d'anticiper une épreuve ultérieure de rappel.

TROISIEME PARTIE: STRUCTURE ET PROCESSUS DANS LA COMPREHENSION ET LA MEMORISATION DE RECITS

Les résultats obtenus aux quatre types d'épreuves décrits dans la seconde partie (résumé, rappel, jugement d'importance et reconnaissance) nous ont conduit à privilégier le rôle des macrostructures cognitives et des processus de hiérarchisation de l'information sémantique en fonction de son importance dans un texte. Si notre interprétation est correcte, nous devrions être capable de parvenir à une mise en évidence *directe* — par des variations pertinentes des caractéristiques du matériel et de la procédure — du rôle des structures et des processus que nous postulons.

C'est ce que nous avons tenté de faire dans les expériences décrites ci-dessous. Les questions que nous nous sommes posé sont les suivantes :

1. l'épisode est-il une macrostructure cognitive de traitement de l'information sémantique comme le suggèrent les résultats précédents ?

2. Si l'on parvient à construire des récits de façon telle qu'on identifie plusieurs niveaux d'importance des informations, les pourcentages de rappel varieront-ils en fonction de ces niveaux ?

3. Si, comme nous le supposons, les lecteurs/auditeurs s'engagent dans une activité d'évaluation de l'importance relative des informations, une activité proche de ce comportement conduit-elle à un meilleur rappel qu'une activité moins proche ?

4. La variation de la quantité d'information rappelée en fonction de l'importance est-elle due à un oubli ou à une perte d'accès ?

3.1. La macrostructure cognitive épisode

Si, comme le suggèrent les résultats précédents, l'épisode est une macro-unité cognitive de traitement de l'information, cette structure doit présider à la construction des significations lors de la lecture/audition, à l'organisation du stockage de l'information traitée et à la récupération de l'information stockée. Cette hypothèse permet de prédire que — toutes choses égales par ailleurs — la quantité d'information rappelée variera en fonction du nombre d'épisodes contenus dans les récits.

Nous avons donc utilisé 4 récits qui comportent le même nombre de signes linguistiques, de mots, de phrases, de propositions sous-jacentes, d'arguments différents mais qui différaient par le nombre d'épisodes qu'ils contenaient. A la suite de jugements d'importance formulés par des individus adultes (et de reformulations consécutives à ces jugements) on est parvenu à ce que les 44 énoncés de chaque récit se répartissent en trois catégories :

- les *énoncés-noyaux* (N) qui, pour l'essentiel, expriment la macrostructure sémantique ;
- les *énoncés-expansions relativement importants* (E_1) attachés aux énoncés-noyau ;

- les *énoncés-expansions relativement peu importants* (E_2) subordonnés à E_1.

Chaque récit se présentait donc comme une succession de triplets (N-E_1-E_2); les énoncés-noyaux étaient composés de 55 propositions et les deux types d'expansions de 65 propositions chacune, soit 185 propositions au total.

Si l'épisode est bien la macrostructure cognitive que nous supposons — c'est-à-dire si un enfant est capable de percevoir qu'une série d'énoncés, de propositions, forme une unité de contenu, organisée de manière hiérarchique, qui peut être identifiée, étiquetée et retrouvée en mémoire — deux prédictions principales doivent être vérifiées :

1. le nombre total de propositions rappelées (N, E_1, E_2) augmentera avec le nombre d'épisodes, bien que les 4 récits soient égalisés sur n autres dimensions, dont le nombre de propositions sous-jacentes;

2. les énoncés-noyaux (N) seront mieux rappelés que les expansions importantes (E_1) elles-mêmes mieux rappelées que les expansions non importantes (E_2), soit $N > E_1 > E_2$.

Dans une première expérience à laquelle participaient 96 enfants de 8, 6 ans et 96 enfants de 11 ans, les sujets lisaient deux des quatre récits à leur propre rythme et les deux autres à une vitesse accélérée de 30 % (voir Denhière, 1982), le rappel intervenant soit immédiatement, soit après un délai de 8 jours.

On constate que le nombre de propositions (N, E_1 et E_2) rappelées augmente parallèlement au nombre d'épisodes, en rappel immédiat comme en rappel différé, et que pour chaque récit le rappel du noyau est supérieur à celui des expansions importantes, lui-même supérieur à celui des expansions non importantes, soit 52 %, 16 % et 7 % en moyenne.

Une mise en évidence moins compliquée de cet effet du nombre d'épisodes et de l'importance de l'information a consisté à demander à 40 enfants de 8, 6 ans de mémoriser 2 récits différents par le nombre d'épisodes mais égalisés sur les autres dimensions (soit «Ourson» et «Araignée» ou «Taureau» et «Géant»), le rappel intervenant immédiatement après la lecture et l'ordre de présentation des récits étant contrebalancé.

A des fins de comparaison, nous avons reproduit cette expérience avec des étudiants ($N = 60$). La procédure était la suivante : lecture d'un récit, 10 minutes de triple barrage, lecture d'un second récit, 10 minutes de triple barrage, rappel du 1er récit puis du second.

Les tableaux 3 et 4 ci-dessous reproduisent les moyens moyens de propositions rappelées par les enfants et les adultes.

Tableau 3. Nombres moyens de propositions de chaque type (Noyaux et expansions) rappelées par les enfants aux deux récits mémorisés (Ourson et Araignée ou Taureau et Gargantua).

	Ourson	Araignée	Taureau	Gargantua
PROPOSITIONS				
Noyau (N = 55)	16,6	18,6	17,2	21,1
E_1 (N = 65)	3,1	11,1	5,5	8,0
E_2 (N = 65)	2,0	2,7	2,5	5,4
Total (N = 185)	21,7	32,4	25,2	34,5

Tableau 4. Nombres moyens de propositions de chaque type (Noyaux et Expansions) rappelées par les adultes aux deux récits mémorisés (Ourson et Araignée ou Taureau et Géant).

	Ourson	Araignée	Taureau	Gargantua
PROPOSITIONS				
Noyau (N = 55)	27,7	30,0	27,8	33,3
E_1 (N = 65)	12,2	18,3	18,8	22,5
E_2 (N = 65)	7,3	15,4	7,2	16,1
Total (N = 185)	47,2	63,7	53,8	71,9

Les résultats des sujets des deux populations conduisent aux mêmes conclusions :
1. Le nombre de propositions rappelées (N, E_1 et E_2) augmente avec le nombre d'épisodes ;
2. le nombre de propositions augmente parallèlement au niveau d'importance relative de l'information ($N > E_1 > E_2$).

Les différences sont suffisamment nettes pour ne pas exiger d'autres commentaires.

3.2. L'activité de jugement de l'importance des informations

Une manière d'interpréter la variation de la probabilité de rappel en fonction de l'importance relative de l'information consiste à supposer que, à un moment ou à un autre, le lecteur/auditeur est amené à engager une activité d'évaluation de l'importance des significations qu'il construit. Ce type d'activité est explicitement postulé par Kintsch et van Dijk (1978) puisque, comme nous l'avons indiqué dans la première partie, le lecteur/auditeur doit sélectionner le ou les propositions les plus importantes pour les garder en mémoire à court terme et organiser le flux d'information en assurant la continuité avec les propositions préalablement traitées. Conséquence logique de cette hypothèse, si l'on invite le lecteur à se livrer à une activité autre que celle à laquelle il est supposé procéder de manière spontanée, on doit constater un effet négatif sur la mémorisation.

Nous avons testé cette prédiction en demandant aux sujets, des étudiants (N = 40), de porter deux types de jugements: le premier consistait à *prédire le taux de rappel* de chaque énoncé (N, E_1, E_2) par une population d'enfants normaux de 10-11 ans alors que le second consistait à estimer la *valeur d'imagerie*. Les récits étaient identiques à ceux utilisés dans la précédente expérience. Dans la mesure où la prédiction du taux de rappel implique un jugement *implicite* de l'importance relative de l'information similaire à celui que nous supposons intervenir en situation normale, nous prédisons un meilleur rappel après ce type de jugement qu'après une estimation de la valeur d'imagerie, bien que nous sachions que les lecteurs se livrent peu ou prou à une activité d'imagerie quand ils lisent (Denis, 1983).

Deux résultats principaux nous intéressent ici:

1. *Les corrélations entre les deux types de jugements et les jugements explicites d'importance:* les corrélations obtenues entre la prédiction de rappel et les jugements d'importance sont respectivement égales à .74, .77, .81 et .75 pour les 4 récits («Ourson», «Araignée», «Taureau» et «Gargantua») et diffèrent toutes significativement de zéro ($p < .01$) alors que les corrélations entre les valeurs d'imagerie et les jugements d'importance sont respectivement égales à .46*, .28, .50* et .07 (*: différent de zéro à $p < .05$).

2. *Rappel après les deux types de jugements:* les rappels consécutifs à une évaluation de la valeur d'imagerie des énoncés sont significativement inférieurs, pour 3 récits sur 4, aux rappels qui succèdent à une prédiction du rappel de ces thèmes énoncés; la différence est en moyenne égale à 12 %.

Conclusions: nous considérons les résultats obtenus comme compatibles avec l'hypothèse selon laquelle, parmi les activités développées lors de la lecture/audition d'un récit, intervient une activité de hiérarchisation de l'information en fonction de son importance relative et que cette hiérarchisation des significations construites lors de la lecture/

audition facilite la mise en mémoire et la récupération de ces significations lors d'un rappel ultérieur.

3.3. Importance relative et rappel: oubli ou perte d'accès?

L'hypothèse d'un stockage hiérarchique de l'information permet d'envisager deux grands types d'explications de la liaison constatée entre l'importance relative des informations et leur probabilité de rappel. Une première éventualité consiste à attribuer ce résultat à un *oubli différentiel*: plus on s'enfonce dans les niveaux inférieurs de la hiérarchie et plus la probabilité d'oubli augmente. Une seconde éventualité consiste à envisager une *perte d'accès* à l'information stockée dont la probabilité augmente avec la distance à parcourir: plus l'information est située bas dans la hiérarchie, plus le nombre de «pas» pour l'atteindre est élevé et plus la probabilité de ne pas accéder à cette information est grande.

Pour trancher entre ces deux possibilités, nous avons repris les 4 récits précédemment utilisés et nous avons placé les sujets dans une situation de *rappel avec indices*, les indices étant constitués soit par les expansions importantes (E_1), soit par les expansions non importantes (E_2). La tâche des sujets consistait donc à retrouver l'énoncé-noyau (N) et l'expansion complémentaire (E_1 ou E_2) à l'expansion présentée comme indice de rappel (E_2 ou E_1). Si le non rappel d'une information est dû à son *oubli*, les énoncés E_2 qui sont moins bien rappelés que les énoncés E_1 doivent donc être considérés comme davantage oubliés et, en conséquence, doivent constituer un moins bon indice de rappel que les énoncés E_1: si l'information correspondant aux énoncés E_2 est oubliée, elle ne peut permettre d'accéder aux énoncés superordonnés E_1 et par là, de remonter aux énoncés-noyaux N. Si l'on accepte l'hypothèse d'un oubli différentiel en fonction de l'importance relative de l'information, les énoncés E_1 seront de meilleurs indices de rappel que les énoncés E_2. L'hypothèse concurrente selon laquelle c'est la *perte d'accès* à une information qui est responsable de son non rappel conduit à une prédiction inverse: les énoncés E_2 seront de meilleurs indices de rappel que les les énoncés E_1. En effet, le fait de fournir E_2 accroît la probabilité de récupérer N, ne facilite pas la récupération de l'énoncé E_2.

L'expérience comportait deux phases distinctes. Dans la 1re phase, les sujets, des étudiants, devaient porter un jugement (prédiction de rappel ou valeur d'imagerie) sur les 44 énoncés constitutifs de chacun des 4 récits. Huit jours après, sans que les sujets aient été prévenus, on leur distribuait des feuilles de papier sur lesquelles n'avaient été conservés — en plus des énoncés introduction et conclusion — que les énoncés-expansion E_1 ou E_2 qui jouaient le rôle d'indices de rappel, des espaces blancs figurant les énoncés-noyau N et expansion (E_2 ou E_1) à retrouver.

Le résultat qui nous intéresse ici concerne l'efficacité relative des énoncés E_1 et E_2 comme indices de rappel : la réponse est claire, les énoncés E_2 (c'est-à-dire les énoncés les moins bien rappelés en rappel libre) constituent de meilleurs indices de rappel que les énoncés E_1, que ce soit après des jugements sur la probabilité de rappel (18,5 vs 15,9 propositions) ou sur la valeur d'imagerie (15,8 vs 12,9 propositions).

Conclusions : les résultats de cette épreuve de rappel avec indices indiquent que la hiérarchie obtenue en situation de rappel libre (N > E_1 > E_2) relève davantage d'une augmentation de la difficulté d'accès aux énoncés occupant une position subordonnée dans la représentation stockée en mémoire qu'à un oubli croissant en fonction de la profondeur dans la hiérarchie. On en arrive donc à ce paradoxe que les énoncés les moins fréquemment redonnés en rappel libre constituent les meilleurs indices de rappel.

On peut légitimement s'interroger sur la généralité de ces résultats et se demander s'ils valent également pour des enfants. La réponse est positive. Cette expérience a en effet été reprise par Baudet (1986) avec deux des quatre récits utilisés ici (« Gargantua sur la falaise » et « Gargantua dans la forêt ») présentés sous forme de séries de 30 dessins (voir 2.2.5.). Les sujets étaient des enfants de 5 ans, issus pour moitiés d'un milieu socio-culturel « favorisé » et pour l'autre moitié d'un milieu « défavorisé ». Si globalement, les dessins correspondants aux expansions non importantes E_2 sont de meilleurs indices de rappel que ceux qui renvoient aux expansions importantes E_1, on constate que cette supériorité ne s'observe que pour les enfants de milieu « favorisé ».

Bibliographie

ABELSON, R.P., Psychological status of the script concept, *American Psychologist*, 1981, *36*, 715-729.
ANDERSON, J.R., Concepts, Propositions and Schemata: What are the Cognitive units?; Nebraska Symposium on Motivation 1980, 121-162.
ANDERSON, R.C., PICHERT, J.W. & SHIREY, L.L., Effects of the reader's schema at different points in time; *Journal of Educational Psychology*, 1983, *75*, 271-279.
BAUDET, S., Compréhension et mémorisation de récit chez l'enfant d'âge préscolaire. Effet de l'originalité sociale, *Psychologia Belgica*, 1984, 24, 1, 91-104.
BAUDET, S., La mémorisation de récits chez l'enfant d'âge préscolaire: la récupération de l'information stockée en mémoire en fonction de l'origine sociale, *L'Année psychologique*, 1986, 86, 223-246.
BARTHES, R., Introduction à l'analyse structurale des récits; *Communications*, 1966, *8*, 1-27.
BLACK, J.B. & BOWER, G.H., Story understanding as problem solving, *Poetics*, 1980, *9*, 223-250.
BOWER, G.H., Mood and Memory, *American Psychologist*, 1981, *36*, 129-148.
BOWER, G.H., BLACK, J.B. & TURNER, T.J., Scripts in memory for text, *Cognitive Psychology*, 1979, *11*, 177-220.
BREMOND, C., *Logique du récit*, Paris, Seuil, 1973.
BROWN, A.L. & DAY, J.D., Macrocules for summarizing texts: The development of expertise; *Journal of Verbal Learning ans Verbal Behavior*, 1983, *22*, 1-14.
CESSION, A., KILEN, A., DENHIERE, G. & RONDAL, J.A., Maman! Une histoire! ou la mémorisation de récits standard ou produits par la mère en fonction du milieu social et de l'âge des enfants; 1983, Documents LARCO-CEPCO.
DeBEAUGRANGE, R., Linguistic theory and metatheory for a science of texts, *Text*, 1981, *1*, 113-161.
DeBEAUGRANDE, R., The story of grammars and the grammar of stories, *Journal of Pragmatics*, 1982, 6, 342-375.
DENHIERE, G., Compréhension et rappel d'un récit par des enfants de 6 à 12 ans; *Bulletin de Psychologie*, 1978-79, XXXII, n° *341*, 803-818.
DENHIERE, G., Narrative recall and recognition by children; *in*: Klix, F. & Hoffmann, J., Edits., *Cognition and Memory. Knowledge and Meaning Comprehension as functions of Memory*, North Holland, Amsterdam, 1980, 226-236.
DENHIERE, G., Relative importance of semantic information in comprehension and recall; *in*: Klix, F., Hoffmann, J. & van der Meer, E.; Edits., *Coding and Knowledge representation: Processes and structures in Human Memory*; North Holland, Amsterdam, 1982a.
DENHIERE, G., Schémas? Vous avez dit schémas?, *Bulletin de Psychologie*, N° spécial, *Langage et Compréhension*, Le Ny, J.F. & Kintsch, W., Edits, 1981-82, XXXV, n° 356, 717-731.
DENHIERE, G., Statut psychologique du paragraphe et structure de récit, à paraître dans: *La notion de paragraphe*, Editions du C.N.R.S., Paris, 1985.
DENHIERE, G., Il était une fois, ..., Lille, Presses Universitaires de Lille, 1984.
DENHIERE, G., OUVRIR (x, fenêtres) et OUVRIR (x, yeux): De l'analyse expérimentale à l'étude sur le terrain de la lecture et de la compréhension de textes; *Rééducation Orthophonique*, 1983, 21, n° 133, 431-451.
DENIS, M., Imaging while reading text: A study of individual differences; *Memory & Cognition*, 1982, 10, 540-545.

DENHIERE, G. & LANGEVIN, J., La compréhension et la mémorisation de récits: Aspects génétiques et comparatifs; in: *Psycholinguistique et Handicap mental*; Rondal, J.A., Lambert, S.L. & Chipman, H.H., Edits, Mardaga, Liège, 1981, 186-229.

DENHIERE, G. & LECOUTRE, B., Mémorisation de récits: Reconnaissance immédiate et différée d'énoncés par des enfants de 7, 8 et 10 ans; *l'Année Psychologique*, 1983, *83*, 345-376.

DENHIERE, G. & LEGROS, D., Comprendre un texte: Construire quoi? Avec quoi? Comment? *Revue Française de Pédagogie*, 1983, à paraître.

DENHIERE, G. & LE NY, J.F., Relative importance of meaningful units in comprehension and recall of narratives by children and adults; *Poetics*, 1980, *9*, 147-161.

van DIJK, T.A., *Macrostructures*; Hillsdale, N.J.: Erlbaum, 1980.

GALAMBOS, J.A. & RIPS, L.J., Memory for routines: Just one thing after another?; *Journal of Verbal Learning and Verbal Behavior*, 1982, *21*, 260-281.

GAMBIER, Y. & ADAM, J.M., Labov et le récit. Questions de pragmatique. *Cahiers de Linguistique Sociale*, 1981, n° 3.

GLENN, C.G., The role of episodic structure and story length in children's recall of simple stories, *Journal of Verbal Learning and Verbal Behavior*, 1978, *17*, 229-247.

JAMBU, M. & LEBEAUX, M.O., *Classification automatique pour l'analyse des données. 2. Logiciels*. Dunod, Paris, 1978.

JOHNSON, N.S. & MANDLER, J.M., A tale of two structures: Underlying and surface forms in stories, *Poetics*, 1980, 9, 51-86.

KINTSCH, W., Learning from text, levels of comprehension, or: Why anyone would read a story anyway; *Poetics*, 1980, *9*, 87-98.

KINTSCH, W. & van DIJK, T.A., Toward a model of text comprehension and production, *Psychological Review*, 1978, *85*, 363-394.

LABOV, W. & WALETZKY, J., Narrative analysis: Oral versions of personal experience, in: Helm, J., Edit., *Essays on the verbal and visual arts*, Seattle, Washington Press, 1967.

LANGEVIN, J., La mémorisation des versions verbale et figurative de récits par des déficients mentaux et de jeunes enfants; Thèse de Doctorat de 3ᵉ cycle, Université de Paris 8, 1980.

LANGEVIN, J., La mémorisation de textes et les personnes handicapées sur le plan cognitif; *Repères*, 1983, 2, 5-61.

LEGROS, D., L'effet des connotations affectives dans la compréhension et la mémorisation d'un récit de presse; Mémoire de D.E.A., Université de Paris 8, 1981.

LE NY, J.F., Texte, structure mentale, paragraphe; à paraître dans: *La notion de paragraphe*; LAUFER S., Edit., Editions du C.N.R.S., Paris, 1985.

LE NY, J.F., Comportement, cognitivisme et affectivité, in: P. Pichot, Edit., à paraître.

LE NY, J.F., CARFANTAN, M. & VERSTIGGEL, J.C., Accessibilité en mémoire de travail et rôle d'un retraitement lors de la compréhension de phrases; *Bulletin de Psychologie*, N° Spécial, Langage et Compréhension, Le Ny, J.F. & Kintsch, W., Edits, 1981-82, XXXV, 356, 627-634.

MANDLER, J.M., Recherches récentes sur les grammaires de récit; Bulletin de Psychologie, N° Spécial, Langage et Compréhension, Le Ny, J.F. & Kintsch, W., Edits, 1981-82, XXXV, 356, 705-715.

MANDLER, J.M. & JOHNSON, N.S., Remembrance of things parsed: Story structure and recall; *Cognitive Psychology*, 1977, *9*, 111-151.

MARTINS, D., Affectivité, personnalité et mémoire verbale; *L'Année Psychologique*, 1981, *81*, 485-510.

MARTINS, D., Influence of affect on comprehension of a text; *Text*, 1982, *2*, 141-153.

MINSKY, M., A framework for representing knowledge; in: Winston, P.H., Edit., *The psychology of computer vision*, New York, McGraw-Hill, 1975.

PICHERT, J.W. & ANDERSON, R.C., Taking different perspectives on a story; *Journal of Educational Psychology*, 1977, *69*, 309-315.
NEZWORSKI, T., STEIN, N.L. & TRABASSO, T., Story structure versus content in children's recall, *Journal of Verbal Learning and Verbal Behavior*, 1982, *21*, 196-206.
POULSEN, D., KINTSCH, E., W. & PREMACK, D., Children's comprehension and memory for stories, *Journal of Experimental Children Psychology*, 1979, *28*, 379-403.
PROPP, V., *La morphologie du conte*, Seuil, Paris, 1965.
RUMELHART, D., Notes on a schema for stories; in: BOBROW, D.G. & COLLINS, A.M., Edits, *Representation and understanding: Studies in cognitive science*, New York, Academic Press, 1975.
RUMELHART, D., Understanding and summarizing brief stories, in: LaBERGE, D. & SAMUELS, J., Edits, *Basic Processes in reading: Perception and comprehension*, Hillsdale, N.J., 1977.
SCHANK, R.C. & ABELSON, R.P., *Scripts, plans, goals and Understanding*; Erlbaum, Hillsdale, N.J., 1977.
STEIN, N.L. & GLENN, C.G., An analysis of story comprehension in elementary school children, in: FREEDLE, R.O., Edit., *New directions in discourse processing*, Norwood, N.J., Ablex, 1979.
THORNDYKE, P.W., Conceptual complexity and imagery in comprehension and memory; *Journal of Verbal Learning and Verbal Behavior*, 1975, *14*, 359-369.
THORNDYKE, P.W. & YEKOVICH, F.R., A critique of schemata as a theory of human story memory, *Poetics*, 1980, *9*, 23-49.
TODOROV, T., *Grammaire du Décaméron*, Mouton, The Hague-Paris, 1969.
WATERS, H.S. & LEMONICK, T., Levels of organization in descriptive passages: Production, comprehension, and recall; *Journal of Experimental Child Psychology*, 1983, *35*, 391-408.

Vers une psycholinguistique textuelle génétique
L'acquisition du récit

M. FAYOL

Après l'explosion des recherches dans le domaine de la psycholinguistique phrastique, l'intérêt s'est peu à peu déplacé, à la fin des années soixante-dix, vers l'étude de la mémorisation, de la compréhension et, à un moindre degré, de la production de textes. Bien que ce terme recouvre une très grande variété de manifestations discursives, l'une d'entre elles a particulièrement retenu l'attention : le *récit*. Cela tient en partie au caractère de totalité facilement isolable de celui-ci mais aussi aux régularités qu'on y observe et qui, de ce fait, permettent une segmentation relativement aisée, voire une schématisation.

La plupart des travaux ont consisté en une mise à l'épreuve de la « validité psychologique » (Mandler, 1982) d'organisations sous-jacentes sensées guider le rappel, la compréhension et la production des récits. Il semble aujourd'hui bien établi que ces derniers sont structurés en épisodes constitués de catégories narratives peu nombreuses (cadre, événement initial, but, tentative, résultat...) se succédant selon des règles relativement strictes et influant tant sur les remémorations que sur le traitement en temps réel (on-line) (Cirilo et Foss, 1980; Haberlandt, Berian et Sandson, 1980; Kintsch et Van Dijk, 1978; Mandler et Goodman, 1982; Mandler et Johnson, 1977; Rumelhart, 1977; Thorndyke, 1977).

Toutefois, le « schéma » ainsi inféré — sorte d'organisation narrative prototypique — semble plutôt relever de la représentation cognitive pré-linguistique des actions et de leurs enchaînements. Dès lors, la quasi-totalité des travaux disponibles en matière de récit ne relèvent pas, contre toute attente, de la psycholinguistique (ou, si l'on préfère, de la psychologie du langage). Ils ne se préoccupent en effet pratiquement jamais de la mise en texte et des rapports que celle-ci entretient avec les catégories sous-jacentes. De là l'extrême rareté des recherches relatives à la production.

Or, dès que l'on envisage le problème selon cette perspective, les données fournies par la théorie du «schéma» se révèlent insuffisantes, même si elles constituent, au moins pour l'instant, un utile cadre conceptuel. Nous allons, dans les pages qui suivent, tenter de formuler les principales questions qui se posent et exposer les principaux résultats qui ressortent d'une étude développementale du récit écrit d'expérience personnelle.

I. VERS UN ABORD PSYCHOLINGUISTIQUE DU RECIT

On peut, avec Labov (1978), définir le récit d'expérience personnelle comme «une méthode de récapitulation de l'expérience passée consistant à faire correspondre à une suite d'événements (supposés) réels une suite identique de propositions verbales» (p. 295). Cela implique :

a) que l'auteur ait sélectionné un événement digne d'être relaté — le focus d'information — qui, dans un échange de type dialogique, pourrait être formulé sous forme d'«annonce de nouvelle» (exemple : «hier, je me suis cassé la figure») (Fillol et Mouchon, 1977).

b) que cet événement fasse l'objet d'une «dilatation» (Bronckart, 1977; Fayol, 1981), d'une analyse en actions et états constitutifs dépendant de la connaissance du monde du sujet et de l'évaluation qu'il fait du destinataire. Cette fragmentation pourrait constituer une sorte de canevas correspondant aux macropropositions (Kintsch et Van Dijk, ibid.) ou aux catégories du «schema» narratif conventionnel (Esperet et Fayol, 1982).

c) que le narrateur élabore une suite de micro-propositions qui aboutiront à la mise en texte après que leur aient été appliquées un certain nombre de transformations résultant de ce que le récit n'est pas une simple juxtaposition d'énoncés indépendants. C'est à ce niveau, et à celui-ci seulement, que se posent les problèmes d'ordre psycholinguistique.

En somme, l'essentiel du problème réside dans le passage d'une organisation cognitivo-sémantique sans doute non séquentielle (Ehrlich, 1982, 1984) à une autre linéaire, inhérente au déroulement du discours dans le temps, le «schema» narratif pouvant apparaître comme une étape intermédiaire (Esperet, 1984).

La mise en texte, du fait qu'elle consiste en une concaténation de propositions renvoyant chacune à une action ou à un état, oblige le narrateur à effectuer un certain nombre d'opérations résultant de ce que, comme le notent Bronckart, Gennari et De Weck (1981), «les énoncés s'organisent en textes, dotés de règles de fonctionnement autonomes, et les textes eux-mêmes sont articulés au contexte». Pour ce qui concerne le récit, cela signifie qu'on va avoir, d'une part, un certain nombre de phénomènes linguistiques fonctionnant de manière intra-textuelle et, d'autre part, des éléments constituant des traces de l'ancrage du texte dans la situation d'énonciation (moment, lieu, destinataire...). Or, si celles-ci sont compatibles avec les données recueillies dans le cadre de la psycholinguistique des phrases, il n'en va pas de même de ceux-là.

En effet, l'articulation des énoncés successifs dans un récit oblige le narrateur à utiliser des systèmes d'indexation permettant au lecteur-auditeur de retrouver les référents qui font l'objet d'une (ou plusieurs) prédication. Ces systèmes assurent au texte son unité thématique et sa cohésion et se manifestent, en surface, par le recours systématique à certaines marques. Ainsi en va-t-il du maintien du thème en position de sujet syntaxique (Karmiloff-Smith, 1981) ou de l'emploi des déterminants et des pronoms; emplois qui ne peuvent se ramener à ceux observés dans les phrases isolées ou les paires de phrases[1].

Mais la centration thématique et la cohésion ne suffisent pas. Indispensables pour assurer l'intégration en un tout des séquences de propositions, elles doivent nécessairement, dans le récit, s'articuler avec l'apport d'informations nouvelles. Celui-ci culmine avec le sommet de l'histoire («the point of the story», Schank, 1975) que l'on peut assimiler aux complication et résolution telles que les décrivent Labov et Waletzsky (1967). C'est dire, comme l'ont bien vu Applebee (1978) et Slatka (1975), que le narrateur doit continuellement aboutir à des compromis entre cohésion et progression.

On peut considérer que, en règle générale, la cohésion procède essentiellement par des renvois au déjà dit (Halliday et Hasan, 1976). Il en va de même du maintien du thème. L'auteur élabore en quelque sorte d'emblée une «origine» du récit (Fayol, 1981), plus ou moins assimilable au cadre, précisant le thème, le point de vue selon lequel est perçue la trame événementielle (Black Turner et Bower, 1979), ainsi que les moment et lieu des événements. Et c'est par rapport à cette origine, jouant un peu le rôle d'un système de coordonnées, que seront repérés (Culioli, 1976) les actions et états ultérieurs. Cette dépendance se manifestera en surface par des séquences de marques linguistiques du type :

- «*Un* homme entra (...) *Il* portait un chapeau...»
  Cet homme
- «*Un jour* je devais aller... *le matin... deux heures plus tard... trois jours après...*

L'avancée vers le sommet de l'histoire est signalée, elle, par divers moyens. La succession chronologique des propositions renvoyant aux événements intervient évidemment mais elle n'est pas seule, hormis lorsqu'on a affaire à des faits banals de type «script» (Schank et Abelson, 1977). Lorsque l'histoire comporte un événement inattendu entraînant des péripéties, on observe l'apparition de connecteurs particuliers (soudain, tout à coup) signalant les ruptures dans le continuum événementiel (Bronckart et Schneuwly, 1984). S'y associent aussi des changements de formes verbales (Schiffrin, 1981; Weinrich, 1973) qui, comme nous l'avons montré ailleurs (Fayol, 1985a), opposent le «cadre» au «focus d'information» (événement focalisé). Les temps des verbes perdent ici leurs valeurs habituelles, celles liées aux paramètres de la situation d'énonciation, pour fonctionner de manière intratextuelle : les imparfait et plus-que-parfait (Fayol, 1982b) s'appliquent aux actions et états de l'arrière-plan alors que le passé-simple ou le présent marquent les événements de premier-plan. On a en somme un système de repérage différent de celui utilisé pour assurer la cohésion car, alors que ce dernier fonctionne par renvoi au déjà dit, celui-là fait référence au à-dire focalisé en créant une attente. C'est ce que Larochette (1945) désignait sous la dénomination de «schéma d'incidence» (exemple : «Je dorm*ais*. Il entr*a*») en remarquant que le cumul des imparfaits en début de narration amène le lecteur-auditeur à se demander «où je veux en venir», le «fait principal» n'apparaissant qu'avec l'occurrence du passé-simple ou du présent.

Le fonctionnement intra-textuel des systèmes de marques que nous venons d'évoquer concerne évidemment l'adulte tout-venant. Il n'est pas, tel quel, transposable chez l'enfant (Fayol, 1983a). Il faut, au contraire, se demander comment il se met en place au cours du développement.

II. L'EVOLUTION DU RECIT ECRIT D'EXPERIENCE PERSONNELLE

Nous avons recueilli, auprès d'un échantillon de deux cent soixante-cinq enfants de six à dix ans, issus de milieux socio-culturels variés, des récits écrits à partir de la consigne «Racontez une histoire qui vous est arrivée». Nous les avons analysés en détail en prenant comme indicateurs de l'organisation textuelle les sujets d'énoncés, les formes verbales, la ponctuation et les connecteurs. Nous ne rappellerons pas ici les conclusions relatives à chacun d'eux (cf. Fayol, 1981, 1982). Nous nous bornerons à exposer de manière synthétique les tendances mises en évidence en les illustrant d'exemples.

L'évolution, telle qu'elle ressort de nos analyses, semble susceptible de se schématiser en cinq phases. Celles-ci correspondent grossièrement à des âges ou niveaux scolaires sans que nous soyons en mesure d'affirmer que tous les enfants passent par ces étapes et que des changements relatifs à la définition de la tâche (consigne par exemple) ne modifieraient pas le tableau obtenu.

Type 1. Type d'organisation le plus primitif, il se rencontre essentiellement chez les enfants de six et sept ans. Soit l'auteur se borne à relater une «annonce de nouvelle» et une seule, soit il en énonce successivement plusieurs. Chaque événement se trouve formulé à l'accompli (passé-composé) et calculé directement par rapport aux paramètres de la situation d'énonciation («hier», «il y a... jours», «aujourd'hui», ...)[2]. Aucun système d'indexation intra-textuel ne se manifeste : il n'y a pas intégration en un tout mais simple concaténation d'actions et états indépendants les uns des autres.

En voici quelques exemples :

(1) «Le père-noël m'a apporté une poupée et des cuillers» (Lam, 6 ans, CP).

(2) «Le jour de la pentecôte j'ai été dans la forêt les jeudis je vais à la piscine le dimanche je vais à la forêt.
mercredi j'ai été à la pêche j'ai pêché des truites
mercredi j'ai été à la piscine lundi j'ai cueilli des fleurs pour maman» (Aff, 6 ans, CP).

(3) «Un dimanche j'ai été chez ma tata manger. Un jour ma mémé est venue repasser chez moi.
Je joue tout le temps au ballon.
Un jour, j'ai joué à la corde.
Un jour, j'ai été au zoo» (Lav, 7 ans, CE 1).

Tout se passe comme si ces enfants savaient (au moins (2) et (3)) qu'un récit comporte plusieurs phrases successives mais sans avoir compris qu'elles se rapportent à un même événement dilaté. Dès lors, leurs productions prennent l'aspect d'une suite de tours de parole («turns») juxtaposés. L'atteste la réitération des «origines» — « le jour de la pentecôte», «les jeudis», «le dimanche»... — calculées par rapport à la situation d'énonciation.

On peut, avec Bereiter et Scardamalia (1982), dire que ces enfants — une forte majorité au cours préparatoire (50 à 60 %) et une importante minorité encore au cours élémentaire un (15 %) — se situent dans un cadre discursif, la conversation, et non dans un cadre narratif.

Type II. Les productions de type II semblent bien se situer en continuité avec les précédentes. Certes, il n'y a plus itération d'«annonces-de-nouvelles» complètement indépendantes et simplement mises bout-à-bout. Mais on ne trouve toujours pas d'intégration en un tout. L'enfant délimite un cadre spatio-temporel d'emblée formulé — une sorte de «contenant» — et relate une série d'événements, en général chronologiquement ordonnés, qui s'y insèrent. Dans une large mesure, les faits successifs conservent, hormis leur ordre d'occurrence et leur inclusion dans un espace-temps circonscrit, une large indépendance.

Quelques exemples :

(4) «Dimanche j'ai été à la pêche avec mon papa et ma maman et ma sœur j'ai pris un poisson c'est un arc-en-ciel mon papa a pris un poisson ma maman a pris un arc-en-ciel» (Aug, 7 ans, CP).

(5) «Un dimanche. Je suis allée à la forêt.
Je me suis bien amusée avec mes trois cousins.
J'ai vu une vipère au bord de la rive.
J'ai été cueillir du muguet pour ma marraine, j'en ai trouvé beaucoup.
J'ai couru jusqu'à la voiture on faisait une course et c'est moi qu'a gagné.
C'est le soir.
Il faut s'en aller.
Tout le monde monte dans la voiturre» (Mor, 7 ans, CE 1).

(6) «Un jour en arrivant en Hollande un samedi, nous avons été dans un magasin où il y avait beaucoup de gens. Deux minutes après je me suis perdu, heureusement j'ai retrouvé mes parents. Le lendemain matin on avait été à A (...). Le lundi on a visité un musée (...) (Boy, 9 ans, CM 1).

Ces types de récits s'apparentent aux «scripts» en ce que, presque toujours, les événements décrits s'y révèlent banals et insérés entre deux «frontières» issues de la connaissance du monde (aller à / revenir de; commencer / finir; cf. Fayol, 1980). Les procès y sont relatés au passé composé alors que, seuls, les états apparaissent à l'imparfait. Le pronom Je reste, comme à la phase précédente, dominant.

En revanche, un premier système d'indexation s'y manifeste : celui tendant à assurer la cohésion. Les enfants ne construisent plus désormais qu'une origine et repèrent les coordonnées des événements ultérieurs relativement à elle (cf. (6) avec la séquence «un jour»... «deux minutes après»... «Le lendemain matin»... «Le lundi»...). La ponctuation, elle, redouble ces repérages: elle co-occurre avec eux et disparaît lorsque plusieurs faits s'inscrivent dans l'un d'entre eux (cf. (5) de «J'ai couru...» à «... gagné»).

Ainsi, si la centration sur un événement et un seul ne se manifeste pas encore à ce niveau, au moins observe-t-on des progrès nets en ce qui concerne l'unité thématique et la cohésion. Toutefois, les procès restent formulés au passé-composé, temps qui renvoie à l'accompli du présent et qui, donc, conserve la situation d'énonciation comme ancrage privilégié. Il y a donc, simultanément, un repérage initial par rapport à celle-ci et mise en place d'autres repérages inter-procès. Mais ceux-ci se limitent presque toujours aux relations de succession: les seuls connecteurs fréquemment utilisés sont «et» et le paradigme «après / puis / ensuite»[3]. Le récit — si l'on peut dire — se situe donc encore dans l'instance du discours et paraît élaboré par les enfants de proche en proche, sans anticipation d'un événement intégrateur.

Type III. Ce troisième type se présente comme intermédiaire entre le précédent et le suivant en ce sens que les productions y apparaissent hétérogènes. On trouve en effet, *dans les mêmes textes*, des modes de repérage et d'enchaînement similaires à ceux décrits dans le Type II et d'autres, plus évolués, caractéristiques du Type IV.

Quelques exemples:

(7) «Un dimanche mon papa m'a emmenée chez ma mémé avec ma sœur et ma maman.
On avait emmené ma chienne Miss.
Nous sommes arrivés, dit papa.
On entre à la maison, on emmène aussi Miss dit papa, bien sûr on ne veut pas la laisser dans la voiture.
On s'installe à table et on mange.
Je mange en cinq minutes.
Ma chienne venait tout le temps près de moi.
Après je vais m'amuser avec la chienne.
Je vais par terre, ma chienne croyait que j'avais un morceau de pain alors elle m'a fait glisser sur le carreau et les autres rigolaient tant qu'ils pouvaient» (Sal, 7 ans, CE 1).

(8) «Un jour chez mon grand-père, je donnais du grain aux poules et aux lapins. Ensuite j'ai ramassé des noisettes (...). Puis j'ai fait quatre heures. Et après avec mon grand-père nous avons attelé le poney (...). J'ai fait le tour du champ de mon grand-père tout allait bien ensuite, je l'ai promené et il m'a mordu. Alors mon grand-père s'est précipité sur moi et pompom s'est en allé dans son champ. Et j'avais un gros bleu dans le dos (...)» (Sey, 8 ans, CE 2).

A ce niveau, les enfants — le plus souvent ceux du CE 2 (huit ans)

— rédigent des textes très longs. Cela résulte du fait que leurs productions comportent simultanément un ou plusieurs «scripts» amorçant et/ou terminant le texte (cf. les deux exemples ci-dessus) et un épisode correspondant généralement à une complication suivie d'une résolution. Mais celui-ci se trouve souvent «noyé» dans une succession d'événements banals. La centration sur un seul n'existe pas encore.

Parallèlement à cela apparaissent certaines marques linguistiques presque toujours absentes jusqu'alors. Elles se manifestent en priorité au sein des épisodes qui restent, contrairement aux «scripts», non ponctués. Ainsi en va-t-il de certains connecteurs — «soudain», «tout à coup», «mais», «alors»... — et de formes verbales comme le présent (de narration) et le passé-simple. Ceux-ci ont encore une faible fréquence mais les enfants les emploient «localement», de manière stratégique, lors de la narration des complications ou résolutions :

(9) «tout à coup le bouchon s'enfonce mon papa tire le poisson s'en va»... (Mar, 8 ans, CE 1)... épisode qui fait suite à cinq passés-composés.

(10) «... et tout à coup il se met à sonner» (Dur, 9 ans, CE 2) après une très longue séquence où alternent le passé-composé, l'imparfait et le plus-que-parfait.

(11) «... je pris un verre (...) le verre glissa et le verre tomba (...) et se cassa. Maman me fâcha» (Rem, 10 ans, CM 1)... dans un récit comptant vingt-et-une propositions.

Mais le phénomène le plus important dans ce type de production est sans doute la mise en place de ce que Culioli (ibid.) appelle les «origines translatées», c'est-à-dire l'utilisation, pour amorcer le récit, de séquences d'événements relatées à l'imparfait ou au plus-que-parfait (cf. Franckel, 1976; Fuchs et Leonard, 1979). Certes les emplois demeurent hésitants et, parfois, fautifs mais il y a bien là une tentative pour passer d'un système de repérage de type discursif marqué par le recours au passé-composé à un autre, plus «distancié» (Fayol, 1984, 1985b), qui permettra en quelque sorte de rendre autonome le récit en insérant les événements dans un système de coordonnées spatio-temporelles relativement indépendant de la situation d'énonciation.

Les productions de Type III tiennent donc à la fois du discours et du récit. Cela s'avère à la fois au niveau des «contenus» — des «scripts» décrivant des faits banals chronologiquement ordonnés voisinant avec des épisodes recélant des complications et résolutions — et en ce qui concerne la présence et le fonctionnement de certaines marques de surface. Aux «scripts» s'associent le passé-composé, les connecteurs «et», «après» et «ensuite», et un fort taux de ponctuation. A l'occurrence des épisodes correspondent des changements de temps verbaux (apparition du présent et du passé-simple), l'apparition de «soudain», «tout à coup», «mais» et «alors», et une baisse de la fréquence de ponctuation. Avec les « scripts » dominent les repérages relatifs à la situation d'énonciation; avec les épisodes apparaissent ceux en rapport avec le sommet de l'histoire.

Type IV. Désormais l'enfant se situe presque toujours d'emblée dans le récit. Les narrations d'événements banals disparaissent au profit d'une centration sur un ou plusieurs épisodes. Les productions sont intuitivement ressenties comme « intéressantes » du fait qu'elles relatent des faits inattendus.

Les marques de surface se différencient clairement de celles mises en œuvre dans le discours. L'énoncé initial établit un système de coordonnées spatio-temporelles détaché de la situation d'énonciation : les « origines translatées » se généralisent. Le « schéma d'incidence » devient d'emploi courant : l'enfant amorce sa narration par une séquence, parfois très longue, à l'imparfait et/ou au plus-que-parfait et réserve le présent ou le passé-simple pour les événements inattendus ou jugés tels. Les connecteurs « soudain », « alors », « mais » se trouvent systématiquement employés. La ponctuation, elle, se diversifie mais continue à voir sa fréquence baisser lors des complications et tentatives de résolution.

Exemple :
(12) « Nous attendions depuis deux jours que la neige tombe, mais aucun espoir. A chaque instant nous regardions à la fenêtre. Rien ! encore rien ! toujours rien ! disait-on. Le jour suivant une neige dure, épaisse et sale faisait son plein aucune trace de verdure la fontaine était gelée je m'habillais d'un gros manteau de fourrure et de mes grosses bottes vertes. Je sortais dehors sans prévoir que mon voisin allait me faire une farce. Bien caché derrière une haie envahie de neige il avait préparé vers les dix boules il en tira neuf arrivé à la dixième il s'arrêta deux secondes croyant qu'il n'en avait plus je m'étais montré et plaf il m'avait touché, hélas c'était déjà l'heure de manger, le repas terminé nous recommencions à jouer » (Ner, 10 ans, CM 1).

Le récit (12) illustre de manière éclairante la façon dont procèdent les enfants parvenus à ce niveau de narration. L'histoire se trouve située dans le passé mais dans un passé relativement autonome par rapport à la situation d'énonciation. La très longue séquence d'imparfaits ne s'interrompt qu'avec la survenue de la complication pour reprendre aussitôt après : il semble bien y avoir focalisation du sommet de l'histoire par exploitation du système des oppositions de temps verbaux. Ceux-ci fonctionnent désormais de manière intra-textuelle et non plus en relation avec les déterminations énonciatives.

Type V. Celui-ci reste, dans notre population, extrêmement rare. Il ne se différencie d'ailleurs du précédent que par la « forme » — les marques de surface — et non par l'organisation en épisode qui reste similaire. Les enfants qui recourent à ce mode de narration, au lieu de conserver aux événements et états leur caractéristique de passé, relatent tout au présent. Ils prennent comme origine un «aujourd'hui» dé-déictifié qui, comme l'écrit Benveniste (1965) «s'appliquera indifféremment à tout jour».

Exemples :
(13) «Ma chambre est toute déballée *aujourd'hui*...» (Leb, 9 ans, CM 1).
(14) «*Aujourd'hui* c'est mercredi...» (Lag, 11 ans, CM 2).
(15) «*Aujourd'hui* c'est dimanche...» (Reb, 10 ans, CM 2).
(16) [Extraits] «Aujourd'hui nous devons emmener le troupeau dans le champ pour le surveiller.
A quatre nous partons avec le troupeau et le chien (...). Il est dix heures, nous devons rentrer le troupeau. 'Youpi apporte-les!' Le jeune chien qui vient juste de commencer son métier de chien de berger part chercher les brebis. Le troupeau remonte en courant et vient vers nous sans le chien. Nous comptons le troupeau et il y en a que quatre cent quarante-neuf il en manque une. Nous rentrons le troupeau à la bergerie et nous repartons dans le champ. Nous en faisons le tour et nous trouvons Youpi avec la brebis qui a le ventre ouvert. Nous sommes furieux (...).
Depuis ce jour-là nous n'emmenons plus le chien avec nous pour garder le troupeau» (Lec, 10 ans, CM 2).

La disparition, l'effacement de tout repérage relativement à la situation d'énonciation ne laisse plus subsister que les relations inter-procès. Il faut attendre l'énoncé final — le «coda» comme le dénomment Labov et Waletzky (ibid.) — pour relever les traces d'un ancrage énonciatif. Hormis celui-ci, le récit est devenu autonome, il se déroule de lui-même selon une organisation intra-textuelle indépendante des paramètres de la situation du lecteur-auditeur.

Il semble bien que l'auteur ait sélectionné un événement et un seul, l'ait scindé en composantes constitutives structurées selon une organisation causale (au sens large) et l'ait relaté en anticipant sur le «sommet de l'histoire» et en se distancitant des faits et de sa narration de telle sorte que ne subsiste aucune «trace» de l'énonciateur.

III. CONCLUSION

L'analyse que nous avons conduite d'un corpus de récits écrits recueillis auprès d'enfants du cycle élémentaire met en évidence la très étroite correspondance entre deux grandes catégories de phénomènes. D'une part, on relève une sensible évolution en ce qui concerne les «contenus» relatés et leur organisation. Chez les plus jeunes on observe, au mieux, une mise bout à bout d'événements indépendants ayant chacun le statut d'une « annonce-de-nouvelle ». Au contraire, les plus âgés se centrent majoritairement sur un fait et un seul qu'ils dilatent pour le relater en éléments organisés selon un épisode ; celui-ci paraissant conforme au « schema » canonique isolé par divers chercheurs (Glenn, 1978 ; Stein et Glenn, 1979, 1982 ; Stein et Trabasso, 1982).

D'autre part, on note un passage graduel et lent du discours au récit. A six-sept ans, les enfants procèdent comme s'ils se situaient dans un cadre conversationnel. Les faits qu'ils relatent renvoient chacun à un « tour de parole » dans lequel apparaissent les traces d'un ancrage énonciatif fort (prédominance du Je, du passé-composé, des indicateurs spatio-temporels « proches »). Par contraste, les sujets de dix-onze ans recourent systématiquement aux marques linguistiques propres au récit : effacement plus ou moins accusé des traces de l'ancrage énonciatif (cf. Types IV et V), exploitation systématique des oppositions de formes verbales, emploi de connecteurs spécifiques, etc. A la période intermédiaire — vers huit-neuf ans — les productions participent à la fois du discours et du récit, la cohésion et la continuité thématique se manifestent seules, en l'absence de focalisation sur un épisode.

Cette conjonction entre deux développements — celui relatif à l'organisation des contenus et celui concernant la mise en œuvre de systèmes de marques linguistiques — mérite qu'on s'y arrête. On peut en effet se demander pourquoi il en va ainsi et quels facteurs interviennent, qui contribuent à cette évolution. L'hypothèse que nous retenons actuellement consiste à considérer que l'enfant ne peut saisir le fonctionnement intra-textuel des marques que dans la mesure où il peut le mettre en rapport avec une structure cognitivo-sémantique représentant les séquences d'actions et leurs modes d'enchaînements.

La centration sur un événement et un seul, la dilatation de celui-ci en composantes organisées conformément aux règles d'enchaînement des catégories narratives modélisées par le « schema » (Mandler et Johnson, ibid. ; Stein et Glenn, ibid.) constitueraient donc des préalables à l'induction possible du fonctionnement des marques de surface. Mais cette compréhension ne s'effectuerait pas en bloc. Elle concernerait d'abord la continuité thématique (Karmiloff-Smith, ibid.) et la cohésion. L'enfant percevrait en premier lieu qu'un récit développe une série d'événements relatifs à un thème et un seul et inférerait d'exemples les moyens linguistiques contribuant à assurer l'une et l'autre. Viendrait ensuite la construction du système des oppositions intra-textuelles de formes verbales. Celle-ci serait plus tardive, plus lente à se développer et partiellement maîtrisée encore à dix-onze ans (Fayol, 1985a). Elle s'amorcerait de manière «locale», le présent ou le passé-simple s'appliquant d'abord à un seul procès — le plus souvent un fait inattendu — avant de s'étendre à l'ensemble de la complication-résolution. Enfin, l'ancrage relatif à la situation d'énonciation, d'abord similaire à celui caractéristique du discours (tout fait passé est traité comme accompli) se ferait de plus en plus «distancié». Le recours aux «origines translatées» (imparfait) puis l'emploi systématique du présent traduiraient l'autonomisation progressive du récit par rapport aux paramètres énonciatifs: qui raconte? quand? où? à qui?

Cette conception générale exige, pour être avérée, la mise en œuvre d'une série de recherches conjuguant les analyses de corpus recueillis à partir de situations de production variées (nous nous sommes limité ici au récit d'expérience personnelle) et des études expérimentales contrôlant mieux les variables. C'est ce à quoi nous nous attachons actuellement.

Il reste à essayer de déterminer quels facteurs interviennent dans ce développement. L'absence de travaux relatifs à ce problème ne permet pas, actuellement, de déterminer exactement quels ils sont. On peut néanmoins penser, à titre d'hypothèse, qu'il en existe trois grandes catégories (Fayol, 1985b).

En premier lieu, l'enfant reconstruit sans doute, au niveau représentatif, les événements et leurs règles d'enchaînement. Il en résulte la constitution de représentations cognitivo-sémantiques modélisables en termes de «scripts», de «plans» (Rumelhart, ibid.; Schank, ibid.; Schank et Abelson, ibid.) voire de «schemas» narratifs canoniques (Esperet, 1984).

En second lieu, l'enfant se trouve, au cours de ses interactions quotidiennes, soumis au questionnement des adultes ou de ses pairs qui, lorsqu'il leur fait part d'une «annonce de nouvelle», demandent des précisions quant aux antécédents et conséquents de l'événement relaté (et après? pourquoi?...). Là encore, on peut penser que, au fur et à mesure des expériences, le sujet parvient en quelque sorte à intérioriser et même à anticiper les questions potentielles et, en conséquences, à y répondre par avance en fournissant d'emblée dans sa narration les éléments essentiels à la compréhension. Il n'existe encore que très peu de travaux relativement à ce problème (cf., néanmoins, Magee et Sutton-Smith, 1983).

Enfin, en troisième lieu, l'enfant est confronté à des corpus de textes: histoires racontées par des adultes ou lues quotidiennement à l'école. Il dispose donc d'un grand nombre d'exemples plus ou moins littéraires sur lesquels il peut exercer une activité inférentielle lui permettant de détecter les marques linguistiques et leur fonctionnement intra-textuel.

La maîtrise de la narration — orale ou écrite — ne découle vraisemblablement pas d'un seul de ces facteurs, le «schema» cognitivo-sémantique par exemple sur lequel ont porté presque toutes les recherches, mais de l'interaction continuelle des trois. Déterminer la part de chacun d'eux, la pertinence et le moment de leur intervention reste un problème jusqu'alors non abordé.

NOTES

[1] Il existe un grand nombre de travaux relatifs aux phrases isolées, aux paires de phrases (cf., par exemple, le récent ouvrage de Bronckart, Kail et Noizet, 1983) et aux phénomènes de coréférence. Toutefois, les données rapportées ne sont pas, telles quelles, transposables dans une problématique textuelle.
[2] L'acquisition des temps verbaux, bien que beaucoup étudiée depuis quelques années, pose encore de nombreux problèmes. On trouvera une tentative de synthèse de ces problèmes, théoriques et méthodologiques, dans Fayol (1983b) et, en ce qui concerne les récits, dans Fayol (1985 a et b).
[3] Les connecteurs ont, eux aussi, surtout été étudiés dans des paires de phrases (cf. Kail et Weissenborn, 1984, pour une synthèse). Or, là encore, la transposition aux textes ne va pas de soi et pose des problèmes spécifiques (cf. Haberlandt, 1982, pour une approche textuelle de la question).

Bibliographie

APPLEBEE, A.N., *The child's concept of story*. Chicago: The University of Chicago Press, 1978.
BENVENISTE, E., Le langage et l'expérience humaine. *Diogène*, 1965, n° 51, 3-13.
BEREITER, C. et SCARDAMALIA M., From conversation to composition: the role of instruction in a developmental process. In R. GLASER (Ed.). *Advances in instructional psychology*, Volume 2. Hillsdale: Erlbaum, 1982.
BLACK, J.B., TURNER, J.T. et BOWER, G.H., Point of view in narrative comprehension, memory, and production. *Journal of Verbal Learning and Verbal Behavior*, 1979, *18*, 187-198.
BRONCKART, J.P., *Théories du langage*. Bruxelles: Mardaga, 1977.
BRONCKART, J.P., KAIL, M. et NOIZET, G., *Psycholinguistique de l'enfant*. Neuchâtel-Paris: Delachaux et Niestlé, 1983.
BRONCKART, J.P., GENNARI, M. et DE WECK, G., La compréhension des phrases simples. La perspective représentative et la perspective communicative. *International Journal of Psycholinguistics*, 1981, *8* (2), 5-29.
BRONCKART, J.P. et SCHNEUWLY, B., La production des organisateurs textuels chez l'enfant. In M. MOSCATO et G. PIERAUT-LE-BONNIEC, *Langage: construction et actualisation*. Rouen: P.U. Rouen, 1984.
CIRILO, R.K. et FOSS, D.J., Text structure and reading time for sentences. *Journal of Verbal learning and Verbal Behavior*, 1980, *19*, 96-109.
CULIOLI, A., *Recherche en linguistique. Théorie des opérations énonciatives*. Université de Paris VII: séminaire de DEA, 1976, ronéo.
EHRLICH, S., Construction d'une représentation de texte et fonctionnement de la mémoire sémantique. *Bulletin de Psychologie*, 1982, *35* (356), 659-671.
EHRLICH, S., Construction des représentations sémantiques: le fonctionnement du sujet. In M. MOSCATO et G. PIERAUT-LE-BONNIEC. *Langage: construction et actualisation*. Rouen: P.U. Rouen, 1984.
ESPERET, E., Processus de production: genèse et rôle du schéma narratif dans la conduite de récit. In M. MOSCATO et G. PIERAUT-LE-BONNIEC. *Langage: construction et actualisation*. Rouen: P.U. Rouen, 1984.
ESPERET, E. et FAYOL, M., *Eléments pour un modèle génétique de la conduite de récit*. Poitiers: Laboratoire de psychologie et Dijon: Laboratoire de psychologie, 1982, ronéo.
FAYOL, M., A propos de la clôture des récits. Eléments pour une approche expérimentale du problème. *Psychologie Française*, 1980, *25*, 139-147.
FAYOL, M., *L'organisation du récit écrit. Son évolution chez l'enfant de six à dix ans*. Université de Bordeaux II: thèse de Doctorat d'Etat, 1981, ronéo.
FAYOL, M., Le récit écrit d'expérience personnelle, son évolution chez l'enfant de six à dix ans. *Bulletin de Psychologie*, 1982, *35*, 261-265.
FAYOL, M., Le plus-que-parfait. Etude génétique en compréhension et production chez l'enfant de quatre à dix ans. *Archives de Psychologie*, 1982, *50*, 261-283.
FAYOL, M., L'acquisition du récit: un bilan des recherches. *Revue Française de Pédagogie*, 1983, n° 62, 65-82.
FAYOL, M., L'emploi des temps verbaux chez l'enfant, l'adolescent et l'adulte. Problèmes théoriques et méthodologiques. Colloque International de Didactique et Pédagogie du Français (Langue Maternelle). Paris, Décembre 1983.
FAYOL, M., La distanciation dans le langage. L'exemple du calcul de l'origine dans le récit écrit d'expérience personnelle chez l'enfant de six à dix ans. *Enfance*, 1984, n° 1, 5-19.

FAYOL, M., L'emploi des temps verbaux dans les récits écrits. Etudes chez l'enfant, l'adulte et l'adolescent. In J. WITTWER. *La psycholinguistique textuelle. Bulletin de Psychologie*, 1985, *38* (371), 683-703.
FAYOL, M., *Le récit et sa construction. Une approche de psychologie cognitive.* Neuchâtel-Paris: Delachaux & Niestlé, 1985.
FILLOL, F., MOUCHON, J., Les éléments organisateurs du récit oral. *Pratiques*, 1977, n° 17, 100-127.
FRANCKEL, J.J., *Introduction à l'étude de l'organisation et de la genèse du système aspectuel en Français.* Paris: EHESS, 1976, ronéo.
FUCHS, C., LEONARD, A.M., *Vers une théorie des aspects. Les systèmes du Français et de l'Anglais.* Paris, The Hague: Mouton et EHESS, 1979.
GLENN, C., The role of episodic structure and of story length in children's recall of simple stories. *Journal of Verbal Learning and Verbal Behavior*, 1978, *17*, 224-247.
HABERLANDT, K., Les expectations du lecteur dans la compréhension du texte. *Bulletin de Psychologie*, 1982, *35* (356), 733-740.
HABERLANDT, K., BERIAN, C., SANDSON, J., The episode schema in story processing. *Journal of Verbal Learning and Verbal Behavior*, 1980, *19*, 635-650.
HALLIDAY, M.A.K., HASAN, R., *Cohesion in English.* London: Longman, 1976.
KAIL, M., WEISSENBORN, J., L'acquisition des connecteurs: critiques et perspectives. In M. MOSCATO et G. PIERAUT-LE-BONNIEC. *Le langage: Construction et actualisation.* Rouen: P.U. Rouen, 1984.
KARMILOFF-SMITH, A., The grammatical marking of thematic structure in the development of language production. In W. DEUTSCH (Ed.). *The child's construction of language.* New York: Academic Press, 1981.
KINTSCH, W. et VAN DIJK, T.A., Toward a model of text comprehension and production. *Psychological Review*, 1978, *85* (5), 363-394.
LABOV, W., *Le parler ordinaire.* Volume 1. (Trad. Franç.). Paris: Minuit, 1978.
LABOV, W. et WALETSKY, J., Narrative analysis: oral versions of personal experiences. In D. HELM (Ed.). *Essays on the verbal and the visual arts.* Seattle: University of Washington Press, 1967.
LAROCHETTE, J., L'imparfait et le passé-simple. *Les études Classiques*, 1945, *13*, 55-87.
MAGEE, M.A. et SUTTON-SMITH, B., The art of story telling: how do children learn it. *Young Children*, 1983, May, 4-12.
MANDLER, J.M., Recent research in story grammars. In J.F. LE NY et W. KINTSCH (Eds.). *Language and comprehension.* Amsterdam: North-Holland Pub., 1982.
MANDLER, J.M. et GOODMAN, M.S., On the psychological validity of story structure. *Journal of Verbal Learning and Verbal Behavior*, 1982, *21*, 507-523.
MANDLER, J.M. et JOHNSON, N.S., Remembrance of things parsed: story structure and recall. *Cognitive Psychology*, 1977, *9*, 111-151.
RUMELHART, D.E., Understanding and summarizing brief stories. In D. LABERGE et S.J. SAMUELS (Eds.). *Basic processes in reading: perception and comprehension.* Hillsdale: Erlbaum, 1977.
SCHANK, R.C., The structure of episodes in memory. In D.G. BOBROW et A. COLLINS (Eds). *Representation and understanding.* New York: Academic Press, 1975.
SCHANK, R.C. et ANDERSON, R.P., *Scripts, plans, goals and understanding.* Hillsdale: Erlbaum, 1977.
SCHIFFRIN, D., Tense variation in narrative. *Language*, 1981, *57*, 45-62.
SLATKA, D., L'ordre du texte. *Etudes de Linguistique Appliquée*, 1975, *19*, 30-42.
STEIN, N.L. et GLENN, C.G., An analysis of story comprehension in elementary school children. In R.O. FREEDLE (Ed.). *New directions in discourse processing.* Volume 2. Norwood: Ablex, 1979.

STEIN, N.L. et GLENN, C.G., Children's concept of time: the development of a story schema. In W.J. FRIEDMAN (Ed.). *The developmental psychology of time*. New York: Academic Press, 1982.

STEIN, N.L. et TRABASSO, T., What's in a story: an approach to comprehension and instruction. In R. GLASER (Ed.). *Advances in instructional psychology*. Volume 2. Hillsdale: Erlbaum, 1982.

THORNDYKE, P.W., Cognitive structure in comprehension and memory of narrative discourse. *Cognitive Psychology*, 1977, *9*, 77-110.

WEINRICH, H., *Le temps* (trad. franç.). Paris: Seuil, 1973.

Ontogenèse de la cohésion dans le discours

M. HICKMANN

INTRODUCTION

La cohésion du discours est un aspect fondamental de la communication. Globalement, elle se compose d'emplois conjugués d'éléments linguistiques qui relient de façons diverses les énoncés du discours entre eux et créent ainsi un «co-texte» nécessaire au déroulement de la parole. L'ontogenèse de la cohésion correspond au développement chez l'enfant de la capacité à «ancrer» la parole dans le co-texte et donc à se servir du langage pour contextualiser le langage.

Ce n'est que très récemment que l'étude du langage de l'enfant s'est penchée sur les emplois d'éléments linguistiques dans le *discours*, plutôt que dans la phrase hors contexte. Cet intérêt pour le discours participe d'une tendance plus générale qui a souligné l'importance du contexte d'énonciation pour expliquer les fonctions des éléments employés par l'enfant et qui a contribué au développement de perspectives pragmatiques et fonctionnelles pour l'étude de l'ontogenèse du langage (par exemple, Bates, 1976; Karmiloff-Smith, 1979; Ochs et Schieffelin, 1979). L'étude systématique de la *cohésion* du discours chez l'enfant, telle qu'on la trouve dans certaines recherches sur les conversations, les récits, l'argumentation, les explications de jeux, les indications d'itinéraires, etc., a ainsi permis de discerner des progressions génétiques, parfois relativement tardives, concernant l'organisation de la référence personnelle, spatiale, et temporelle entre les énoncés du discours (voir entre autres, Karmiloff-Smith, 1980; Weissenborn, 1980, 1981; Hickmann, 1982; Schneuwly, 1984; Bronckart, 1985; Fayol, 1983, 1985).

Nous aborderons ici l'ontogenèse de la cohésion à travers les emplois d'expressions référentielles. Nous présenterons d'abord brièvement quelques principes régissant ces emplois dans le discours, ainsi que les problèmes méthodologiques qui caractérisent l'étude du système référentiel chez l'enfant. Par exemple, la maîtrise du système référentiel apparaît nettement plus tard si l'on inclut dans le répertoire de l'enfant l'emploi *intra-linguistique* d'éléments référentiels reliant entre eux les énoncés du co-texte. Nous illustrerons ces points à partir d'une étude effectuée sur la continuité référentielle dans les récits d'enfants, et plus particulièrement sur les expressions qui introduisent les référents et maintiennent la référence d'énoncés en énoncés successifs. Nous mentionnerons enfin un aspect particulier de la cohésion dans les récits d'enfants, notamment les problèmes que leur pose la continuité référentielle lorsqu'ils rapportent des paroles. Dans ce cas, l'enfant doit apprendre à indiquer les relations qui existent non seulement entre les énoncés d'un discours, mais aussi entre deux plans d'énonciation: discours immédiat (récit) et discours cité dans le récit.

En s'appuyant sur ces quelques aspects de la référence dans les récits d'enfants, nous caractériserons l'ontogenèse de la cohésion du discours par une progression graduelle qui aboutit à une maîtrise du système référentiel permettant à l'enfant d'ancrer le langage dans le langage lui-même. En conclusion seront évoquées les conséquences que cette capacité pourrait avoir non seulement sur la communication chez l'enfant, mais aussi sur son développement cognitif.

1. Emplois «intra-linguistiques» du système référentiel

Nous avons montré dans une étude précédente (Hickmann, 1984) résumant un large échantillon de travaux sur le développement de la référence chez l'enfant (emplois de déterminants définis et indéfinis, pronoms, anaphores zéro) la profondeur des divergences entre les conclusions auxquelles ces travaux aboutissent: certaines concluent que l'enfant maîtrise le système référentiel dès l'âge de deux ans et demi ou trois ans, tandis que d'autres concluent qu'il ne le maîtrise pas avant dix ou même douze ans. Un examen détaillé de ces études montre que ces divergences peuvent être en grande partie résolues si l'on prend en compte différents aspects du contexte d'énonciation, et surtout si l'on distingue les aspects non-linguistiques (par exemple, absence ou présence de référents pertinents) des aspects linguistiques de ce contexte (nature du «co-texte», aussi bien dans la parole de l'enfant que dans celle de l'expérimentateur qui donne des consignes, pose des questions, etc.).

Cet examen donne raison aux études qui concluent à une acquisition tardive du système référentiel en montrant que les syntagmes nominaux du jeune enfant ne sont qu'apparemment semblables à ceux de l'adulte, c'est-à-dire qu'ils ont (au moins en partie) des fonctions différentes. Une des conclusions qui ressort de cette synthèse et qui nous importe plus particulièrement ici est que, malgré certaines distinctions élaborées dans le système référentiel de l'enfant jeune, ce sont précisément les emplois systématiques de ces éléments pour la *cohésion* du discours qui ne sont maîtrisés que tardivement.

On peut résumer le principe général qui mène à cette conclusion de la façon suivante : pour déterminer avec certitude si l'enfant «maîtrise» le système référentiel, et en particulier s'il sait vraiment employer comme l'adulte les éléments référentiels dans le discours, il faut identifier des emplois qui sont *strictement intra-linguistiques*. Par «emplois intra-linguistiques», nous entendons les emplois d'éléments qui visent à établir des relations *entre* les énoncés du discours (co-texte); parmi ceux-ci, les emplois «strictement intra-linguistiques», sont ceux qui dépendent *nécessairement* du co-texte, et qui, de plus, ne dépendent *que* de celui-ci (pour des définitions plus précises, voir Halliday et Hasan, 1976; Hickmann, 1982).

Par exemple, considérons différents types d'expressions référentielles qu'un locuteur pourrait employer pour mentionner un référent dans son discours. La liste (1) présente quatre types d'expressions qui présupposent plus ou moins le référent :

(1) un/une X < le/la X < il/elle < Ø

L'expression *un/une X* est celle qui présuppose le moins le référent, et l'«anaphore zéro» (par exemple : «Jean est parti et Ø sera de retour lundi») est celle qui le présuppose le plus. L'expression *le/la X* contient un déterminant défini qui présuppose le référent, contrairement au déterminant indéfini dans *un/une X*. Cependant, elle contient également une information lexicale qui peut être relativement précise, contrairement au pronom *il* ou *elle*, où cette information est minime[1].

Maintenant, prenons le cas d'un locuteur qui voudrait «introduire» un référent et raconter quelque chose à son sujet lorsque les trois conditions suivantes sont rassemblées : 1. le référent n'est pas présent dans la situation d'énonciation; 2. il n'a pas encore été mentionné dans les énoncés précédents du discours immédiat (ni même dans une autre situation d'énonciation où les interlocuteurs auraient été présents); 3. son existence et son identité ne peuvent être présupposées à priori (par exemple, le référent n'est pas unique et connu de tous, comme ce serait le cas pour l'expression *le soleil*). Dans ce cas, le locuteur ne peut que dépendre du discours immédiat pour introduire son référent, ainsi que pour maintenir la référence à cette entité. Il emploiera (en français ou en anglais) un déterminant indéfini pour l'introduire, parfois dans des constructions de type «présentatif» (par exemple, «il y avait un X»). Une fois le référent introduit, le locuteur emploiera des déterminants définis ou des pronoms (y compris des anaphores zéro) pour assurer la continuité référentielle d'énoncés en énoncés successifs. Les relations entre ces différents types d'expressions sont nécessaires dans ce cas pour l'interprétation du récit et le locuteur doit dépendre strictement d'elles pour communiquer son message. Par contre, si le référent est présent, un pronom (personnel ou démonstratif), éventuellement accompagné d'un geste, pourrait en principe suffire pour initier un discours au sujet du référent, ainsi que pour maintenir ensuite la référence d'énoncé en énoncé.

Comme on peut le voir, les mêmes éléments peuvent être employés en relation avec différents aspects du contexte et avoir ainsi différentes «fonctions» (dans le sens où, par exemple, Halliday et Hasan, 1976, utilisent ce terme). Par exemple, bien que tous les pronoms soient des éléments «déictiques», puisqu'ils dépendent du contexte d'énonciation, on peut distinguer les emplois intra-linguistiques de ces éléments comme un *type particulier* d'emploi déictique consistant à établir la coréférence avec un autre élément dans le *contexte linguistique* (ou co-texte).

Cependant, lorsque l'on analyse le discours de l'enfant jeune, surtout dans des situations naturelles, il est souvent très difficile d'établir avec certitude si des éléments tels que les pronoms ont telle ou telle fonction. Bien que la distinction entre les fonctions déictique et (strictement) intra-linguistique soit théoriquement claire, elle est difficile à appliquer dès que l'on analyse les productions spontanées des enfants. Par exemple, il est souvent difficile de déterminer avec certitude si l'enfant présuppose un référent à partir du contexte non-linguistique ou du co-texte, et dans certains cas une relation dans le co-texte existe, mais elle doit être *inférée par l'adulte* qui interprète les énoncés de l'enfant. On peut illustrer quelques aspects de ce problème à partir d'études ayant conclu que les enfants maîtrisent ces emplois très tôt.

2. Coréférence et anaphore

Tout d'abord, la distinction entre emplois déictiques et strictement intra-linguistiques implique qu'on ne peut pas confondre coréférence et anaphore. Par exemple, les énoncés successifs de (2) et (3), extraits respectivement de Huxley (1970) et de Charney (1978), illustrent des cas où la seule présence de pronoms coréférentiels a été interprétée comme montrant le développement d'une fonction anaphorique de ces éléments pour la cohésion (une traduction de tous les exemples en anglais se trouve dans l'appendice).

(2) He's a clever pilot, he can fly upside down.
(3) C. ate orange juice and she read a book.

La présence de deux pronoms coréférentiels dans des énoncés adjacents ne garantit pas qu'il s'agisse d'emplois strictement intra-linguistiques[2]. Si le référent est présent, chacun de ces pronoms peut être déictique : par exemple, la séquence *he-he* dans (2) pourrait s'apparenter à une séquence de deux pronoms démonstratifs, chacun pouvant être accompagné d'un geste de pointage; de même, dans (3) l'enfant utilise son nom et le pronom *she* pour se référer à elle-même, si bien que la séquence *nom-she* dans (3) s'apparente à une séquence de deux pronoms de première personne. Dans ces cas, ces pronoms sont vraisemblablement déictiques, bien que coréférentiels.

De plus, si le référent en question est présent, le locuteur n'a pas besoin de l'introduire strictement dans le discours. En fait, l'absence d'un référent qui ne peut être identifié à priori et l'emploi d'un élément référentiel approprié pour l'introduire dans le discours (par exemple, déterminant indéfini) deviennent des critères nécessaires pour déterminer si les pronoms qui suivent sont strictement intra-linguistiques ou pas. L'emploi d'une telle introduction établit une relation dans le discours permettant l'interprétation du pronom, alors que l'absence d'introduction rend l'interprétation du pronom difficile.

A ce sujet, la plupart des études qui concluent que les jeunes enfants maîtrisent non seulement l'anaphore mais aussi les introductions de référents dans le discours présentent des exemples tels que (4) ou (5), extraits de Brown (1973) et de Keenan et Klein (1975), respectivement.

(4) That a jeep. I put some in the jeep.
(5) A battery, this is battery, look I find battery [...].

Brown interprète (4) comme montrant : 1. un emploi « correct » du déterminant indéfini (*a jeep*) pour introduire un référent (vraisemblablement présent dans le contexte), et 2. un emploi « correct » du déterminant défini (*the jeep*) pour maintenir la référence à cet objet. De même Keenan et Klein interprètent (5) comme montrant des introductions de référents dans le discours à travers les emplois parfois répétés d'expressions avec déterminants indéfinis ou sans déterminant (*a battery, battery*). Il est important de noter que ces introductions de référents sont contenues dans des constructions particulières, notamment des «étiquetages»: le déterminant indéfini fait partie du prédicat et «nomme» le référent, auquel l'enfant se réfère par des expressions déictiques (par exemple, démonstratif du type «C'est un X») ou qu'il présuppose entièrement à partir du contexte («Un X» ou «X»). A partir de tels exemples, on ne peut donc pas conclure que les éléments référentiels ont une relation strictement intra-linguistique dans le discours de l'enfant.

Un certain nombre d'études sur l'organisation du discours chez l'enfant, en particulier l'organisation des éléments référentiels dans les récits, indiquent que les emplois intra-linguistiques de ces éléments apparaissent en fait très tardivement. Par exemple, Karmiloff-Smith (1980) conclut que les enfants commencent par employer des éléments déictiques (pronoms, déterminants définis) dans leurs énoncés, et traitent chaque énoncé comme s'il était indépendant du précédent. Ce n'est qu'à un âge plus avancé qu'ils établissent des relations intra-linguistiques entre leurs énoncés, et utilisent, par exemple, des anaphores (pronoms explicites et zéro) dans le rôle de sujet pour maintenir systématiquement la référence au personnage «thématique» du récit. Notons de nouveau que les référents étaient présents dans la situation d'énonciation de cette étude (sous forme d'images que l'enfant et son interlocuteur adulte regardaient *ensemble*). Cette situation ne requiert donc pas que l'enfant introduise ses référents ou maintienne la référence strictement à travers le discours et on peut se demander si elle n'«invite» pas les enfants jeunes à dépendre du contexte non-linguistique.

L'identification d'emplois strictement intra-linguistiques dans le répertoire de l'enfant est importante si l'on considère les inférences que l'on a faites sur le développement cognitif et social de l'enfant à partir de son système référentiel. Par exemple, on a souvent interprété les emplois plus ou moins appropriés d'éléments pour introduire les référents comme indiquant le degré d'«égocentrisme» de l'enfant. A partir des principes énoncés ci-dessus, on peut conclure que l'enfant jeune introduit les référents dont il veut parler quand la situation d'énonciation lui permet d'employer des éléments référentiels de façon déictique et ne requiert pas qu'il dépende de relations strictement intra-linguistiques. L'enfant ne paraîtrait donc «égocentrique» que dans des situations où son répertoire ne lui permettrait pas de dépendre entièrement du discours.

Pour examiner cette hypothèse, cependant, il faut analyser le langage de l'enfant dans des situations qui permettent autant que possible de différencier les emplois déictiques et intra-linguistiques des mêmes éléments. Par exemple, certaines études démontrent que si les référents ne sont pas présents, ou s'ils ne sont pas perceptibles à la fois par l'enfant et son interlocuteur, l'enfant n'introduit pas les référents par des moyens *intra*-linguistiques jusqu'à un âge relativement avancé (Warden, 1976, 1981; Hickmann, 1982). Les résultats qui sont résumés ci-dessous illustrent ce phénomène à la fois pour les introductions de référents et pour le maintien de la référence.

3. La cohésion dans les récits d'enfants

Les résultats présentés ici proviennent d'une série d'études sur la cohésion des récits d'adultes et d'enfants (de langue anglaise) âgés de 4, 7 et 10 ans dans des situations diverses (cf. Hickmann, 1982). Ces analyses concernent plus particulièrement les récits recueillis chez 120 enfants (40 dans chaque tranche d'âge) dans la situation suivante:

Tableau 1. Description des deux jeux d'images employés pour recueillir les récits.

Série A

1. Une cheval galope dans une prairie et s'approche d'une barrière.
2. Le cheval s'arrête devant la barrière. On aperçoit une vache de l'autre côté de la barrière et un oiseau sur la barrière.
3. Le cheval saute au-dessus de la barrière. La vache et l'oiseau le regardent.
4. La barrière est cassée. Le cheval, maintenant de l'autre côté de la barrière, est sur le sol, les quatre fers en l'air. La vache et l'oiseau le regardent.
5. L'oiseau tient entre ses pattes une trousse de secours. Le cheval est debout et présente une patte à la vache qui met un pansement dessus.

Série B

1. Sur un arbre se trouve un nid contenant trois oisillons. Un oiseau se tient sur le nid.
2. Un chat s'approche de l'arbre. L'oiseau s'envole.
3. Le chat est assis au pied de l'arbre et regarde le nid.
4. Le chat grimpe à l'arbre. Un chien s'approche.
5. Le chat est suspendu à la branche où se trouve le nid. Le chien tient la queue du chat dans sa gueule. L'oiseau s'approche du nid, un ver de terre au bec.
6. L'oiseau est de nouveau sur le nid. Le chien court après le chat et tous deux s'éloignent de l'arbre.

chaque enfant devait produire deux récits à partir de deux jeux d'images pour un interlocuteur qui ne connaissait pas le contenu de ces images, qui ne pouvait pas les voir pendant les récits (parce que l'enfant lui avait bandé les yeux), et qui devait à son tour reproduire ces récits avec l'aide de l'enfant. Le tableau 1 donne la description de chacune des images dans les deux séries. Notons que, dans la série A, un des personnages (cheval) est nettement plus central que les autres (vache, oiseau), à la fois parce que ses actions le placent au premier plan de l'intrigue, et parce qu'il est plus visible (il est dessiné en grand, toujours en entier, et sur toutes les images, ce qui n'est pas le cas des autres référents).

3a. Introduction des référents

Les *premières mentions* de référents peuvent être regroupées en quatre catégories : 1. les expressions appropriées, à savoir celles qui ne présupposent pas les référents, pour la plupart des syntagmes avec déterminants indéfinis avec ou sans construction de type «présentatif» («Il y a/avait un X»); 2. les expressions inappropriées, à savoir celles qui présupposent les référents à des degrés différents (pour la plupart des syntagmes avec déterminants définis ou des pronoms); 3. des expressions ambiguës, présentant pour différentes raisons des problèmes de codage[3]; 4. des expressions nominales (quel que soit leur déterminant) apparaissant dans des constructions de type «étiquetage» explicite («C'est un/le X») ou dans des énoncés «elliptiques» pouvant avoir la fonction d'étiquetage. Parmi ces dernières sont incluses des expressions qui sont les seuls éléments dans l'énoncé («Un X», «le X», ou «X»), ainsi que des expressions qui sont accompagnées d'un sytagme verbal sans auxiliaire et portant la marque aspectuelle du progressif (-*ing* en anglais) si bien que l'énoncé pourrait être un étiquetage. Par exemple, l'énoncé «a horse running» («un cheval en train de courir») présente au moins deux interprétations possibles : «It's a horse who is running» («c'est un cheval qui en train de courir»), qui serait une sorte d'étiquetage, ou «a horse is running» («un cheval est en train de courir»), qui n'en serait pas un.

Les tableaux 2 et 3 indiquent respectivement les pourcentages des différents types de premières mentions dans les séries A et B. Une progression dans ces emplois est évidente, notamment une augmentation des introductions appropriées entre quatre et sept ans, puis entre sept et dix ans, due à la diminution d'introductions inappropriées d'une part et à la diminution d'expressions employées dans des constructions de type étiquetage explicite ou potentiel d'autre part.

Tableau 2. Premières mentions des personnages dans la série A.

Types d'expressions	4 ans	7 ans	10 ans
Appropriées	19 %	59 %	82 %
Inappropriées	48 %	35 %	15 %
Ambiguës	5 %	5 %	2 %
Etiquetages explicites ou potentiels	28 %	1 %	1 %
Total	(91)	(109)	(113)

Tableau 3. Premières mentions des personnages dans la série B.

Types d'expressions	4 ans	7 ans	10 ans
Appropriées	25 %	55 %	87 %
Inappropriées	48 %	38 %	12 %
Ambiguës	5 %	5 %	1 %
Etiquetages explicites ou potentiels	22 %	2 %	—
Total	(131)	(148)	(158)

On peut décomposer de façon plus détaillée ce dernier type d'emploi chez les enfants de quatre ans en considérant les types de déterminants (indéfinis, définis, ou absence de déterminants)[4], et de constructions (étiquetage explicite ou potentiel) qui les caractérisent. Cet examen qualitatif révèle d'une part une très grande majorité d'expressions avec déterminants, surtout indéfinis (54 %), mais aussi définis (37 %); d'autre part ces expressions, quel que soit leur déterminant, sont le plus souvent employées dans des étiquetages explicites (39 %) ou seules (46 %).

Les exemples (6) et (7) illustrent l'emploi d'étiquetages explicites et potentiels dans les récits des enfants de quatre ans (série A et B respectivement)[5]. Ces étiquetages sont souvent employés non seulement pour les premières mentions des personnages, mais aussi pour d'autres mentions dans les énoncés qui suivent surtout lorsque les enfants passent d'une image à l'autre. Par exemple, dans (6) l'étiquetage potentiel «horse» (première mention, image 1) est suivi d'un autre étiquetage potentiel «and a horse and a cow» (image 2).

(6) Horse. A horse is running. [...] And a... horse and a cow. [...] And a horse is... still running. [...] Horse fell down. [...] And a bird's... ca and the bird came. [...] Cow... helped him.

Les mentions des référents sont souvent accompagnées d'éléments déictiques (comme les démonstratifs *here* et *there*). Par exemple, dans (7) les premières mentions du chat et du chien sont clairement déictiques; elles sont aussi suivies d'étiquetages répétés complexes: la première mention du chien «with a dog there» (image 4) est suivie des étiquetages «here's a dog biting the kitty cat's tail» (image 5) et «here's a dog who's chasing a cat» (image 6).

(7) First a duck she's in her nest... [...] here's duck she's out of her nest... with a cat there... [...] and here's a cat... climbing up the tree with a dog there... and here's a dog biting the... kitty cat's tail... and here's... a dog who's chasing a cat and... and *that* thing is getting back into her nest.

Notons que les étiquetages apparaissent conjointement avec l'emploi (parfois répété) de déterminants indéfinis dans des énoncés d'autres types (par exemple, «a horse is running», «a horse is still running» dans (6)). Notons enfin que les enfants de 4 ans accompagnent fréquemment toutes leurs expressions référentielles de gestes de pointage.

En ce qui concerne les premières mentions, deux interprétations sont possibles. D'une part, la plupart sont employées comme des déictiques; ceci est clairement le cas des étiquetages explicites et/ou des déterminants définis, et c'est vraisemblablement aussi le cas des étiquetages potentiels. D'après le principe énoncé ci-dessus, ces emplois déictiques ne contribuent pas directement à la «cohésion» du récit si l'on définit ce terme en tant que système de relations strictement intra-linguistiques. D'autre part, on peut interpréter au moins certains d'entre eux comme des sortes d'introductions «primitives» de référents: même si leur fonction principale est d'étiqueter les référents, ce sont aussi indirectement des moyens déictiques pour introduire (et «ré-introduire» d'une image à l'autre) les référents dans le discours chez les enfants jeunes qui ne maîtrisent pas encore les emplois strictement intra-linguistiques de ces éléments et qui dépendent encore du contexte non-linguistique pour structurer leur discours.

3b. Maintien de la référence

L'analyse du maintien de la référence concerne toutes les expressions employées dans les récits pour se référer aux personnages après les premières mentions. Ces expressions peuvent être regroupées en cinq catégories: 1. syntagme nominal avec déterminant indéfini; 2. syntagme nominal avec déterminant défini; 3. pronoms; 4. anaphores zéro; 5. expressions nominales (quel que soit leur déterminant) employées dans des constructions de type étiquetage explicite ou potentiel[6].

D'après ce regroupement, on trouve peu de déterminants indéfinis dans le maintien de la référence, aussi bien dans la série A (3 % à 4 ans, 2 % à 7 ans et 0,4 % à 10 ans) que dans la série B (3 % à 4 ans, 1 % à 7 ans, 0,1 % à 10 ans). Comme c'était le cas pour les introductions de référents, on trouve des expressions dans des étiquetages explicites ou potentiels surtout à quatre ans (23 % pour la série A, 15 % pour la série B), pratiquement pas à sept ans (2 % pour la série A, aucun cas pour B), et pas du tout à dix ans. Une différence apparaît entre les deux jeux d'images, à 7 et 10 ans, quant à l'emploi d'expressions présupposant le plus les référents (pronoms et anaphores zéro) : ces expressions sont plus fréquentes que les autres pour la série A (51 % à 4 ans, 73 % à 7 ans, 80 % à 10 ans), mais pas pour la série B (44 % à 4 ans, 47 % à 7 ans, 54 % à 10 ans).

Chaque expression maintenant la référence aux personnages peut être aussi codée quant au rôle qu'elle joue dans son énoncé et quant à sa relation avec le co-texte précédant cet énoncé. On peut simplifier ici l'analyse des différents rôles de ces expressions en distinguant simplement celles qui ont le rôle d'agent et/ou de sujet (ci-après *A/S*) et celles qui ont d'autres rôles (ci-après *non-A/S*). D'un point de vue sémantique, les expressions A/S sont dans la plupart des cas accompagnées de verbes représentant des activités non-verbales (par exemple, *to hit* 'frapper', *to go* 'aller') ou verbales (*to say* 'dire', *to speak* 'parler'), des activités ou états internes (*to know* 'savoir', *to think* 'penser'), des changements d'états (*to fall* 'tomber', *to die* 'mourir'). Cette catégorie inclut aussi les expressions accompagnées du verbe *to be* 'être' suivi de divers éléments (*beautiful* 'beau', *exhausted* 'épuisé', expressions spatiales).

La relation de chaque expression avec le co-texte est ensuite codée pour déterminer si l'énoncé précédent contient une expression coréférentielle et, dans ce cas, si cette dernière joue le même rôle ou un rôle différent dans son énoncé. On peut simplifier ici l'analyse de ces relations en distinguant simplement les cas suivants: 1. l'expression est précédée d'une autre expression coréférentielle et toutes deux jouent le rôle A/S dans leur énoncé (ci-après *coréférence A/S*); 2. l'expression est précédée d'une autre expression coréférentielle et elles ne jouent pas toutes deux le rôle A/S (ci-après *coréférence non-A/S*); 3. l'expression n'est pas précédée d'une expression coréférentielle (ci-après *contexte non-coréférentiel*)[7].

Les résultats montrent d'abord une relation entre les expressions employées pour maintenir la référence et *les référents* en question. En particulier, on trouve une différence nette entre les expressions qui présupposent le plus les référents (pronoms explicites et zéro) et celles qui les présupposent moins (en particulier les déterminants définis) : dans la série A, la grande majorité des expressions se référant au personnage central sont du premier type, alors qu'on trouve des expressions des deux types pour les autres référents. Dans la série B, aucun des référents n'est nettement plus présupposé que les autres[8].

Les exemples (8) et (9) illustrent ce premier résultat. Ces deux récits sont produits par le même enfant de 7 ans pour les séries A et B, respectivement. Dans (8) l'enfant emploie toute une série de pronoms pour maintenir la référence au cheval, alors que dans (9) il n'emploie pratiquement que des expressions avec déterminant défini.

(8) Once there was a horse running and... he saw a cow and then he stopped and then he jumped over the fence and he broke the fence and got hurt. And then... a bird came along and... with a... doctor's kit and... bandaged the horse up.

(9) Once there was a bird in her nest and a cat came along and the bird was flying away and the cat was looking up at the nest and the cat — and a dog came along and the cat was trying to climb up the tree and he was almost there and the dog — bit the dog — bit the cat's tail... and the cat... ran away.

Un deuxième aspect des récits apparaît clairement lorsque l'on compare le *co-texte* des expressions qui présupposent le plus les référents (pronoms explicites et zéro) et celui des expressions qui les présupposent moins (nous excluons ici toutes les expressions qui sont employées dans des étiquetages explicites ou potentiels puisque leur rôle est soit d'être prédicat, soit ambigu). Les tableaux 4 et 5 montrent que les pronoms sont dans la majorité des cas précédés d'expressions coréférentielles et qu'il s'agit en particulier de relations du type coréférence A/S. Inversement, les autres expressions sont plus souvent employées dans des contextes non-coréférentiels. On peut observer ce phénomène pour les *deux* jeux d'images et à *tous* les âges, encore que ce soit pour la série A et à dix ans qu'il apparaisse le plus nettement.

Les exemples (8) et (9) ci-dessus illustrent cet aspect des récits : dans (8) l'enfant n'emploie plus de pronom pour se référer au personnage central à partir du moment où un des personnages secondaires intervient dans le rôle d'A/S (« And then a bird came along... and bandaged the horse up »). Dans (9) la séquence implique de nombreux changements d'A/S et aucun pronom n'est employé sauf lorsque le même référent est mentionné dans deux énoncés successifs dans le rôle d'A/S (« and the cat was trying to climb up the tree and he was almost there »).

On peut voir que les enfants de *tous* les âges présupposent les référents dans leurs récits (emplois de pronoms explicites et zéro) lorsque les propriétés du co-texte suivantes coïncident : le maintien de

Tableau 4. *Relations de coréférence et types de syntagmes (série A)*.

Age	Expression	Coréférence entre énoncés adjacents A/S	autres	Non-coréférence	Total
4 ans	Zéro/Pro	62 %	21 %	18 %	(141)
	Déf/Ind	33 %	17 %	50 %	(76)
7 ans	Zéro/Pro	74 %	18 %	9 %	(245)
	Déf/Ind	30 %	19 %	51 %	(95)
10 ans	Zéro/Pro	76 %	14 %	10 %	(394)
	Déf/Ind	14 %	7 %	78 %	(110)

Tableau 5. *Relations de coréférence et types de syntagmes (série B)*.

Age	Expression	Coréférence entre énoncés adjacents A/S	autres	Non-coréférence	Total
4 ans	Zéro/Pro	56 %	27 %	17 %	(187)
	Déf/Ind	24 %	19 %	57 %	(187)
7 ans	Zéro/Pro	62 %	26 %	11 %	(223)
	Déf/Ind	13 %	19 %	68 %	(285)
10 ans	Zéro/Pro	76 %	14 %	10 %	(394)
	Déf/Ind	16 %	15 %	70 %	(349)

la référence à un même personnage est « dense » d'énoncés en énoncés successifs et la coréférence est du type A/S. Une évolution dans le maintien de la référence est cependant à noter chez les enfants de 10 ans et chez certains enfants de 7 ans. Elle concerne les emplois d'expressions qui présupposent moins les référents (pour la plupart des déterminants définis, parfois des déterminants indéfinis) : alors que ces enfants emploient surtout ces expressions dans des contextes non-coréférentiels, les autres les emploient souvent dans des contextes où intervient la coréférence, et même lorsque la coréférence est du type A/S. Les exemples (10) et (11), produits par deux enfants de sept ans, illustrent cette dernière caractéristique : dans (10) la première mention du cheval, qui est un étiquetage explicite (« it's a pony running »), est suivie de la répétition fréquente du syntagme *the pony* d'énoncé en énoncé, même quand les relations de coréférence sont du type A/S. De même, dans (11) l'enfant emploie des expressions nominales (*a horse, the horse*) pour maintenir la référence au personnage central dans des contextes où des pronoms auraient été possibles.

(10) It's a pony running and then the pony sees a pal, the pony jumps over the... the fence and then [...] the pony falls and hurts his leg so the cow bandages the pony's leg.

(11) A horse is running... [...] a horse sees a fence... a horse is jumping, the horse broke the fence and hurt his leg and now they're bandaging the horse legs — the horse leg up.

On peut rapprocher l'emploi répété des déterminants indéfinis dans l'exemple (11) de l'emploi répété de ces éléments et/ou d'étiquetages dans les exemples (6) et (7) ci-dessus: les enfants «ré-introduisent» le personnage d'un énoncé à l'autre, alors qu'ils passent d'une image à l'autre (du moins au début du récit dans (11)). D'un point de vue fonctionnel, on peut donc voir une évolution dans les emplois d'éléments tels que les déterminants indéfinis, d'abord dans des étiquetages déictiques, puis dans d'autres énoncés, pour introduire et ré-introduire les référents d'une image à l'autre. (Il est vraisemblable que l'emploi répété de déterminants définis soit aussi en partie déterminé par le passage d'une image à l'autre). Toutefois, chaque énoncé est indépendant du précédent et dépend du contexte non-linguistique, contrairement à une troisième étape où, à travers des oppositions entre les éléments du système référentiel, les enfants relient les énoncés entre eux strictement à l'intérieur du discours. On peut résumer cette troisième étape de la façon suivante: 1. les enfants introduisent les référents dans des énoncés où les expressions ne sont pas déictiques; 2. ils ne les ré-introduisent pas d'image en image; 3. ils les présupposent lorsque cela est possible (coréférence A/S dans des énoncés adjacents); et 4. ils ne les présupposent pas lorsque cela n'est pas possible (par exemple, changement d'A/S dans des énoncés adjacents).

Enfin, il est intéressant de noter l'emploi du syntagme verbal *got hurt* dans l'exemple (8). Ce type d'énoncé «ressemble» à des énoncés au passif dans le sens où un référent, auparavant représenté comme un A/S, *subit* un état et devient donc patient (ici il subit les conséquences de ses propres actions), tout en étant tout de même présenté comme «sujet» (anaphore zéro). L'exemple (12) illustre ce type de phénomène dans un extrait de récit produit par un enfant de 10 ans.

(12) [...] So... um... she started to climb the tree. But unfortunately she didn't get... to the first branch... before the dog came. *And the poor little cat got pulled down... by the dog* [...]

Ici, l'enfant maintient la référence au chat avec une série de pronoms dans le rôle d'A/S, puis avec un déterminant défini (après une mention du chien dans le rôle d'A/S). Ce déterminant défini apparaît dans un énoncé au passif qui représente le chat comme patient subissant l'action du chien.

4. LA COHESION DU DISCOURS RAPPORTE

Un dernier aspect des récits d'enfants mérite d'être mentionné car il nous permet d'entrevoir l'aboutissement de la progression qui sous-tend l'ontogenèse de la cohésion du discours. Il s'agit de la façon dont les enfants rapportent des paroles dans leurs récits, et notamment leurs emplois d'éléments pour assurer la continuité référentielle (comme dans tout type de discours), tout en différenciant les éléments du discours immédiat et ceux du discours qu'il rapporte.

Considérons le cas d'un locuteur faisant le récit d'un dialogue dont serait extrait (13a). En rapportant (13a) sous la forme (13b) ou (13c), il se réfère explicitement à la parole citée (par l'intermédiaire d'un «verbe de citation», *dire*) et «encadre» ainsi la citation dans son discours :

(13) a. Demain je ne peux partir d'ici qu'à midi et je serai donc en retard.
   b. Pierre a dit à Marie (hier) (chez lui) «Demain je ne peux partir d'ici qu'à midi et je serai donc en retard».
   c. Pierre a dit à Marie (hier) qu'aujourd'hui il ne pourrait partir de chez lui qu'à midi et qu'il serait donc en retard.

L'encadrement des citations est nécessaire pour assurer la cohésion du récit puisqu'il permet l'interprétation des déictiques contenues dans la parole rapportée par rapport à la situation immédiate.

Par exemple, dans la citation «directe» (13b) les pronoms de première/deuxième personne font partie de la parole citée et ne se réfèrent pas aux interlocuteurs de la situation immédiate. Dans ce cas, donc, ces pronoms n'ont pas leur fonction déictique primaire et ils deviennent anaphoriques : ils font partie de relations intra-linguistiques dans le discours, au même titre que les pronoms de troisième personne dans des citations «indirectes» telles que (13c)[9]. De même, les déictiques spatiales et temporelles contenues dans la parole citée (*ici, maintenant*, etc.) deviennent «anaphoriques» dans le récit[10]. Elles sont donc «ajustées» au cadre dans les citations «indirectes» : par exemple, *demain* devient *aujourd'hui* dans (13c) et *ici* doit être ajusté (*chez lui*, etc.), si l'énoncé de Pierre se situe dans un endroit différent de la situation immédiate du récit. D'une façon plus générale, l'encadrement des citations *ancre dans le récit* les indices de personne, de temps, et de lieu qui définissent la situation rapportée, permettant non seulement la continuité référentielle, mais aussi une différentiation explicite entre deux plans d'énonciation.

Une première série d'études chez des enfants âgés de 4, 7 et 10 ans (cf. Hickmann, 1982, 1985) montre une progression nette dans la cohésion du discours rapporté. Nous mentionnerons ici quelques caractéristiques de récits recueillis à partir de films, d'une minute et demi chacun environ. Dans ces films deux animaux représentés par des marionnettes (ci-après les «participants») échangeaient un dialogue au sujet de deux référents. Les enfants devaient raconter ces dialogues à un interlocuteur qui n'avait pas vu les films, afin qu'il puisse à son tour reproduire ces récits[11].

Une première progression concerne la façon dont les enfants maintiennent la référence aux participants lorsqu'ils citent leurs paroles. Les enfants de 7 et 10 ans «encadrent» systématiquement le discours qu'ils rapportent au moyen de phrases (du type «X a dit») qui précèdent la plupart des paroles citées. Dans la très grande majorité des cas, il s'agit de citations «directes» encadrées par le verbe *say* («dire»), contenant les déictiques de la situation d'origine (citations du type «X a dit 'Je suis triste'»).

Contrairement aux enfants de 7/10 ans, les enfants de 4 ans rapportent le discours de deux façons distinctes: soit ils extraient le contenu des dialogues mais ne le présentent pas comme du discours rapporté (énoncé du type «X était triste»), soit ils citent les paroles des participants sans les encadrer systématiquement (énoncé du type «je suis triste»). L'exemple (14) montre la première stratégie à 4 ans. Dans ce récit, l'enfant ne se réfère pas au dialogue une seule fois, bien qu'il présente le contenu de ce dialogue:

(14) There was a... mou — a kangaroo! [...] And a rabbit. [...] And they... they an' — an' — and the rabbit thought it was the kangaroo's birthday... and he... buyed... the kangaroo... a doll and a cookie... but wasn't his birthday! (A: Oh, no! What happened?) And then... and then they shared it. [...] (A: What else happened?) And then... that was the end.

L'exemple (15) illustre la deuxième stratégie à 4 ans. Contrairement à (14), il s'agit ici clairement d'un dialogue rapporté: l'enfant cite les paroles des participants en utilisant les déictiques de la situation d'origine, mais il n'encadre pas systématiquement les paroles citées.

(15) Ch: *First* now... now... now... now the rabbit's in the woods... and the cookie... and the doll... in the picture... all by itself. [...] And *then* came the fox... then... *then* came the fox! [...] «I got the doll for you... and I got... (pause) [...] And I got the doll for you and I got the cookie for you. Today — today is *your* birthday». [...] «It's not my birthday. It's not my — but... (pause) [...] It's not my birthday today. So, we could both share the cookie and we go play with the doll». «Let's go in to my house and eat... do you — Let's go into my house and eat».

Dans certains cas, les enfants choisissant la deuxième stratégie emploient des moyens *non*-référentiels pour assurer l'alternance des interlocuteurs cités d'une citation à l'autre : par exemple, des marques dans la qualité de la voix (différentiation entre voix aiguë et voix grave) et dans l'intonation de certains énoncés cités. Cependant, ces marques sont rarement systématiques et les enfants ont souvent du mal à les maintenir d'un bout à l'autre du récit. La première stratégie est relativement plus complexe, dans la mesure où la cohésion globale du récit est assurée par l'emploi d'éléments (par exemple, déterminants définis ou pronoms de troisième personne, inflections verbales au passé) qui remplacent les déictiques de la situation d'origine (pronoms de première/deuxième personne, inflections verbales au présent). Toutefois cette stratégie permet à l'enfant d'«éviter» l'encadrement local de chaque citation qui différencie deux plans d'énonciation (dialogue et récit de ce dialogue). Donc, si l'on compare ces deux stratégies à 4 ans, il y a une propriété qui leur est commune : bien que l'une assure la continuité référentielle et l'autre pas, ni l'une ni l'autre ne présente une différentiation *explicite* entre deux plans d'énonciation, alors qu'à 7 et 10 ans cette explicitation est systématique.

Une deuxième progression concerne la façon dont les enfants introduisent les participants dans leur récit. Ce n'est qu'à 10 ans que les enfants emploient des expressions appropriées (par exemple, déterminants indéfinis) lorsqu'ils mentionnent ces référents pour la première fois dans le discours. De plus, seuls les enfants de 10 ans (ainsi que les adultes) commencent à citer les dialogues après avoir auparavant au moins mentionné les *deux* interlocuteurs. Par contre, même à 7 ans, les enfants commencent souvent à citer un locuteur sans avoir jamais mentionné auparavant à qui ce locuteur s'adresse. Par exemple, (16) montre le début d'un récit où l'enfant (7 ans) commence à rapporter un dialogue sans introduire le premier locuteur de façon appropriée (déterminant défini) et avant même d'avoir mentionné l'autre participant (la première mention du chaton est le pronom de deuxième personne dans la première citation) :

(16) The hippopotamus said, «Hi, where are you coming from?» (uh hum) And the kitty said, «From the park» and... and... he said, «Oh you look sad» [...].

Ce dernier résultat différencie nettement les enfants de 10 ans et tous les autres. Ces enfants planifient la référence dès le début des récits, établissant *avant* la première citation les paramètres interpersonnels de la situation rapportée. Par contre, bien que les enfants de 7 ans encadrent leurs citations localement de façon systématique, ils commencent souvent à citer les dialogues sans avoir auparavant planifié la référence.

5. CONCLUSION

En résumé, les divers aspects des récits qui ont été décrits ici convergent pour montrer que la maîtrise de divers éléments référentiels pour la *cohésion* apparaît tard chez l'enfant. La progression génétique qui émerge de ces résultats indique un développement graduel de la capacité à ancrer le langage dans le langage lui-même. Tout d'abord, considérons les récits recueillis à partir des jeux d'images. Dans cette situation, les référents étaient présents, mais seuls les enfants pouvaient les voir. On a vu que les enfants jeunes n'emploient pas les éléments référentiels comme les enfants âgés. Notamment, ils commencent par employer le système référentiel avec des fonctions déictiques seulement et/ou en établissant des relations qui ne sont pas strictement intra-linguistiques. En ce qui concerne l'introduction des référents, soit ils emploient des éléments qui présupposent les références dès la première mention, soit ils emploient des éléments avec des fonctions différentes, notamment des étiquetages déictiques, parfois répétés d'une image à l'autre. Ces derniers emplois servent indirectement d'«introductions» dans le sens où ils attirent l'attention de l'interlocuteur sur un référent (voir aussi Keenan et Schieffelin, 1976; Ninio et Bruner, 1977; Atkinson, 1979; etc.). Cependant, ce sont des introductions «primitives» dans le sens où elles dépendent toujours directement du contexte non-linguistique et ne sont pas encore ancrées dans le discours.

En ce qui concerne le maintien de la référence après les premières mentions, les expressions des enfants jeunes sont à la fois régies par certains principes du système référentiel que l'on trouve chez l'adulte et par leur fonction (au moins partiellement) déictique. D'une part, il semble que, déjà a un âge très jeune, le maintien de la référence soit étroitement lié à la fois à certains aspects sémantiques du contenu des récits, tel qu'il est représenté dans *chaque* énoncé, et à certains aspects pragmatiques régissant les relations *entre* les énoncés du co-texte (comme c'est le cas dans le discours de l'enfant âgé et de l'adulte). Cette interaction entre les aspects sémantiques des propositions et les aspects pragmatiques de ces propositions lorsqu'elles sont reliées entre elles dans le récit apparaît très clairement dès 4 ans dans l'échantillon d'enfants étudié ci-dessus. D'autre part, certains emplois révèlent que ce n'est qu'après 7 ans que les enfants présupposent les référents par rapport au co-texte et/ou ne les «ré-introduisent» plus d'énoncé en énoncé lorsque c'est clairement possible, notamment lorsqu'ils se réfèrent souvent à un même personnage principalement présenté comme agent et/ou sujet d'une image à l'autre.

Globalement, donc, ces différents aspects des récits donnent l'impression que, jusqu'à 7 ans au moins, ou bien les enfants présupposent *trop* les référents, ou bien ils ne les présupposent *pas assez*. Ces deux aspects du répertoire de l'enfant indiquent que le système référentiel n'est maîtrisé que relativement tard, tout au moins si l'on inclut dans la maîtrise de ce système les emplois du langage qui sont strictement intra-linguistiques. Lorsque l'on contrôle la situation d'énonciation, de façon à «inviter» l'enfant à ne dépendre que du discours pour communiquer, ses emplois indiquent tout de même une dépendance du contexte non-linguistique à la fois dans les introductions de référents et (au moins en partie) dans le maintien de la référence.

Enfin, les récits que font les enfants à partir de dialogues filmés confirment cette évolution générale. Le maintien de la référence aux participants des dialogues, tel qu'on peut l'observer à travers les emplois de citations, ainsi que les introductions de ces référents dans les récits, montrent que: 1. ce n'est qu'à 7 ans qu'on trouve une différentiation explicite et systématique des deux plans d'énonciation dialogue/récit, et 2. ce n'est qu'à 10 ans qu'on trouve en plus une planification systématique de la référence dans le récit.

On peut caractériser les étapes successives du discours rapporté dans les récits comme une évolution génétique dans la capacité à «objectifier» des dialogues, à savoir la capacité à prendre comme objet de la représentation des dialogues cités dans la parole. Ce processus s'effectue par des emplois d'éléments divers qui, une fois conjugués dans le répertoire de l'enfant, lui permettent de transformer ces dialogues en «textes». Bien que les enfants de 10 ans semblent avoir acquis certains moyens intra-linguistiques complexes pour assurer la cohésion du discours, les récits recueillis chez l'adulte (au moins dans la situation de cette étude)[12] montrent que l'évolution de la capacité à transformer les dialogues en textes s'affine encore après 10 ans. Par exemple, les adultes emploient des citations indirectes systématiquement, ainsi qu'un «lexique métalinguistique» beaucoup plus diversifié (par exemple, de nombreux verbes de citation).

En conclusion, on peut soulever la question des conséquences de l'évolution de la cohésion sur le développement de l'enfant. Parmi les différents aspects de la réponse qu'il faudrait apporter à cette question, on peut en mentionner rapidement au moins deux. D'une part, la capacité générale à organiser la cohésion de tout discours à travers des relations strictement intra-linguistiques entre les énoncés donne à l'enfant des moyens extrêmement puissants pour communiquer des séries d'événements complexes en ne dépendant plus que du discours lui-même dans la situation d'énonciation immédiate. Ces moyens permettent donc à l'enfant d'utiliser le langage pour créer le contexte du langage dans des situations où sa dépendance avec le contexte non-linguistique ne suffit pas pour la communication. D'autre part, quelles que soient les capacités cognitives sous-jacentes qui pourraient éventuellement être nécessaires pour cette évolution du répertoire linguistique de l'enfant, il est vraisemblable que le développement de la cohésion permette à l'enfant de planifier l'usage des signes non seulement dans la communication avec autrui, mais aussi dans la représentation interne (par exemple, dans la résolution de problèmes), influant ainsi sur son développement cognitif.

L'évolution de la cohésion dans le cas particulier du discours rapporté ne fait que confirmer ces points. Cette évolution permet à l'enfant non seulement d'organiser ses signes, mais aussi de les manipuler comme objets de ses représentations (représentations externes dans la communication et internes dans la résolution de problèmes). La capacité à ancrer le langage dans le langage prend ici la forme d'une différentiation explicite entre les signes en tant que représentations de la réalité non-linguistique et les signes en tant que représentations d'autres signes. On trouve l'évolution de cette différentiation explicite non seulement dans le discours rapporté, mais aussi dans d'autres situations où l'enfant se réfère au langage. Par exemple, lorsque l'on demande au jeune enfant de parler de la signification des mots, il ne différencie pas explicitement dans son discours les mots et les objets auxquels ils se réfèrent (Vygotsky, 1962).

Enfin, notons que l'hypothèse selon laquelle l'évolution de la cohésion sous tous ses aspects joue un rôle à la fois dans le développement de la communication et dans le développement cognitif est compatible avec une approche génétique qui met l'accent sur les influences *mutuelles*, ou l'interdépendance, du langage et de la pensée dans le développement (par exemple, Vygotsky). Une telle approche implique une prise en compte sérieuse du langage en tant que système sémiotique que l'enfant confronte dans ses interactions sociales et qu'il utilise dans ses représentations internes. De ce point de vue, l'acquisition de ce système devient un mécanisme dynamique du développement.

NOTES

[1] L'information lexicale contenue dans les pronoms personnels varie selon la langue (par exemple, distinctions de genre grammatical).
[2] Il est difficile d'évaluer les fonctions de ces éléments chez l'enfant sans un examen détaillé du contexte. Par exemple, Huxley (1970) conclut que le pronom *he* dans «he can fly upside down» est anaphorique sans préciser: 1. si le référent était présent, et 2. si un énoncé précédent contenait une introduction de ce référent.
[3] Par exemple, la distinction entre les déterminants *a* et *the* en anglais est parfois difficile à faire dans certains contextes phonologiques.
[4] L'absence de déterminant n'est codée que dans le cas des syntagmes nominaux au singulier, puisqu'en anglais les syntagmes au pluriel n'ont pas toujours de déterminants. Les déterminants employés étaient toujours *a* et *the*, sauf dans un cas (l'expression *this one N*, incluse parmi les déterminants «indéfinis»).
[5] Dans tous les exemples qui suivent, le signe [...] indique que l'interlocuteur de l'enfant donne du «feed-back».
[6] Dans la très grande majorité des cas, les syntagmes étaient du type *a N*, *the N* et des pronoms de troisième personne (*he, she*, etc.). Les anaphores zéro regroupent différents types, dont le plus fréquent est l'anaphore zéro «libre», à savoir tous les cas qui apparaissent dans des contextes de coordination ou de juxtaposition d'énoncés; d'autres apparaissent dans des contextes où certaines contraintes syntaxiques interviennent.
[7] Les cas de coréférence entre des expressions à l'*intérieur* d'un même énoncé sont codées séparément, par exemple les pronoms réflexifs. Ces cas sont en proportion négligeable, et, les principes qui les régissent étant différents, ils ne sont pas inclus dans les analyses du co-texte ci-dessous.
[8] Plus précisément, on peut dire seulement que les oisillons sont les moins présupposés parmi les personnages de ces récits.
[9] Le même principe s'applique à des citations telles que «je t'ai dit hier que je serai en retard», bien qu'ici les pronoms de première/deuxième personne se réfèrent à la fois aux interlocuteurs cités et aux interlocuteurs présents. Ceci illustre bien un cas où une relation de coréférence entre énoncés peut être *nécessaire*, (pour indiquer deux plans d'énonciation), mais pas *strictement* intra-linguistique.
[10] Il est possible que plusieurs principes régissent le discours rapporté. Par exemple, Comrie (1984) maintient que, contrairement aux pronoms personnels et aux expressions adverbiales, les inflections verbales dans les citations (contenant le verbe *say*) en anglais sont déterminées presque entièrement par des principes syntaxiques du type «concordance des temps» où n'interviendrait aucun principe pragmatique.
[11] Les récits qui sont décrits ici ont été recueillis auprès de 10 enfants dans chaque tranche d'âge, ainsi qu'après de 16 adultes. Chaque adulte et chaque enfant de 7 ou 10 ans a raconté neuf films; chaque enfant de 4 ans en a raconté six.
[12] Il existe de nombreuses analyses linguistiques du discours rapporté dans des contextes littéraires (par exemple, Bakhtine, 1973; Banfield, 1983), mais peu d'études systématiques des variations formelles et fonctionnelles des citations dans le discours spontané de l'adulte.

Appendice

Traduction des exemples

(2) Il/c'est un pilote malin, il peut voler à l'envers.
(3) C. [nom propre de l'enfant] a mangé du jus d'orange et elle a lu un livre.
(4) Ça une jeep. J'en mets dans la jeep.
(5) Une pile, c'est pile, regarde je trouve pile.
(6) Cheval. Un cheval court. Et un... cheval et une vache. Et un cheval... court encore. Cheval est tombé. Et un oiseau — et l'oiseau est venu. Vache... l'a aidé.
(7) D'abord un canard elle est dans son nid... ici c'est un canard elle est en dehors de son nid... avec un chat là... et ici c'est un chat en train de grimper à l'arbre avec un chien là... et ici c'est un chien en train de mordre la queue du petit chat... et ici c'est un chien qui court après un chat... et *cette* chose là rentre dans son nid.
(8) Il était une fois un cheval en train de courir et... il a vu une vache et alors il s'est arrêté et alors il a sauté au dessus de la barrière et il a cassé la barrière et s'est fait mal. Et alors... un oiseau est venu et... avec une... trousse de médecin et... a mis un pansement au cheval.
(9) Il était une fois un oiseau dans son nid et un chat est venu et l'oiseau s'envolait et le chat regardait le nid et le chat — et un chien est venu et le chat essayait de grimper à l'arbre et il était presque arrivé et le chien a mordu le chien — a mordu la queue du chat... et le chat... s'est enfui.
(10) C'est un poney en train de courir et alors le poney voit un copain, le poney saute au dessus de... la barrière et alors le poney tombe et se fait mal à la jambe alors la vache met un pansement sur la jambe du poney.
(11) Un cheval court... un cheval voit une barrière... un cheval saute, le cheval a cassé la barrière et s'est fait mal à la jambe et maintenant ils mettent un pansement sur la jambe du cheval.
(12) [...] Alors... elle a commencé à grimper à l'arbre. Mais malheureusement elle n'est pas arrivée... à la première branche avant que le chien ne soit arrivé. Et le pauvre petit chat a été (s'est fait) tiré par terre par le chien [...].
(14) C'était un... kangourou. Et un lapin. Et ils — et le lapin pensait que c'était l'anniversaire du kangourou... et il... a acheté au kangourou une poupée et un biscuit... mais c'était pas son anniversaire! (A: Oh non! Qu'est-ce qui s'est passé?) Et alors... et alors ils l'ont partagé. (A: Qu'est-ce qui s'est passé encore?) Et alors... c'était la fin.
(15) *D'abord* maintenant... maintenant... maintenant... maintenant le lapin est dans la forêt... et le biscuit... et la poupée... dans le film... tout seul. Et *puis* est arrivé le renard... puis... *puis* est arrivé le renard! «J'ai apporté la poupée pour toi... et j'ai apporté (pause). Et j'ai apporté la poupée pour toi et j'ai apporté le biscuit pour toi. Aujourd'hui — aujourd'hui c'est *ton* anniversaire». «Ça n'est pas mon anniversaire. Ça n'est pas mon — mais... ça n'est pas anniversaire aujourd'hui. Alors nous pouvons partager le biscuit et aller jouer avec la poupée». «Allons chez moi et mangeons».
(16) L'hippopotame a dit «Bonjour, d'où viens-tu?» Et le chaton a dit «Du parc» et... et... il a dit «Oh tu as l'air triste» [...].

Bibliographie

ATKINSON, M., Prerequisites for reference. In Ochs, E. and Schieffelin, B.B. (eds.), *Developmental Pragmatics*. New York: Academic Press, 1979.
BAKHTINE, M., *Le Marxisme et la philosophie du langage*. Les Editions de Minuit, Paris 1977.
BANFIELD, A., *Unspeakable Sentences*. Routledge and Kegan Paul, 1982.
BATES, E., *Language and Context: The Acquisition of Pragmatics*. Academic Press, 1976.
BRONCKART, J.P., Les opérations temporelles dans deux types de texte d'enfant. In J. Wittwer (ed.), *La Psycholinguistique Textuelle*, Bulletin de Psychologie, Numéro Spécial, 1985.
BROWN, R., *A first language*. Cambridge, Mass.: Harvard University Press, 1973.
CHARNEY, R., The development of personal pronouns. Thèse de doctorat, University of Chicago, 1978.
COMRIE, B., Tense in indirect speech. Intervention à l'atelier «Temporality», Max-Planck-Institut für Psycholinguistik, Nijmegen, juillet 1984.
FAYOL, M., L'acquisition du récit: un bilan des recherches. *Revue Française de Pédagogie*, n° 62, 1983, 65-82.
FAYOL, M., L'emploi des temps verbaux dans les récits écrits. Etudes chez l'enfant, l'adulte et l'adolescent. In J. Wittwer (ed.), *La Psycholinguistique Textuelle*. Bulletin de Psychologie, Numéro spécial, 1985.
HALLIDAY, M.A.K., et HASAN R., *Cohesion in English*. London: Longmans Group Limited, 1976.
HICKMANN, M., The development of narrative skills: Pragmatic and metapragmatic aspects of discourse cohesion. Thèse de doctorat, University of Chicago, 1982.
HICKMANN, M., Contexte et fonction dans le développement du langage. In M. Deleau (ed.), *Langage et Communication à l'âge préscolaire*. Presses Universitaires de Rennes 2, 1984.
HICKMANN, M., Metapragmatics in child language. In B. Mertz and R. Parmentier (eds.), *Semiotic Mediation: Sociocultural and Psychological Perspectives*, Academic Press, 1985.
HUXLEY, R., The development of the correct use of subject personal pronouns in two children. In G.B. Flores d'Arcais and W.J.M. Levelt (eds.), *Advances in Psycholinguistics*, North Holland Publishing Co., 1970.
KARMILOFF-SMITH, A., *A functional approach to child language: a study of determiners and reference*. Cambridge: Cambridge University Press, 1979.
KARMILOFF-SMITH, A., Psychological processes underlying pronominalization and non-pronominalization in children's connected discourse. In *Papers from the parassession on pronouns and anaphora*, Chicago Linguistic Society, 1980.
KEENAN, E.O. et KLEIN, E., Coherency in children's discourse. *Journal of Psycholinguistic Research, 1975*, 4, n° 4.
KEENAN, E.O. et SCHIEFFELIN, B.B., Topic as a discourse notion: a study of topic in the conversations of children and adults. In C.N. Li (ed.), *Subject and Topic*, New York: Academic Press, 1976.
NINIO, A. et BRUNER, J., The achievement and antecedents of labelling. *Journal of Child Language*, 1977, 4.
OCHS, E. et SCHIEFFELIN, B.B. (eds.), *Developmental Pragmatics*. New York: Academic Press, 1979.
SCHNEUWLY, B., Le texte discursif écrit à l'école. Thèse de doctorat, Université de Genève, 1984.

VYGOTSKY, L.S., *Thought and Language*, Cambridge, Mass.: M.I.T. Press, 1962.
WARDEN, D., The influence of context on children's uses of identifying expressions and references. *British Journal of Psychology*, 1976, 67, 101-112.
WARDEN, D., Learning to identify referents. *British Journal of Psychology*, 1981, 72, 93-99.
WEISSENBORN, J., Children's route directions. Intervention au Linguistic Society of American Summer Meeting. University of New Mexico, Albuquerque, 1980.
WEISSENBORN, J., L'acquisition des prépositions spatiales: Problèmes cognitifs et linguistiques. In C. Schwarze (ed.), *Analyse des Prépositions*. Tübingen: Niemeyer, 1981, 251-285.

Développement du raisonnement argumentatif chez l'adolescent

G. PIERAUT-LE BONNIEC, M. VALETTE

A côté du discours narratif ou du discours descriptif dans lequel le locuteur raconte, ou se raconte, le discours argumentatif peut être considéré comme le discours dans lequel le locuteur «raisonne» sa vie quotidienne. Robert Martin écrit (1985): «Argumenter, c'est raisonner en langage ordinaire: là où le raisonnement au sens strict demande un langage formalisé, l'argumentation se satisfait des approximations des langues naturelles; elle se fonde non sur le nécessairement vrai, mais sur le vraisemblable et prend appui, non seulement sur les faits et les vérités admises, mais encore sur les présomptions. Ainsi naît une logique du quotidien». L'intérêt des études portant sur l'argumentation, c'est qu'elles se situent au carrefour de deux problématiques: l'une qui est du ressort des processus langagiers et l'autre qui est du ressort des processus cognitifs. Notre intention n'est pas ici de traiter du problème théorique de la relation entre logique naturelle et langue; néanmoins nous pensons qu'une étude sur le développement de la capacité de l'adolescent à organiser un raisonnement dans la langue est susceptible d'apporter quelques éclaircissements sur la question. Par ailleurs, outre son intérêt théorique, une telle étude peut présenter un intérêt pédagogique. En effet, comme l'écrit C. Plantin (1985), «un consensus semble s'établir actuellement autour de quelques formules pessimistes, décrivant — souvent de façon anecdotique, mais il n'y a pas forcément loin de l'anecdote au symptôme — «l'incapacité» de générations entières à formuler et transmettre clairement une pensée, suivre et poursuivre un raisonnement, mettre au jour ses prémisses, critiquer une définition, construire une classification, tirer des conclusions... ». Or quelles que soient les raisons de ces difficultés que connaissent les adolescents, améliorer l'enseignement qui leur est donné passe par une meilleure connaissance de la manière dont se développe leur capacité à raisonner en utilisant la langue.

Sur le développement de la pensée logique chez l'adolescent beaucoup de recherches ont été menées qui trouvent leur origine dans les travaux de J. Piaget et B. Inhelder (1955). Ces deux auteurs se sont en effet efforcés de mettre en lumière les méthodes expérimentales de découverte et de preuve propres à l'adolescent, par opposition à celles de l'enfant. Il s'agissait, d'autre part, de montrer comment ces méthodes étaient solidaires d'une nouvelle structuration opératoire, fondée sur la logique des propositions et sur une pensée formelle distincte de la pensée opératoire concrète, qui est propre à l'enfant âgé de 7 à 11 ans. C'est ainsi que dans une situation expérimentale où le sujet doit analyser les différents facteurs qui interviennent dans le degré de flexibilité d'une tige (sa longueur, son épaisseur, la forme de sa section, la matière dont elle est faite), les auteurs distinguent 3 stades : au premier stade (avant 7 ans), l'enfant se borne à décrire ce qu'il voit ; quand il est au stade des opérations concrètes (7-11 ans), il devient capable d'une lecture systématique de l'expérience, mais sans chercher à provoquer des faits en vue de vérifier des hypothèses ; c'est seulement aux environs de 12 ans qu'on peut observer l'apparition d'un raisonnement hypothético-déductif caractérisé par une recherche active de vérification. C'est le début de la pensée formelle ; elle se caractérise par la capacité à organiser les preuves de façon systématique, moyennant l'utilisation d'opérations qui peuvent être organisées en un système dont la logique formelle donne un modèle. Cependant, des travaux ultérieurs ont montré que les choses étaient moins simples : des recherches portant sur l'utilisation de la relation d'implication dans des situations où ce sont des énoncés verbaux qui constituent la matière sur laquelle doit s'exercer le raisonnement (et non plus des situations concrètes où des vérifications sont possibles), ont montré que les sujets ne raisonnent pas toujours d'une façon qui soit conforme à la logique des propositions : c'est ce qu'ont montré, entre autres, les travaux de Matalon (1962), Grize et Matalon (1962), Johnson-Laird et Tagard (1969), Wason (1966, 1968, 1983), Johnson-Laird (1983).

L'expression du raisonnement dans la langue semble donc poser quelques problèmes et ce n'est pas sans raison que, depuis l'antiquité, on s'interroge sur l'expression de la pensée logique dans la langue. Plus récemment, les travaux de psycholinguistes, se situant dans une perspective génétique, ont montré comment se développe, chez l'enfant, la capacité à manipuler certaines des contraintes morphologiques et syntaxiques (Bronckart, 1976) ou certains termes marquant les articulations logiques du discours (Champaud et Jakubowicz, 1979; Piéraut-Le Bonniec, 1981; Segui et Kail, 1984; Kail et Weissenborn, 1984). Ces travaux ont montré que, même dans une perspective chomskienne, l'adéquation de la logique à la langue, ou de la langue à la logique, présentent bien un aspect développemental.

Se situent également dans une perspective qui n'est pas étrangère à la nôtre les travaux de certains linguistes comme Robert Martin qui cherche à définir les relations de vérité qui unissent les phrases (Martin, 1976, 1983) ou encore ceux d'un philosophe comme M. Meyer sur la rhétorique (Meyer, 1982) ou d'un logicien comme J.B. Grize sur l'argumentation (Grize, 1982).

L'étude qui est présentée ici se situe tout d'abord dans une perspective piagétienne dans la mesure où il s'agit bien d'étudier le développement de la pensée logique. Mais l'aspect de la pensée logique qui est étudié ici n'a jamais fait l'objet de travaux de la part de Piaget qui ne se posait pas le problème de l'expression linguistique de cette pensée logique. C'est pourquoi notre recherche se situe tout autant dans une perspective psycholinguistique, dans la mesure où nous nous intéressons à la manipulation, par les sujets, des modes d'expression que la langue offre pour exprimer les articulations logiques. Dans ses travaux sur l'argumentation, J.B. Grize a su unir ces deux perspectives. L'étude que nous présentons ici sur le développement de l'argumentation chez l'adolescent doit beaucoup à l'ensemble des travaux de ce dernier auteur.

LA SITUATION EXPERIMENTALE

Le support expérimental a été fourni par une nouvelle policière de F. Brown intitulé «Une histoire de fou» (*A chacun son meurtre*, 1981). On présente aux sujets sous une forme claire les principaux éléments de l'énigme, c'est-à-dire les caractéristiques de trois personnages soupçonnables d'un crime. Ces caractéristiques portent uniquement sur l'aspect extérieur de ces personnages et sur leur comportement tels que peut les avoir appréhendés quelqu'un qui ne connaissait aucun d'entre eux auparavant et qui ignorait qu'un crime venait d'être commis dans les parages. Ce sont les indices que les sujets doivent utiliser pour choisir le personnage qui leur paraît le coupable le plus vraisemblable. Il y a 14 indices en tout: 5 pour chacun des deux premiers personnages présentés et 4 pour le dernier. L'épreuve consiste à rédiger le rapport que le policier chargé de l'enquête adresse au commissaire. Le tableau 1 reproduit le texte tel qu'il a été présenté aux sujets.

Tableau 1. Texte sur lequel les sujets ont eu à travailler.

ENQUETE SUR LE CRIME DE SAINT-GUY SUR BIEVRE
Un fou s'est échappé hier de l'asile d'aliénés de Saint-Guy sur Bièvre après avoir tué un gardien. Un policier est venu enquêter auprès du chef de gare de cette petite ville. Ce dernier lui a décrit les personnages qui se trouvaient dans la salle d'attente hier soir entre 18 et 20 heures.

Le premier homme : était essoufflé
 était légèrement chauve
 portait des lunettes d'écaille
 avait une valise
 a déclaré qu'il sortait de chez le coiffeur
Le deuxième homme : était grand et mince
 portait des vêtements de bonne qualité
 mais son pantalon était trop court
 avait les yeux rougis
 tripotait sans arrêt le tisonnier du poêle de chauffage
Le troisième homme : portait un vêtement qui ressemblait à un uniforme
 était grand et fort
 louchait
 portait un révolver

Le policier a rapporté ces faits au commissaire et lui a expliqué pourquoi il pensait que l'un de ces personnages était le fou. Ecrivez le rapport du policier.

Trente sujets ont eu à travailler sur ce texte : dix sujets appartenaient à une classe de 5e (âge : 11-12 ans), dix sujets appartenaient à une classe de 3e (âge : 14-15 ans) et dix sujets appartenaient à une classe de 1re (âge : 16-17 ans). Ces sujets ont été recrutés dans deux établissements scolaires de la région parisienne fréquentés par une population dont le niveau socio-culturel est plutôt bon. On a demandé aux sujets de considérer l'épreuve comme un travail de rédaction pour lequel ils disposaient de tout le temps désirable. Les élèves ont trouvé ce travail tout à fait intéressant et ont travaillé avec beaucoup de plaisir.

LES RESULTATS

Le dépouillement a été fait en considérant dans chaque copie les 3 points suivants : 1. la répartition des modes textuels (par exemple, la part du texte qui est consacrée au récit et la part du texte qui est réservée à l'argumentation); 2. les relations logiques exprimées et les modalités; 3. l'usage qui est fait des indices fournis.

1. La répartition des différents modes textuels

Quatre modes ont pu être répertoriés.

a) *Répétition de l'information.* Le sujet reprend mot pour mot l'information qui lui a été donnée.

Exemple : « cet homme est grand et mince, il a des vêtements de bonne qualité mais son pantalon est trop court, il a les yeux rougis, il tripote le tisonnier du poêle. Voilà pourquoi je l'ai inculpé »[1].

b) *Récit de l'enquête.* Au lieu de travailler sur les indices qui lui sont fournis, le sujet raconte une enquête imaginaire du policier et invente à partir de là toutes sortes d'autres indices.

Exemple : « Je me rendis à l'asile et je demandai une autosie (sic) du gardien tué. Je l'obtins et j'appris qu'il avait été tué par balle. J'interrogeai les autres gardiens le directeur et les fous. Les gardiens et le directeur n'avaient rien entendu pendant la nuit mais leur réponse était malheureusement négative. J'interrogeai dans les fous et l'un d'eux qui était sans doute le plus lucide m'affirma avoir entendu un coup de feu mais il se refusa à d'autres commentaires ».

c) *Reconstitution du crime*

Exemple : « Voilà ce que je pense des circonstances du crime. Le fou attend son gardien derrière la porte. Dès que celui-ci entre dans la cellule du fou il l'attaque par derrière. Il veut juste l'assommer mais il est très fort et ne voit pas très bien (il louche) il lui casse les vertèbres du cou ; puis il se sauve va à la gare et prend le train de 17 h 30 pour Rouen ou celui de 17 h 55 pour Paris ».

d) *Argumentation.* Le sujet donne les raisons pour lesquelles tel indice lui paraît signe de culpabilité ou signe d'innocence et il met en relation les indices entre eux. Cependant il y a lieu de distinguer entre deux supports de l'argumentation. Le sujet peut n'utiliser que les indices fournis.

Exemple : « Je pense que le premier homme est le fou que la police recherche. En effet, certains détails portent à croire que c'est lui. Il était le seul à être essoufflé c'est certainement du au fait que cet homme a du courir pour échapper à toute poursuite. Il portait des lunettes d'écaille afin de passer inaperçu, pour que personne ne puisse le reconnaître. Seule les lunettes d'écaille ne sont pas très discrètes et sont très rares. Il est le seul à s'être justifié en effet il a déclaré qu'il sortait de chez le coiffeur. Mais pourquoi s'est-il embarrassé d'une valise pour y aller. Il aurait très bien pu aller chez le coiffeur la veille, dans sa fuite il s'est embarrassé d'une valise, il ne faut pas oublier qu'il s'agit d'un fou. Et, pensant passer inaperçu avec une valise, des lunettes il s'est trahi ».

Mais il arrive que l'argumentation soit supportée non par les informations qui ont été fournies au départ mais par des informations imaginaires, en particulier celles qui proviennent de l'enquête policière qui a été inventée.

Exemple : « Voilà pourquoi je l'ai inculpé. Parce que un homme ni grand ni petit était venu rendre visite à son frère qui est dans l'asile de St-Guy sur Bièvre et cet homme avait été dévêtu. Alors j'ai pensé que l'homme que j'inculpe avait déjà préparé sa fuite et qu'il avait déshabillé l'homme et ça explique pourquoi son pantalon est trop petit, et aussi ça explique pourquoi il tripote le tisonnier (il l'a tué avec le tisonnier) ».

L'argumentation peut comporter du récit mais, dans ce cas, il s'agit d'une reconstitution hypothétique du crime, ce qui est tout à fait différent du cas où le sujet raconte le crime comme s'il avait assisté à l'événement.

Exemple 1 : « Je vais d'un pas à l'asile. Je cherche sa cellule et je lui demande de m'expliquer son plan. (J'avais des hypothèses mais il faut les vérifier). Je me suis taillé un pistolet dans du bois et j'ai assommé le gardien mais il a riposté et il m'a blessé au bras. Après je suis allé à la gare mais je me suis rappelé les copains de l'asile et j'ai voulu y retourner. Voilà l'histoire ».

Exemple 2 : « Le troisième n'a aucun alibi. Il portait un pantalon court. Ce fait qui pourrait sembler inintéressant, est très important dans sa fuite il aura chercher des vêtements et ne trouvant rien à sa taille, il aura pris les premiers venus. J'accuse donc le deuxième suspect pour le meurtre du gardien ».

C'est la présence ou l'absence de modalités qui permet de faire la différence entre ces deux types de texte.

Le plus souvent chacun des textes recueillis comporte une certaine proportion de chacun de ces modes textuels, ou parfois seulement deux ou trois. N'échappe à ce classement qu'une proportion infime de texte : il s'agit par exemple des formules de politesse que le policier adresse au commissaire ou de certains conseils donnés à ce dernier pour parvenir à capturer le coupable. Les textes obtenus ont été retranscrits de manière à ce qu'ils se présentent tous sous la forme d'une page dactylographiée calibrée. On évalue pour chaque texte le nombre de demi-lignes attribuables à chacun des modes textuels présentés ci-dessus et on calcule, pour chaque texte, la proportion de chacun des modes textuels dont il est composé. Le tableau 2 indique le pourcentage moyen de chacun de ces modes textuels en classe de 5e, de 3e et de 1re. On voit qu'en 5e, plus de la moitié (58 %) du texte en moyenne consiste à raconter l'enquête du policier, c'est-à-dire, en fait, à rajouter quantité d'indices imaginaires à ceux qui avaient été fournis au départ. Comme, en moyenne, 11 % du texte sert à répéter purement et simplement la liste des indices fournis et 12 % sert à faire le récit du crime, on voit que 18 % du texte seulement est en moyenne utilisé pour justifier du choix du coupable. En classe de 3e par contre, la proportion qui, dans chaque texte, est consacrée à argumenter contre ou en faveur de l'un des suspects est en moyenne de 63 %. On remarque d'autre part, que cette argumentation s'appuie essentiellement sur les indices de départ et non sur des indices inventés par le sujet. En classe de 1re, les trois quarts du texte sont constitués par une argumentation.

Tableau 2. Proportion en moyenne de chacun des modes textuels aux 3 niveaux.

Modes textuels	Niveaux		
	5e	3e	1re
Reprise de l'information	11 %	13 %	5 %
	s = 5,29	s = 7,9	s = 6,9
Récit de l'enquête	58 %	17 %	19 %
	s = 17,5	s = 15,2	s = 10,3
Récit du crime	12 %	6 %	2 %
	s = 12	s = 7,9	s = 3,4
Argumentation	18 %	63 %	73 %
indices fournis	2 %	54 %	58 %
	s = 4,2	s = 25,3	s = 20
indices inventés	16,5 %	9 %	15 %
	s = 15,6	s = 5,6	s = 19

2. Relations logiques et modalités

On a considéré tout d'abord, dans chacun des textes recueillis, les mots qui expriment des relations logiques; sept relations logiques ont été considérées qui peuvent être exprimées soit par des conjonctions de coordination soit par des conjonctions de subordination[2].

a) *La relation causale.* Elle peut être exprimée au moyen de *car* (en effet) ou au moyen de *parce que* (puisque, vu que, étant donné que, surtout que, de peur que).

Exemple 1: «Nous pouvons aussi penser qu'il s'est pressé car son retard lui aurait fait manqué son train».

Exemple 2: «Ceci prouve qu'il avait couru, non pas par peur de manquer son train, puisqu'il attendait avec les autres et qu'il avait une certaine avance».

b) *La relation consécutive.* Elle peut être exprimée au moyen de la conjonction *donc* (alors) ou d'expressions telles que *en sorte que* (si bien que, au point que).

Exemple 1: «Le fou échappé de l'asile aurait donc attaqué le gardien par derrière».

Exemple 2: «Je m'empresse donc de prendre le train vers la direction indiquée».

On remarquera que *donc* n'a pas exactement la même valeur dans les deux exemples cités. Dans le premier exemple, il marque la conclusion d'un raisonnement, alors que dans le second il enchaîne de façon assez lâche deux événements. Nous ferons cette distinction dans le comptage des occurrences de «donc».

c) *La relation de concession.* Elle est exprimée par *quoique* (bien que) ou *malgré.*

Exemple: «Il a dit qu'il revenait de chez le coiffeur bien qu'il soit pratiquement chauve».

d) *La relation de but.* Elle est exprimée par *afin que* ou pour.

Exemple: «Il portait des lunettes d'écailles afin de passer inaperçu».

e) *La relation conditionnelle.* Elle est exprimée par *si* (à supposer que, au cas où).

Exemple: «Et même s'il était réellement allé chez le coiffeur aurait-il eu besoin de l'annoncer à tout le monde?».

f) *La relation d'opposition.* Elle peut être exprimée par *mais* (par contre, pourtant) ou par *tandis que.*

Exemple: «Il reste le troisième suspect. Ses yeux louchaient, je ne pus porter un jugement sur un si petit point mais on ne peut pas nier que si nous représentons souvent un fou en louchant...».

g) *La relation de coïncidence.* Elle est exprimée par *or* qui sert à ponctuer deux éléments du raisonnement.

Exemple: «Il a aussi déclaré sortir de chez le coiffeur et le chef de gare m'a affirmé qu'il portait une valise. Or qu'est-ce qu'un fou aurait-il pu faire avec une valise?»

Comme nous l'avons vu à propos de la différenciation entre les modes textuels, l'utilisation des modalités est un aspect important dans l'expression d'une argumentation. Elle peut être exprimée soit au moyen d'une transformation modale du verbe, soit par l'introduction de termes exprimant la possibilité, la probabilité ou la certitude.

Exemple 1: «... donc il n'aurait pas pu tuer le gardien».

Exemple 2: «Le troisième homme portait un révolver avec lequel il aurait pu tuer le gardien».

Exemple 3: «Après réflexion je pensais que le coiffeur l'avait probablement retardé».

Le tableau 3 indique, pour chaque groupe d'âge, la répartition en pourcentage des occurrences de ces différentes relations logiques ainsi que des expressions de la modalité. On remarque que, si c'est en classe de 3e que l'on trouve le plus grand nombre de relations logiques exprimées (85) ainsi que le plus grand nombre d'expressions de la modalité (45), le nombre des occurrences en classe de 5e n'est pas négligeable (respectivement 53 et 17). Cependant, il faut remarquer

Tableau 3. *Pourcentage d'occurrences d'expressions marquant des relations logiques ou des aspects modaux. (N = nombre d'occurrences).*

	5ᵉ N = 53	3ᵉ N = 85	1ʳᵉ N = 66 [1]
Relations logiques			
cause	28 %	39 %	45 %
consécution	41 %	23 %	18 %
concession			1 %
but	11 %	10 %	12 %
condition		9 %	3 %
coïncidence		5 %	
opposition	18 %	13 %	19 %
Modalité	N = 17	N = 45	N = 35 [1]
transformations verbales	53 %	40 %	46 %
expression de la possibilité	18 %	29 %	34 %
expression de la probabilité	11 %	22 %	14 %
expression de la certitude	17 %	8 %	5 %

[1] Les textes de 1ʳᵉ sont dans l'ensemble plus courts que ceux de 3ᵉ. L'argumentation y est plus « ramassée ».

que la répartition des différents types de relations exprimées n'est pas la même ; on observe en particulier un renversement dans la répartition entre les relations causales et les relations consécutives : 28 % contre 41 % en 5ᵉ et 39 % contre 23 % en 3ᵉ. Il faut ajouter à cela que, en classe de 5ᵉ, *donc* sert 8 fois sur 17 à enchaîner des événements (et 9 fois seulement à marquer la conclusion d'un raisonnement) alors que, en classe de 3ᵉ, il sert 18 fois sur 19 dans un raisonnement. Les proportions demeurent les mêmes en classe de 1ʳᵉ. On remarque enfin que c'est seulement à partir de la classe de 3ᵉ que l'on trouve exprimées des relations conditionnelles. Quant à l'expression de la modalité, là encore, c'est en classe de 3ᵉ qu'elle est le mieux représentée. Toutefois, il est assez remarquable que ce ne sont pas les expressions linguistiques qui apparemment font défaut aux élèves de 5ᵉ ; tous les termes de coordination et de subordination sont présents dans les textes dès ce niveau scolaire ; ces termes sont seulement peu ou mal utilisés.

3. L'utilisation des indices

Il y a lieu de distinguer entre deux aspects du problème : le nombre d'indices cités et la manière dont ils sont utilisés et reliés entre eux.

a) *Nombre d'indices cités.* Le nombre moyen d'indices cités en 5ᵉ est 3,7 (s = 2,34), en 3ᵉ, 8,1 (s = 1,61) et en 1ʳᵉ, 7,3 (s = 3,54). Ces résultats sont cohérents avec le fait qu'en 5ᵉ une grande partie du texte sert à rapporter l'enquête du policier et à inventer quantité de faits. Les élèves de 5ᵉ utilisent beaucoup moins les indices qu'on leur a fournis que ceux qu'ils ont inventés. A partir de la classe de 3ᵉ, 50 % ou plus des indices fournis sont utilisés. Tous les indices ne sont pas cités de manière égale; le révolver et l'uniforme, par exemple sont cités dans 22 textes sur 30, alors que l'indice «lunettes» ne se trouve que dans 8 textes sur 30. Mais ce qui est beaucoup plus important à remarquer c'est que, si, en classe de 5ᵉ, le révolver et l'uniforme à eux seuls représentent 32 % des indices cités, en 1ʳᵉ, ils ne représentent plus que 16 %, pour la raison que d'autres indices comme «la valise», «l'essoufflement», «les yeux rougis», ou «le tisonnier» sont au moins aussi souvent cités, ou même plus souvent. Ceci montre qu'à partir de la classe de 3ᵉ, et surtout en classe de 1ʳᵉ, il existe chez les sujets une capacité à se dégager des indices les plus prégnants.

b) *Mode d'utilisation des indices.* Il faut tout d'abord distinguer entre les cas où les indices sont seulement cités et les cas où ils sont explicités.

Exemple 1: «Il est grand et fort, il porte un uniforme et il est armé d'un révolver».

Exemple 2: «Le troisième homme, portait un révolver avec lequel il aurait pu tué le gardien après lui avoir volé son uniforme. Or je ne vois pas comment cet homme aurait pu se procurer un révolver s'il était enfermé dans un asile».

En 5ᵉ, 80 % des indices sont cités sans être explicités; il n'y en a plus que 24 % en 3ᵉ et 4 % en 1ʳᵉ qui soient dans ce cas.

La mise en relation des indices entre eux est d'autre part un aspect très important de la différence des comportements entre les trois niveaux. En 5ᵉ, on observe une seule mise en relation (vêtements de bonne qualité mais pantalon trop court), alors qu'on en observe 13 en 3ᵉ et 21 en 1ʳᵉ.

Exemple: «Cet homme a déclaré sortir de chez le coiffeur, ce qui est étonnant vu qu'il est légèrement chauve. De plus, il est rare de voir une personne se rendre chez le coiffeur avec une valise juste au moment où elle décide de partir en voyage».

Enfin, alors qu'en classe de 5ᵉ les indices ne sont utilisés qu'avec une fonction culpabilisante, en 3ᵉ et plus encore en 1ʳᵉ ils sont utilisés avec une fonction tantôt culpabilisante et tantôt déculpabilisante. Il arrive aussi qu'un indice présenté comme culpabilisant dans un premier temps fasse l'objet d'une remise en cause.

Exemple: «Un des 3 hommes portait un vêtement qui ressemblait à un uniforme. J'ai d'abord orienté mes recherches vers celui-là. Mais je l'ai innocenté en examinant les autres renseignements le concernant. Il était grand et fort: l'évadé doit être plutôt mince et agile, car il a fait preuve d'une souplesse en s'échappant par les toits».

CONCLUSION

Il ressort de cette étude que ce n'est guère avant la fin du premier cycle secondaire, c'est-à-dire aux alentours de 15 ans, que les adolescents deviennent capables de construire une argumentation. Rappelons que les travaux de Jean Piaget et de Bärbel Inhelder (1955) montraient que, dès 12-13 ans, dans des situations de type physique, les enfants étaient capables de raisonnements que les auteurs pensaient pouvoir qualifier d'hypothético-déductifs; nous avons pu pour notre part montrer qu'aux mêmes âges, dans des situations de type logico-mathématique, les enfants étaient capables de manipuler correctement la relation d'implication (Piéraut-Le Bonniec, 1980, 1981, 1986). Les résultats que nous présentons ici tendent donc à montrer que conduire un raisonnement dans une situation argumentative est plus difficile. On voit ici que, avant 15 ans, parler, écrire, c'est essentiellement raconter. Les sujets ne savent pas travailler sur la seule information qu'on leur a fournie et ils enrichissent celle-ci au gré de leur imagination de narrateur. Une des difficultés du raisonnement argumentatif paraît résider dans le fait qu'il ne peut y avoir raisonnement s'il n'y a pas, d'une certaine façon, clôture, mais en même temps que cette clôture demeure à la discrétion du locuteur. Le logicien peut bien déclarer que rien n'est une expression bien formée (ebf) qu'en vertu des règles qu'il s'est données et qu'il a, en principe totalement explicitées; face à un problème de physique ou de mathématique, le champ dans lequel s'exerce le raisonnement peut être facilement délimité et de tels problèmes incitent à la formulation d'hypothèses et à leur vérification. Dans le cas du raisonnement argumentatif, on travaille sur une information verbale sans support concret; l'information est alors, pour une large part, du ressort de l'implicite. Les entrées lexicales ne sauraient être figées dans un seul sens et c'est ainsi que la signification donnée au révolver et à la valise peut changer avec les sujets. Le *révolver/arme du crime* peut aussi être le *révolver/attribut vestimentaire* de certaines professions (agents de police, transporteurs de fonds). La signification peut aussi évoluer au cours du texte car, comme l'écrit J.B. Grize (1982), «les objets du discours sont construits progressivement par la schématisation et leur construction reste toujours ouverte». Il en résulte que les glissements sont difficiles à éviter de l'énonciation de la signification à la narration de l'anecdote qui justifie la première. Du *révolver/arme du crime* on passe au récit du crime. Certes, les textes argumentatifs comportent toujours une part d'anecdotes et de récits destinés à illustrer l'argumentation; néanmoins, argumenter implique qu'on fasse de la langue un usage différent de celui qu'on en fait quand on raconte. Le récit se situe dans le domaine des faits — imaginaires ou prétendument réels — et on ne s'interroge pas sur la valeur de vérité de ce que l'on rapporte; si cela était le cas on se trouverait alors dans une situation argumentative puisque l'on chercherait à accréditer auprès de l'interlocuteur la réponse que l'on donnerait à la question posée. Argumenter c'est se situer dans le domaine du possible, du probable, puisque c'est faire en sorte que les faits que nous présentons apparaissent comme vraisemblables à celui à qui nous destinons notre discours (quitte à ce qu'il s'agisse éventuellement de nous-mêmes). Argumenter c'est prendre une distance vis-à-vis du discours que l'on tient, autrement dit, c'est utiliser le discours à deux niveaux. Au premier niveau sont les faits vis-à-vis desquels existe un certain consensus : faits attestés, préconstruits culturels, éventuellement fiction qui n'est pas mise en cause (ici, par exemple, les sujets n'ont jamais mis en cause les indices qu'on leur avait fournis au départ). Au deuxième niveau se situe la signification qu'on attache aux objets ou aux événements, et dans la mesure où cette signification ne fait pas l'objet d'un consensus, elle doit être justifiée. Argumenter c'est donc accepter que les choses ne vont pas de soi et qu'on est dans le domaine du contestable. Or les langues possèdent toutes des systèmes de transformations plus ou moins subtiles qui permettent au locuteur de marquer ses distances vis-à-vis de ce qu'il dit : ce n'est pas sans raison que c'est à l'âge où les sujets devenait capables de construire une argumentation que nous avons vu se développer dans les textes les transformations modales et l'usage des termes exprimant le possible ou le probable. D'autre part, argumenter c'est rendre vraisemblable pour l'interlocuteur ce qui n'était qu'un possible, une supposition. C'est donc donner des raisons, les raisons des choses et les raisons de la validité du raisonnement.

Savoir mettre à sa juste place la clôture de l'information (car ce qui apparaît comme une digression ne convainc personne), savoir prendre ses distances vis-à-vis de ce qu'on énonce afin de pouvoir en faire la matière du raisonnement, savoir enfin manier les relations logiques qui sont à disposition dans la langue, ce sont trois des difficultés que les adolescents ont, entre autres, à surmonter pour apprendre à manier le discours argumentatif. Alors peut-être est-il plus difficile, à niveau de compétence égale, d'argumenter que de démontrer. Argumenter c'est, utiliser le DIRE de la manière la plus subtile et la plus élaborée qui soit.

NOTES

[1] Les textes sont retranscrits tels que, avec leurs incorrections stylistiques et orthographiques ainsi qu'avec leur ponctuation fantaisiste.
[2] Le classement a été fait par référence à Grévisse (1959) et Wagner et Pinchon (1966).

Bibliographie

BRONCKART, J.P. (1976), *Genèse et organisation des formes verbales chez l'enfant*, Bruxelles, Dessart et Mardaga, 1976.
CHAMPAUD, C. & JAKUBOWICZ, C. (1979), Situation hypothétique et conditions de production des énoncés avec «si»: étude génétique. *Bulletin de Psychologie, 32*, 773-790.
GREVISSE, M. (1936, 7ᵉ éd. 1959), *Le bon usage*, Gembloux, Duculot.
GRIZE, J.B. (1982), *De la logique à l'argumentation*, Genève, Paris, Droz.
GRIZE, J.B. & MATALON, B. (1962), Introduction à une étude expérimentale et formelle du raisonnement naturel. In J. Piaget (Ed.), *Etude d'épistémologie génétique, XVI*, Paris, PUF.
INHELDER, B. & PIAGET, J. (1955), *De la logique de l'enfant à la logique de l'adolescent*. Paris, PUF.
JOHNSON-LAIRD, P.N. (1983), *Mental models*, Cambridge University Press.
JOHNSON-LAIR, P.N. & TAGART, J. (1969), How implication is understood. *American Journal of Psychology, 83*, 367-373.
KAIL, M. & WEISSENBORN, J. (1984), L'acquisition des connecteurs: critiques et perspectives. In M. Moscato & G. Piéraut-Le Bonniec (Eds). *Le Langage: Construction et Actualisation*, Rouen, Presses Universitaires.
MARTIN, R. (1976), *Inférence. Antonymie et Paraphrase*, Paris, Klincksieck.
MARTIN, R. (1983), *Pour une logique du sens*, Paris, PUF.
MARTIN, R. (1985), Argumentation et sémantique des mondes possibles. *Revue Internationale de Philosophie, 155* (4), 302-321.
MATALON, B. (1962), Etude génétique de l'implication. In J. Piaget (Ed.). *Etudes d'Epistémologie Génétique XVI*, Paris, PUF.
MEYER, M. (1982), *Logique, Langage, Argumentation*. Paris, Hachette.
PIERAUT-LE BONNIEC, G. (1980), *The development of modal reasoning*. New York, Academic Press.
PIERAUT-LE BONNIEC, G. (1981), Développement de la compréhension des phrases conditionnelles, *L'Année Psychologique, 80*, 65-79.
PIERAUT-LE BONNIEC, G. (1986), The logic of meaning and meaningful implication. 16th Annual Piaget Society Symposium (May 29-31), sous presse.
PLANTIN, C. (1985), Présentation: Langage, Argumentation, Pédagogie, *Revue Internationale de Philosophie, 155*, 285-287.
SEGUI, J. & KAIL, M. (1984), Le traitement de phrases localement ambiguës: l'attribution de la coréférence des pronoms. In M. Moscato et G. Piéraut-Le Bonniec (Eds). *Le Langage: Construction et Actualisation*, Rouen, Presses Universitaires.
WAGNER, R.L. & PINCHON, J. (1962, 1966), *Grammaire du Français*, Paris, Hachette.
WASON, P.C. (1966), Reasoning. In B. Foss (Ed.), *New horizons in psychology*. Harmondsworth, Penguin Books.
WASON, P.C. (1968), Reasoning about a rule, *Quarterly Journal of Experimental Psychology, 20*, 273-281.
WASON, P.C. (1983), Realism and rationality in the selection task. In J. St. B. T. Evans (Ed.), *Thinking and reasoning: Psychological approaches*. Londres, Routledge & Kegan Paul.

Table des matières

Liste des contributeurs 5
Introduction 7
G. Piéraut-Le Bonniec

1ʳᵉ partie: Aux origines du dire

Familiarisation prénatale aux signaux de la parole 15
J.-P. Lecanuet - C. Granier-Deferre - M.C. Busnel

La reproduction de voyelles et de mélodies chez les bébés de 4 et 5 mois 37
M.L. Le Rouzo

Communication non verbale et développement du langage: évolution du comportement de demande de la naissance à 2 ans . 53
A. Van Der Straten

Activités organisatrices du jeune enfant et début du langage . 67
H. Sinclair

Le dire et l'activité métalinguistique: le développement de la notion de verbe 79
J.-P. Pille - G. Piéraut-Le Bonniec

2ᵉ partie: Compréhension et production d'énoncés

Sur les déterminants cognitifs de la compréhension des énoncés 99
P. Oléron

Comprendre un texte opaque ou comment l'enfant élabore le
sens de mots nouveaux 121
M. Dolitsky - G. Piéraut-Le Bonniec

Stratégies d'interprétation d'énoncés chez l'enfant 139
D. Bassano

Pour une approche psycho-linguistique de l'argumentation .. 161
J. Caron

3ᵉ partie: Compréhension et production textuelles

« Il y a bien longtemps... » Genèse de la compréhension et de
la mémorisation de récits 189
G. Denhière

Vers une psycholinguistique textuelle génétique: l'acquisition
du récit 223
M. Fayol

Ontogenèse de la cohésion dans le discours 239
M. Hickmann

Développement du raisonnement argumentatif chez l'adolescent 263
G. Piéraut-Le Bonniec - M. Valette

PSYCHOLOGIE ET SCIENCES HUMAINES
collection publiée sous la direction de MARC RICHELLE

1 Dr Paul Chauchard: LA MAITRISE DE SOI, 9' éd.
5 François Duyckaerts: LA FORMATION DU LIEN SEXUEL, 9' éd.
7 Paul-A. Osterrieth: FAIRE DES ADULTES, 16' éd.
9 Daniel Widlöcher: L'INTERPRETATION DES DESSINS D'ENFANTS, 9' éd.
11 Berthe Reymond-Rivier: LE DEVELOPPEMENT SOCIAL DE L'ENFANT ET DE L'ADOLESCENT, 9' éd.
12 Maurice Dongier: NEVROSES ET TROUBLES PSYCHOSOMATIQUES, 7' éd.
15 Roger Mucchielli: INTRODUCTION A LA PSYCHOLOGIE STRUCTURALE, 3' éd.
16 Claude Köhler: JEUNES DEFICIENTS MENTAUX, 4' éd.
21 Dr P. Geissmann et Dr R. Durand: LES METHODES DE RELAXATION, 4' éd.
22 H. T. Klinkhamer-Steketée: PSYCHOTHERAPIE PAR LE JEU, 3' éd.
23 Louis Corman: L'EXAMEN PSYCHOLOGIQUE D'UN ENFANT, 3' éd.
24 Marc Richelle: POURQUOI LES PSYCHOLOGUES?, 6' éd.
25 Lucien Israel: LE MEDECIN FACE AU MALADE, 5' éd.
26 Francine Robaye-Geelen: L'ENFANT AU CERVEAU BLESSE, 2' éd.
27 B.F. Skinner: LA REVOLUTION SCIENTIFIQUE DE L'ENSEIGNEMENT, 3' éd.
28 Colette Durieu: LA REEDUCATION DES APHASIQUES
29 J.C. Ruwet: ETHOLOGIE: BIOLOGIE DU COMPORTEMENT, 3' éd.
30 Eugénie De Keyser: ART ET MESURE DE L'ESPACE
32 Ernest Natalis: CARREFOURS PSYCHOPEDAGOGIQUES
33 E. Hartmann: BIOLOGIE DU REVE
34 Georges Bastin: DICTIONNAIRE DE LA PSYCHOLOGIE SEXUELLE
35 Louis Corman: PSYCHO-PATHOLOGIE DE LA RIVALITE FRATERNELLE
36 Dr G. Varenne: L'ABUS DES DROGUES
37 Christian Debuyst, Julienne Joos: L'ENFANT ET L'ADOLESCENT VOLEURS
38 B.-F. Skinner: L'ANALYSE EXPERIMENTALE DU COMPORTEMENT, 2' éd.
39 D.J. West: HOMOSEXUALITE
40 R. Droz et M. Rahmy: LIRE PIAGET, 3' éd.
41 José M.R. Delgado: LE CONDITIONNEMENT DU CERVEAU ET LA LIBERTE DE L'ESPRIT
42 Denis Szabo, Denis Gagné, Alice Parizeau: L'ADOLESCENT ET LA SOCIETE, 2' éd.
43 Pierre Oléron: LANGAGE ET DEVELOPPEMENT MENTAL, 2' éd.
44 Roger Mucchielli: ANALYSE EXISTENTIELLE ET PSYCHOTHERAPIE PHENOMENO-STRUCTURALE
45 Gertrud L. Wyatt: LA RELATION MERE-ENFANT ET L'ACQUISITION DU LANGAGE, 2' éd.
46 Dr Etienne De Greeff: AMOUR ET CRIMES D'AMOUR
47 Louis Corman: L'EDUCATION ECLAIREE PAR LA PSYCHANALYSE
48 Jean-Claude Benoit et Mario Berta: L'ACTIVATION PSYCHOTHERAPIQUE
49 T. Ayllon et N. Azrin: TRAITEMENT COMPORTEMENTAL EN INSTITUTION PSYCHIATRIQUE
50 G. Rucquoy: LA CONSULTATION CONJUGALE
51 R. Titone: LE BILINGUISME PRECOCE
52 G. Kellens: BANQUEROUTE ET BANQUEROUTIERS
53 François Duyckaerts: CONSCIENCE ET PRISE DE CONSCIENCE
54 Jacques Launay, Jacques Levine et Gilbert Maurey: LE REVE EVEILLE-DIRIGE ET L'INCONSCIENT
55 Alain Lieury: LA MEMOIRE
56 Louis Corman: NARCISSISME ET FRUSTRATION D'AMOUR
57 E. Hartmann: LES FONCTIONS DU SOMMEIL
58 Jean-Marie Paisse: L'UNIVERS SYMBOLIQUE DE L'ENFANT ARRIERE MENTAL
59 Jacques Van Rillaer: L'AGRESSIVITE HUMAINE
60 Georges Mounin: LINGUISTIQUE ET TRADUCTION
61 Jérôme Kagan: COMPRENDRE L'ENFANT
62 Michael S. Gazzaniga: LE CERVEAU DEDOUBLE
63 Paul Cazayus: L'APHASIE
64 X. Seron, J.L. Lambert, M. Van der Linden: LA MODIFICATION DU COMPORTEMENT
65 W. Huber: INTRODUCTION A LA PSYCHOLOGIE DE LA PERSONNALITE, 2' éd.
66 Emile Meurice: PSYCHIATRIE ET VIE SOCIALE
67 J. Château, H. Gratiot-Alphandéry, R. Doron et P. Cazayus: LES GRANDES PSYCHOLOGIES MODERNES
68 P. Sifnéos: PSYCHOTHERAPIE BREVE ET CRISE EMOTIONNELLE
69 Marc Richelle: B.F. SKINNER OU LE PERIL BEHAVIORISTE
70 J.P. Bronckart: THEORIES DU LANGAGE
71 Anika Lemaire: JACQUES LACAN, 2' éd. revue et augmentée
72 J.L. Lambert: INTRODUCTION A L'ARRIERATION MENTALE
73 T.G.R. Bower: DEVELOPPEMENT PSYCHOLOGIQUE DE LA PREMIERE ENFANCE
74 J. Rondal: LANGAGE ET EDUCATION
75 Sheila Kitzinger: PREPARER A L'ACCOUCHEMENT
76 Ovide Fontaine: INTRODUCTION AUX THERAPIES COMPORTEMENTALES
77 Jacques-Philippe Leyens: PSYCHOLOGIE SOCIALE, 2' éd.
78 Jean Rondal: VOTRE ENFANT APPREND A PARLER
79 Michel Legrand: LE TEST DE SZONDI
80 H.J. Eysenck: LA NEVROSE ET VOUS
81 Albert Demaret: ETHOLOGIE ET PSYCHIATRIE
82 Jean-Luc Lambert et Jean A. Rondal: LE MONGOLISME

83 Albert Bandura: L'APPRENTISSAGE SOCIAL
84 Xavier Seron: APHASIE ET NEUROPSYCHOLOGIE
85 Roger Rondeau: LES GROUPES EN CRISE?
86 J. Danset-Léger: L'ENFANT ET LES IMAGES DE LA LITTERATURE ENFANTINE
87 Herbert S. Terrace: NIM, UN CHIMPANZE QUI A APPRIS LE LANGAGE GESTUEL
88 Roger Gilbert: BON POUR ENSEIGNER?
89 Wing, Cooper et Sartorius: GUIDE POUR UN EXAMEN PSYCHIATRIQUE
90 Jean Costermans: PSYCHOLOGIE DU LANGAGE
91 Françoise Macar: LE TEMPS, PERSPECTIVES PSYCHOPHYSIOLOGIQUES
92 Jacques Van Rillaer: LES ILLUSIONS DE LA PSYCHANALYSE, 2e éd.
93 Alain Lieury: LES PROCEDES MNEMOTECHNIQUES
94 Georges Thinès: PHENOMENOLOGIE ET SCIENCE DU COMPORTEMENT
95 Rudolph Schaffer: COMPORTEMENT MATERNEL
96 Daniel Stern: MERE ET ENFANT, LES PREMIERES RELATIONS
97 R. Kempe & C. Kempe: L'ENFANCE TORTUREE
98 Jean-Luc Lambert: ENSEIGNEMENT SPECIAL ET HANDICAP MENTAL
99 Jean Morval: INTRODUCTION A LA PSYCHOLOGIE DE L'ENVIRONNEMENT
100 Pierre Oleron et al.: SAVOIRS ET SAVOIR-FAIRE PSYCHOLOGIQUES CHEZ L'ENFANT
101 Bernard I. Murstein: STYLES DE VIE INTIME
102 Rondal/Lambert/Chipman: PSYCHOLINGUISTIQUE ET HANDICAP MENTAL
103 Brédart/Rondal: L'ANALYSE DU LANGAGE CHEZ L'ENFANT
104 David Malan: PSYCHODYNAMIQUE ET PSYCHOTHERAPIE INDIVIDUELLE
105 Philippe Muller: WAGNER PAR SES REVES
106 John Eccles: LE MYSTERE HUMAIN
107 Xavier Seron: REEDUQUER LE CERVEAU
108 Moreau/Richelle: L'ACQUISITION DU LANGAGE
109 Georges Nizard: ANALYSE TRANSACTIONNELLE ET SOIN INFIRMIER
110 Howard Gardner: GRIBOUILLAGES ET DESSINS D'ENFANTS, LEUR SIGNIFICATION
111 Wilson/Otto: LA FEMME MODERNE ET L'ALCOOL
112 Edwards: DESSINER GRACE AU CERVEAU DROIT
113 Rondal: L'INTERACTION ADULTE-ENFANT
114 Blancheteau: L'APPRENTISSAGE CHEZ L'ANIMAL
115 Boutin: FORMATION ET DEVELOPPEMENTS
116 Húsen: L'ECOLE EN QUESTION
117 Ferrero/Besse: L'ENFANT ET SES COMPLEXES
118 R. Bruyer: LE VISAGE ET L'EXPRESSION FACIALE
119 J.P. Leyens: SOMMES-NOUS TOUS DES PSYCHOLOGUES?
120 J. Château: L'INTELLIGENCE OU LES INTELLIGENCES?
121 M. Claes: L'EXPERIENCE ADOLESCENTE
122 J. Hayes et P. Nutman: COMPRENDRE LES CHOMEURS
123 S. Sturdivant: LES FEMMES ET LA PSYCHOTHERAPIE
124 A. Pomerleau et G. Malcuit: L'ENFANT ET SON ENVIRONNEMENT
125 A. Van Hout et X. Seron: L'APHASIE DE L'ENFANT
126 A. Vergote: RELIGION, FOI, INCROYANCE
127 Sivadon/Fernandez-Zoïla: TEMPS DE TRAVAIL, TEMPS DE VIVRE
128 Born: JEUNES DEVIANTS OU DELINQUANTS JUVENILES?
129 Hamers/Blanc: BILINGUALITE ET BILINGUISME
130 Legrand: PSYCHANALYSE, SCIENCE, SOCIETE
131 Le Camus: PRATIQUES PSYCHOMOTRICES
132 Lars Fredén: ASPECTS PSYCHOSOCIAUX DE LA DEPRESSION
133 Mount: LA FAMILLE SUBVERSIVE
134 Magerotte: MANUEL D'EDUCATION COMPORTEMENTALE CLINIQUE
135 Dailly / Moscato: LATERALISATION ET LATERALITE CHEZ L'ENFANT
136 Bonnet / Tamine-Gardes: QUAND L'ENFANT PARLE DU LANGAGE
137 Bruyer: LES SCIENCES HUMAINES ET LES DROITS DE L'HOMME
138 Taulelle: L'ENFANT A LA RENCONTRE DU LANGAGE
139 de Boucaud: PSYCHOLOGIE DE L'ENFANT ASTHMATIQUE
140 Duruz: NARCISSE EN QUETE DE SOI
141 Feyereisen / de Lannoy: PSYCHOLOGIE DU GESTE
142 Florin et Al.: LE LANGAGE A L'ECOLE MATERNELLE
143 Debuyst: MODELE ETHOLOGIQUE ET CRIMINOLOGIE
144 Ashton / Stepney: FUMER
145 Winkel et Al.: L'IMAGE DE LA FEMME DANS LES LIVRES SCOLAIRES
146 Bideaud / Richelle: PSYCHOLOGIE DEVELOPPEMENTALE
147 Schmid-Kitsikis: THEORIE CLINIQUE ET FONCTIONNEMENT MENTAL
148 Guggenbühl / Craig: POUVOIR ET RELATION D'AIDE
149 Rondal: LANGAGE ET COMMUNICATION CHEZ LES HANDICAPES MENTAUX
150 Moscato et Al.: FONCTIONNEMENT COGNITIF ET INDIVIDUALITE
151 Château: L'HUMANISATION OU LES PREMIERS PAS DES VALEURS HUMAINES
152 Avery / Litwack: NEE TROP TOT
153 Rondal: LE DEVELOPPEMENT DU LANGAGE CHEZ L'ENFANT TRISOMIQUE 21
154 Kellens: DEVIANCES, DELINQUANCES

Hors collection

Paisse : PSYCHOPEDAGOGIE DE LA LUCIDITE
Paisse : ESSENCE DU PLATONISME
Collectif : SYSTEME AMDP
Boulangé/Lambert : LES AUTRES, L'EXPRESSION ARTISTIQUE CHEZ LES HANDICAPES MENTAUX

Manuels et Traités

2 Thinès : PSYCHOLOGIE DES ANIMAUX
3 Paulus : LA FONCTION SYMBOLIQUE ET LE LANGAGE
4 Richelle : L'ACQUISITION DU LANGAGE
5 Paulus : REFLEXES-EMOTIONS-INSTINCTS
Droz-Richelle : MANUEL DE PSYCHOLOGIE
Hurtig-Rondal : MANUEL DE PSYCHOLOGIE DE L'ENFANT (Tome 1)
Hurtig-Rondal : MANUEL DE PSYCHOLOGIE DE L'ENFANT (Tome 2)
Hurtig-Rondal : MANUEL DE PSYCHOLOGIE DE L'ENFANT (Tome 3)
Rondal-Seron : LES TROUBLES DU LANGAGE (DIAGNOSTIC ET REEDUCATION)
Fontaine/Cottraux/Ladouceur : CLINIQUES DE THERAPIE COMPORTEMENTALE